龙头 价值与赛道

我对投资哲学与逻辑的深度思考

彭道富 著

LEADER
VALUE AND TRACK

—

My Deep
Thoughts On Investment
Philosophy
And Logic

海天出版社
HAITIAN PUBLISHING HOUSE

·深圳·

图书在版编目（CIP）数据

龙头、价值与赛道：我对投资哲学与逻辑的深度思考 / 彭道富著. — 深圳：海天出版社，2023.3
ISBN 978-7-5507-3316-9

Ⅰ.①龙… Ⅱ.①彭… Ⅲ.①股票—证券投资—基本知识 Ⅳ.①F830.91

中国版本图书馆CIP数据核字(2021)第211968号

龙头、价值与赛道：我对投资哲学与逻辑的深度思考

LONGTOU JIAZHI YU SAIDAO WO DUI TOUZI ZHEXUE YU LUOJI DE SHENDU SIKAO

出 品 人　聂雄前
责任编辑　卞　青
责任技编　梁立新
装帧设计　线艺设计　电话 83460339

出版发行　海天出版社
地　　址　深圳市彩田路海天综合大厦 7－8 层（518033）
网　　址　www.htph.com.cn
订购电话　0755－83460239（邮购、团购）
设计制作　深圳市线艺形象设计有限公司　0755－83460339
印　　刷　深圳市希望印务有限公司
开　　本　787mm×1092mm　1/16
印　　张　24.5
字　　数　490 千
版　　次　2021 年 11 月第 1 版
印　　次　2023 年 3 月第 4 次
定　　价　88.00 元

谨以此书，

献给在投资道路上探索的朋友！

为大家在探索投资的道路上，点一盏灯。

内容介绍

股价的背后是金钱，金钱的背后是人，人的背后是人的价值观。

本书深入股价背后，剖析投资者的价值观，进而深度探索股市的投资原理。在扑朔迷离的股价背后，本书找到并解析一种投资价值观：龙头、价值与赛道。

龙头是一种思想、一种哲学，也是一种投资方法，但被世俗标签化、符号化、口号化，用涨停板来机械框定龙头。本书归醇纠偏、回归正朔，深入本质去认识龙头，还龙头以古朴本意，为龙头战法打开广义之门。

另外，龙头不是孤立的，价值和赛道也越来越重要。龙头往往在最有价值的地方诞生，且依附在最景气的赛道上。而一个充满无限生机的赛道，也是龙头最大的价值温床。

魔鬼在细节，投资离不开具体的行业，本书对股市投资有大量细节推理，并对一些关键行业进行分析，比如模型心法和分时盘口、中医赛道等等。远取诸物，近取诸身，方能更相问难。

序

来自价值、逻辑、博弈层面的思考

——为《龙头、价值与赛道》作序

经常有投资者问我："想学习股市短线投资，有没有什么书籍值得推荐一下？"以往我的回答通常是没有。因为在我自身股市经历过程中，也曾看过不少书，从各种价值投资到技术分析等不一而足，但是在实战中却并没有达到想象的效果。后来有幸在"闽发论坛"（现为"淘股吧论坛"）看到各路高手的只言片语，加上自己投入大量的时间和精力，不断琢磨，直到某一天终于恍然大悟什么才是真正的实战之学。

现如今，市场在不断地变化，信息是爆炸式的。一方面，随着这么多年的优胜劣汰，市场参与者的水平也在不断提高；另一方面，交易制度的变化、机构投资者的不断增加，使得市场的运行规律也在不断发生变化。我深知：普通散户投资者想通过学习而获得成功已经并不容易。

市场发展到今天，很多人也知道做短线要做龙头，但是究竟龙头是什么，怎么做，却不得其门而入。诚如作者所言："龙头是一种思想，一种哲学。"追龙头，不是简单地打板和追高。尤其是在注册制新生态的情况下，作者对龙头战法有了新的思考，把价值性的思维大量加入龙头战法，于是又重新定义了价值。我有幸看过本书初稿，作者用厚厚一整本书重新定义了价值、逻辑、龙头、心法等内容，完善而系统地介绍了股市的逻辑和操作应用之道。

　　我感受到了作者在本书上耗费的大量时间和精力，以及为广大 A 股交易者投资理念有所贡献的拳拳之心。此次适逢作者邀请本人作序，我也欣然答应。在此预祝作者新书"上市"成功，更希望此书能帮助到更多还在路上的投资者，共勉！

炒股养家

2020 年 11 月 22 日于上海

自序：广义龙头、广义价值与广义投资

当马蒂斯看到毕加索画的《亚维农少女》后，说了一句话：

"但凡在同行的创作中，发现一丝大胆的突破，所有的人都跟着沾光。"

确实，一种新的画法，无论是印象画派还是野兽派，只要其把作品公之于世，后来者都会受益，至少会开眼界：原来画还可以这样画！

其实，投资领域何尝不是呢？多少人的进步是因为沾了别人的"光"：

或者是看了一本脑洞大开的书；

或者是听了一场足以慰藉平生的高水平报告；

或者是目睹了甚至偷窥到了某个大神的一份交割单；

或者是受到某个高人的口传心授，甚至亲手指点；

或者是与某个高手深度交谈，碰撞切磋。

回顾我自己走过的路，可谓四处拜会请教高人，同时博览群书，我总戏谑自己是"吃百家饭"长大。在这个过程中，感恩每一位让我"沾光"的人。

同时我也想，如果我有一丝的进步和惊喜，能不能也分享给有缘人？

于是，我就写了几本书。

可以想象，大多数投资者也应该有"书写"的习惯，比如把平时的经验和小秘密写下来，把一些新发现和新规律记在小本子里，等等。其实，这与我写的书没有本质的区别，只不过我在因缘巧合的情况下，把我的"小本子"出版了、公布了出来，而很多人的"小本子"一直藏着而已。

正是因为我公布了自己的发现和惊喜，一不小心把"龙头股"这个词变成了一个热门词语。后来在不同场合，只要大家看到我，就喜欢把我与龙头股联系起来。其实，我是沾了别人的光。龙头股或者龙头战法这个词，早已有之。至于是谁第一个用"龙头股""龙头战法"这些词，已无从追溯。当然，这并不是多么重要的事。那么什么是重要的事呢？

抓住龙头的精神实质，全面地、灵活地、深刻地理解和运用龙头。

为了这个事儿，我又写了很多文字，在《龙头信仰》里写，在《香象渡河》里写，在"股市的逻辑"（公众号）里也写。

特别是在"股市的逻辑"里写了一系列鲜活的、与时俱进的，且具有当下案例意义的文章，受到很多朋友的认可，并被很多网站和自媒体转载。一些朋友给我留言，说他们怕这些文章哪一天删掉了或者找不到了，于是就私下把这些文章打印下来收藏，还发图片给我看，一摞一摞的，让我甚为感动。很多朋友反复建议我把这些文章整理一下，集结成一本书出版。这就是本书的来历。

虽然文章最初都来源于"股市的逻辑"公众号里，但重新整理时还是花费了很大的精力，因为要重新按照逻辑来谋篇布局，有些文章还要反复修改。可以说是进行了辛苦的二次创作。

这里面的文章，每一篇都倾注了我当时全部的心思和情感。很多没有写作体验的朋友可能理解不了，有时候为了把一个道理讲得通俗易懂，要反复思考很久；有时候为了把一些细节搞清楚，比如"核按钮"吧，我要统计很多数据。等到文章出来，呈现给大家也许就几百字、上千字，但这些文字背后所凝聚的心血，远远超过大多数人的想象。我这个人有完美主义倾向，每一篇文章都亲力亲为，从来不交给团队或者助理，更不会找人代笔。呈现给大家的这些文章，绝大多数创作时间都超过4个小时，还有很多文章创作过程达七八个小时。这些文章诞生的时间，恰好是疫情期间，当时居家隔离，大部分时间都是在思考和写作。有时候一坐就是一下午，甚至到深夜。后来因为久坐，身体落下一些小毛病。

　　所以今天把这些文章交付出去，总感觉有一种特殊的感情。但是一想到这些文章，兴许其中有一篇两篇，或者一两个观点，哪怕是只言片语，能够启发别人，给同行"献一点光"，也就足够欣慰。

　　记得黄渤曾说过孙红雷：如果不是当演员，对社会一点贡献也没有。我们做投资的怎么才能对社会做点贡献呢？分享自己的发现和惊喜，应该算是吧。

　　其实无论是做投资，还是做实业，能够有益于别人的不是自己获取多少，而是利他多少。正如稻盛和夫所说：

　　"人不论多么富有，多么有权势，当生命结束之时，所有的一切都只能留在世界上，唯有灵魂跟着你走下一段旅程。人生不是一场物质的盛宴，而是一次灵魂的修炼，使它在谢幕之时比开幕之初更为高尚。"

　　这种价值观我深以为然。把我在投资过程中的惊喜和秘密写成文章分享出去，其初衷就在这里。这些文章涉及的维度和细节很多，但整体上是围绕三个主题展开：龙头，价值，投资。

龙头是什么？

　　龙头到底是什么，龙头股到底是什么？这个问题值得我们反复思考。

　　龙头股，简称为"龙头"，我认为是指共有第一性的事物，具体到股市上，就是指市场上的领涨股、领导股，是最有人气和最具有赚钱效应的股票。

　　这类股票，我又把它分为三种类型：

　　（1）股权龙头

　　这种认知龙头的角度是借鉴实业和一级市场的投资思路，就是头部企业且处于最有前景的赛道。

这种龙头思维本质上是选企业，选赛道，选未来，不是简单的炒股，而是真正的大投资。这类龙头股典型的代表有：苹果、谷歌、腾讯、贵州茅台、美团。

（2）白马价值龙头

这种认知龙头的角度是基于基本面的剧烈变化，特别是关键因子的剧变，而且这种剧变要有巨大的预期差。同时，这种龙头往往是处于该股的主升浪中。

白马龙头相比黑马妖股，市值往往偏大，有时候也被称为中军，其特点是行云流水、势大力沉、大开大合、浩浩荡荡。这类龙头股典型的代表有：浙江龙盛、中国中免、以岭药业、美锦能源、沪硅产业。

（3）黑马妖股龙头

这种龙头就是江湖上俗称的妖股，或者群众常说的龙头。其实它只是龙头的一种，是散户比较接受和认可的龙头。

这种龙头是典型的炒作型龙头，其特点是借助题材和热点，借助人气和情绪，并以涨停板和连板为主要特征。这类龙头典型的代表有：东方通信、特力A、贵州燃气、王府井。

股权龙头是公司驱动，是企业家驱动，是赛道驱动，一级市场和二级市场都适用，是超长线。

白马价值龙头是基本面因子驱动，特别是以基本面短期的剧烈变化和预期差为驱动，同时侧重于主升浪和中线。

黑马妖股龙头是情绪驱动，是群众事件，依赖热点和周期的起承转合，偏重于短线。

上述三种龙头，我称之为龙头的三个脉系，即一龙三脉、一花三叶。

其实，无论哪一种，都具有一个共同特点：第一性。其在所属范畴具有领涨和第一的特质，只不过，股权龙头是赛道中的具备第一性公司，价值龙头是基本面裂变中反应最剧烈的公司，黑马龙头是情绪炒作中最疯狂的公司。

本质上，它们都是具备第一性的产物，都在各自领地称王称霸。

具体到股市上，股权龙头与白马价值龙头有很多重叠和共通之处，也往往被统一称为价值型龙头。这样，龙头三脉有时候也呈现出两个世界，即价值型龙头与情绪型龙头。

只是，在不同的场景，龙头呈现不同的话语，提起龙头，有人默认是头部企业，有人默认是妖股。其实，简单地认可前者和简单地认可后者，都是狭义的龙头思想。我们应该从广义上认识龙头，所谓广义，就是认识到龙头的本质——第一性，然后从第一性出发来接纳龙头的多样性。

特别要强调的是，现今龙头股容易异化为妖股，特别是在群众和民间那里，提起龙头，很多人自然而然地浮现出涨停、情绪、卡位、晋级、身段和数板等概念，而不知道或者不认可金龙鱼、中国中免、牧原股份和贵州茅台也是龙头，这种认知是很狭隘的，甚至是危险的。因为随着注册制的来临和机构队伍，特别是公募的壮大，价值型龙头会获得越来越多的话语权和参与资金，一些大型的游资和大户也积极转型参与价值龙头。如果再把龙头画地为牢地理解为妖股，理解为涨停板、连板和数板，那就会越来越背叛"龙头思想"本身。

真正的龙头思想，其核心是理解什么是第一性事物、什么是最强、什么是领涨、什么是价值，其末技才是K线、指标、形态，至于卡位、弱转强、分歧转一致，更是雕虫小技。

真正的龙头战法，应该不分A股、港股、美股，在任何一个市场上都能用，而不仅仅是在涨跌停板和T+1的A股上使用。真正的龙头战法，应该在期货市场能用，在艺术品投资市场能用，在收藏品投资市场能用，在企业股权市场能用，在一切博弈和斗争的领域都能用。唯有如此，才是龙头正道，才不枉"龙头"一词。

而这种认知，只有广义龙头思想能够做到。

从个人感情和价值观出发，我觉得价值龙头应该越来越具有前景。我曾经在《龙头信仰》里大声疾呼过：

很多日夜，我都会静下来品味龙头一词，这是一个多么高贵的词语，她天生就应该被敬仰。

提起龙头，在哪个领域不是香饽饽？不是天生万众期待？

在股票市场上，配以龙头二字的龙头战法，同样应该具有王者风范，其路径应该越来越宽，其价值观应该越来越被别人认可。

我本人是宣传龙头战法的，我非常担心把龙头战法宣传到沟里去了，更从骨子里反对把"仙股"和"垃圾股"的炒作当成龙头正道。

在这里重新定义龙头，我把价值性放在第一位，就是强调龙头的最朴素、最本质的底色是价值驱动、价值导向，大事件和大级别才配得上龙头的"光明顶"之战，而不是偷鸡摸狗，更不是蜗牛角上争长短。

龙头战法，应该给人以势大力沉、大道当然的气象，而不是一提起龙头战法，就被人误解为：那是一群亡命之徒。

没有价值加持，疯狂至死的做法，只会糟蹋龙头一词，侮辱龙头战法。在这里，价值加持就像定海神针一样重要。没有价值加持的炒作，叫妖股，有价值加持，才是龙头。

有价值加持，龙头才有"皇气"和贵气。

这里，我反复提及"价值"一词，不过本文对价值的认知同样也是广义的。所谓广义，就是并非仅仅接纳教科书上的价值定义，并非仅仅看有形价值和财务价值，还要从信仰上、政策上和人与人之间的"相争"中来认知价值。说通俗点，既认可茅台有价值，又认可比特币有价值；既认可大米和面粉有价值，又认可古董和字画有价值；既从生产和劳动的场合看到价值，又从寺庙、道观和教堂中看到价值。

广义价值源于多元价值观，源于接纳不同信仰和不同定义价值的方式。坚持广义价值，是因为我们认可的是广义龙头思想。

不仅仅这二者是广义，推而广之，投资也是广义的。二级市场是投资，一级市场也是投资，人生的很多决策，又何尝不是一场投资？

不愿当将军的士兵，不是好士兵。有的人为了做人中龙凤，坚韧不拔，万千险阻不磨其志，为了理想倾注大量的时间和精力，这不也是投资吗？

其实，选择北上广深还是选择二、三线城市，选择做公务员还是选择经商，选择在传统行业还是选择互联网赛道，甚至选择跟谁结婚，选择跟谁做朋友，把时间和情感花费在谁身上，也都是一场场大的投资。

在这些投资里，坚持第一性思想，坚持最有未来的赛道，坚持价值导向，也都是龙头思想的智慧。

最后，特别感谢炒股养家老师，他曾经无私地公开自己的养家心法，激励和启迪了几代炒股的人，我的成长也深受其益。本书出版之际，养家老师欣然为本书作序，甚是感动，非常感谢！另外，本书出版过程中，得到徐亮、石小男、王兆生、小丁的帮助，特别表示感谢！

由于个人水平有限，书中不免有瑕疵和不足之处，也敬请各位读者批评指正。

希望我的思考和付出，能够化作照亮各位读者前行路上的光。

谢谢！

CONTENTS
目 录

第一章

价值论

1. 价值本源：股价上涨的原动力

股价为什么上涨？

对这个问题的回答可谓众说纷纭，其背后的逻辑和视角也大不相同。不同的投资哲学秉持者、不同的投资流派，给出的答案都不一样，其思考的维度也大相径庭。

但从本源上去看，我认为股价之所以上涨，就在两个字：价值！

是价值在驱动股价上涨。

或者这样说，股价上涨的因素很多，但最根本的那个因素、最大公约数的那个因素，应该是价值。

其他刺激股价上涨的因素，只不过是价值的派生：

或者是打着价值旗号，或者是拿价值说事儿，或者是把炒作因素往价值上靠。

无论如何，价值都是各种若明若暗刺激股票上涨因素中最后的守护神，是股价上涨的原动力！

不但股票，其他领域也无不以价值为定海神针。联想人类的各个领域，能够傲视绝伦的无不是价值性挂帅的东西。比如，一部精彩的电影，无论是学院派评出的最佳电影还是年度票房冠军的商业性电影，无不是观赏性和艺术性都很好的电影。至于电影中的龙头，如《阿凡达》《泰坦尼克号》《教父》《肖申克的救赎》，无不是内容精彩，价值极佳。人类的书法、文学和其他艺术更是如此，能够成为站在巅峰的作品，其价值性都是无与伦比的。比如王羲之的《兰亭序》、曹雪芹的《红楼梦》，乃至最近几年比较火的《三体》，都是艺术造诣取胜，都是故事精彩万分，都是以价值性为根本。

回到投资上来，无论是龙头股、趋势股，还是其他类型的股票，只要能够暴涨、持续性上涨，都应该是价值性的彰显，至少在乎价值，拿价值说事，而不是完全偏离价值，完全歧视价值，完全不考虑价值。

只是，每个人心中的"价值"不一样。

这就涉及对价值的定义，到底什么是价值？

虽然我在这里把价值看得比天还重，但我对价值的认知可能和很多人不一样，特别是和一些学院派的朋友不一样。在我心中，价值应该是广义的，应该是能够照顾不同价值观的，而不是躺在教科书上的。

那么，我心中广义的价值到底是什么？这就要从价值的采源说起。

首先，价值从"争"中来，没有争，就没有价值。

我经常爱观察儿童之间的玩耍，儿童没有功利和世俗心，没有沾染人类社会的东西，儿童对价值的判断最先天、最朴素。我问大家一个问题：你知道儿童的心灵深处认为什么才是有价值的？是别的孩子喜欢的东西！当儿童一起玩耍的时候，越是大家都喜欢的东西，就越有价值。比如一堆孩子在玩一个玩具熊，大家抢来抢去，越多的孩子抢，这个玩具熊在孩子的世界里就越有价值。一旦大家不抢了，你再把玩具熊单独给一个孩子，它的价值可能一落千丈，甚至在孩子眼里突然变得索然无味。孩子的价值认知是争，越是有人争的东西，越好。

大家想想，股市里是不是存在这样一种价值观，越是别人追捧的，越是买不到的，往往越值钱。而当股价下跌，让大家随便买的时候，大家又觉得不值钱。不要以为这种行为是散户行为，基金经理不也是如此吗？所以，价值因"争"而产生，是人类的共性，不因身份高低、不因学历和智商而存在差别。

艺术品投资更是如此，一个艺术家的画如果没有人争，拍卖价格就会很低，比如梵高生前的作品。但当追捧者多，大家争起来的时候，又价值连城，比如梵高去世多年后重新被人炒作的作品。

"争"是刻在人类天性最深处的价值定义法。深刻领会这种定义法，就会明白为什么越能涨的股票越能涨，因为大家争呀。争这种价值来源也叫共同价值取向。

其次，价值从"有用"中来，即使用价值、实用价值。

还从儿童的天性说起，儿童除了在争的时候来看价值外，还有一种不争也天然具有价值。那是什么？那就是"母乳"。所谓有奶便是娘，最初的含义就是说母乳的价值连城，对一个孩子来说，谁给奶水谁就是最亲的人。特别是刚出生的婴儿，他不带任何价值观和偏见，他第一认可的价值就是奶水。这就是有用性，它是价值的根。

任何价值，都抵不过"有用"二字。在股票市场上，这种价值往往表现在股票背后所代表的公司业绩好，每股收益高，公司前景好。这种定义在股权龙头那里最受欢迎。

股票的价值千千万，但"业绩"二字是定海神针，任何其他价值无论如何天花乱坠，都是试图拿业绩说事。或者业绩反转、否极泰来；或者业绩复苏；或者业绩爆炸式增长；或者稳定持续；或者今天的科技创新、商业模式创新，未来业绩会超预期，云云。

这种价值最正当、最朴素、最天经地义，也是价值最古老的定义。

再次，价值受政策影响。

一个东西，哪怕没有任何使用价值，但是当权力说它值这个价的时候，它就值这个价。这种价值是权力背书，最典型的就是货币。特别是近代的货币，与其说政府信用背书，不如说是政府权力做最后的背书。还有一些票和券，如果政府制定其用途的时候，哪怕它是一张废纸，它也有价值。

在股票市场，权力价值还体现在哪些地方？最典型的就是政策。国家政策强制推行，以及一些政府专门授予的牌照和稀缺经营资格，会带来行业和上市公司的资源分配，会强制制造价值导向。一些平庸公司，往往因为政策加持，突然就价值连城了。比如2020年六七月份的王府井。王府井本来是一个传统的百货商，在互联网时代乏善可陈，不被历史抛弃就算不错了。但六月初突然受到政策的特殊关照，被授予一张"免税牌照"，瞬间价值连城，于是出现一轮暴涨。如果不从这个角度看，你基本上是看不到这个公司的价值性的。我们坚持价值多元，就是要让大家认可价值的多种定义形式。再比如供给侧改革、新能源产业政策让有些行业有些公司价值巨变，另一些公司则价值沉沦。这就是政策导向产生价值。

需要说明的是，政府政策引起价值变化，有时候不是结果，也不需要等到结果，只需要有预期和想象力即可。这也是资本市场和实业市场的区别，希望大家不要用会计思维来审视股市问题，那样就误解了金融的本质。

最后，价值从"信"中来。

有一种价值，你相信它有价值，它就有价值。比如赎罪券，对于相信它的人来说，购买这种券有价值，那它就值钱；对于不相信它的人来说，一文不值。再比如某些历史遗迹，寄托着一些宗教信仰和文物价值，在很多人眼里是无价之宝，但在一些恐怖分子看来一文不值，不但不认可其价值，还要炸毁殆尽。我们进入寺庙或道观，如果信仰佛教或者道教，会购买很多东西供奉，也会购买纪念品和开光物品，但如果不信仰这种宗教，你可能一毛不拔。

因信而产生价值是一种最奇特的价值，我们常常在股市看到这种情况，有的人视为垃圾，而另一些人视为宝物。有的人理解为糟糕透顶的公司，另外一些人理解为伟大的公司。比如特斯拉，很多人认为它是伟大的公司，但巴菲特对此不认可。

再比如有的公司年年巨亏，对于相信它商业模式的人来说，愿意投资它，支持它继续烧钱；对于不相信它商业模式的人说，拔一毛而买也不为也。

以上就是价值的四种最基本源泉。这四种价值有时候全具备，有时候只具备其中一二，如果按照排序，有用性价值天然大于其他价值，权力价值其次，信仰价值和因争而产生的价值再次。

以上四种全部具备，就是最充分的价值性，既能让大家争着抢，又具有基本价值，政府权力认可它，同时很多人至死不渝地相信它有价值。大家想想，什么股票具有这种价值性？

很多股票不可能完全具备四项价值，我们所说的价值性，也不需要四项全部拥有，但是拥有项数越多越具有价值。一项都不拥有，那不是零价值，而是负价值。

上述就是我对价值的认知，这种认知是广义的、是多元的，而且是开放式的。特别是使用价值，它是其他价值的母价值。我们常常提到的创造价值，无论是为社会创造价值，还是为客户创造价值，还是为员工、为自己创造价值，本质都是提供一种有用性的产品、服务和尊严。

特别需要强调的是，经典的教科书上和某些投资流派，仅仅承认"有用性"的价值，甚至仅仅承认财务价值和有形价值，无视和否认不同信仰赋予不同标的的价值，也否认甚至痛骂"争"带来的价值，不得不说这是一种狭隘的价值观。如果抱着狭隘价值观，很多股票上涨都无法全面解释，更无法参与。

多元和开放，尊重不同价值取向之下的价值定义，才能搞明白股价上涨的逻辑和全貌。

为了更开放、更多元，也更灵活地理解价值，接下来我会再增加几个维度去认识价值。具体见后文。

2. 价值论

2.1 价值论（一）：弹性价值

我们接着来讨论价值，今天写写弹性价值。

其实，在写这个题目之前，我曾想过把它叫"边际价值"。但边际价值太学术化，很多读者理解起来可能比较吃力，所以我就用一个很通俗的词语：弹性。

在讲弹性价值之前，我们先简单地说下价值。

关于价值，我在《龙头信仰》一书曾经有一小章专门论述，而且，我反复强调一点，龙头的核心是价值性。没有价值性的龙头战法，终将成为无源之泉，无本之木。

所以，我有一个"重新定义龙头"的野心，在重新定义的核心维度中，将价值性放在第一位，是定海神针中的定海神针。

为什么这么强调价值性？因为今天的"龙头战法"一词，几乎用烂了，你打开自媒体和各大网站，股票相关最高频次的名词之一就是"龙头"。

但龙头是什么？每个人内心的声音却不一样，或者这样说吧，虽然都叫龙头，但流派不一样。

大抵可以分为以下流派：

周期派：用周期的方法，其实也就是选时，后面再加一点情绪的东西，来当成龙头。一旦说龙头，就是把周期往里面装。

技术分析派：就是寻找好的技术形态的股票，用技术分析来做股票，然后给它起个好听的名字，叫龙头战法。

消息派：四处打探消息，把别人不知道消息的股票当成龙头。

打板派：其实就是涨停板敢死队换个马甲。

坐庄派：利用资金优势操纵股价，比如山东帮、温州帮，比如最近的日丰股份，以前的张家港行，都是典型的坐庄派。除了这些"如雷贯耳"的大庄，还有形形色色的小庄，就是利用资金优势和信息优势，引导一些涨停板，一旦市场发酵则择机出货。

量化派：就是用量化手法做龙头，目前这方面的软件都已经出来了。

当然，你还可以再细分下去，还有很多派，但龙头主要是这六大流派。你问我是哪一派，我可以明确地告诉你，我不属于以上"六大流派"中的任何一派，我是另外一派——价值派！

当然，除了坐庄派外，其他流派我都不排斥，我也会用到他们的研究成果和方法论，但我的核心衣钵是价值派。

我的龙头战法内核是价值第一。

没有价值性的股票，我偶尔也会去玩，但是一旦遇到价值性的股票出现，我立即抛弃它去皈依价值。

那么，到底什么是价值呢？

价值基本上是从基本面上去挖掘股票的内核。

提到基本面，有人可能会不服：彭总呀，基本面我也用，我就是做财务的，为什么我看好的基本面好的股票，都不涨呢，更别说龙头了。

我经常听朋友跟我这样说。

有人更不服：说起基本面，说起价值性，谁有工商银行赚钱？为什么工商银行不涨？

这就涉及怎么认识价值，这也是价值论重点要讨论的问题。

这就是从弹性上认识价值，我把它称为弹性价值。

工商银行基本面是不错，每天赚的钱也没有几个上市公司能比得过，但是它的弹性价值很低。什么意思？它昨天赚的钱和今天赚的钱差不多，至于它明天和后天能赚多少钱，基本上也没有任何惊喜。也就是说，它的弹性价值几乎为 0。这种弹性价值为 0 的股票，除非在大牛市跟随趋势上涨，其他时候几乎难有表现。

股票，特别是短期爆炸性的股票，不是对基本面的反应，不是对价值性简单的映射，而是对弹性进行反应。你的基本面再好，如果你没有弹性，股价也不会爆炸性上涨。

春节前后，我一直聚焦口罩股，为什么一直看好口罩股？因为它的弹性价值无限大：

（1）医生用的东西，突然全民来用。

（2）不但用，还每天都用。

（3）不但每天都用，而且会持续几个月、半年、一年，甚至更久。

试问：哪个行业还有这么大的弹性？

所以，我认为最大受益股票就是口罩类企业。

再比如，我曾分析过输变电设备与 5G 的关系，我看很多人在后面跟帖，说实话，有些人根本没有搞明白我文章里的观点就跟着起哄。我曾经看到一个跟帖是这样说的：

电价由国家管制，不让涨，5G 再用电，意义也不大。

这个跟帖让我哭笑不得。让你炒电力股票了吗？让你投资发电厂的股票了吗？我重点说的是输变电设备。

5G 基站建设过程中，转改直，最需要的不是电，而是输变电设备。电力系统的同志，不要再跟我争论 5G 那点电算什么，对于你们电力系统那么庞大的电量来说，5G 所需要的电，确实是九牛一毛，但对于各个运营商的成本弹性来说，非常大。为了解决这个问题，运营商大力做转改直，而这个过程对于电力设备公司来说，价值弹性就更大了。逻辑的根源在这里。

为了说明这个道理，我再举个例子：有一年，一个互联网企业一年的利润好像达到 1 个亿了，这个公司股票爆炸性上涨。然后一个做房地产的哼了一声：1 个亿算个毛，我随便卖一个楼盘就不只这个钱。

关键是为什么你房地产公司的股价不涨，而人家互联网公司的股价涨？

因为互联网公司的弹性价值大，而那个房地产公司的弹性价值小。

再比如 2017 年炒方大炭素，股价涨疯了，其原因在于其石墨碳极涨价，当初也有很多人纳闷：宝钢比它赚的钱多多了，为什么宝钢涨不过它？

剔除盘子大小的因素，主要原因就是业绩弹性。方大炭素对比上一年，对比上个月，几乎每时每刻都有巨大的弹性价值释放，而宝钢则无法比拟。

弹性价值还可以回答一个问题：为什么很多股票等到真正出财报了，业绩非常高了，反而股价不涨了？

因为弹性价值没有了。

没有出财报之前，公司产品价格天天在变化，每天都有弹性价值。而财报出来后，并不见得弹性价值还在，你让股价还怎么涨？

所以，股价是对预期的反应，而不是对基本面的反应，也不是对事实的反应。

或者说，价值的敏感点在于变化，没有变化的价值也许不一定是龙头战法所需要的价值。

如果这个逻辑大家明白，就不会跟我较真：为什么某某公司市盈率那么高，为什么某某公司还没有盈利，怎么股价那么疯？

因为，人家在变化。一旦它不变了，哪怕价值再高，股价也老实了。

注：本文写于 2020 年 3 月 21 日，我用弹性价值帮助大家更完善地理解价值。

2.2 价值论（二）：时间价值

时间是有价值的。

这句话并不能道出时间价值的本质。

大多数人最常见到的时间价值是与银行有关的，比如：你找银行借100万元，一年后银行要你还110万元，这个多出来的10万元，就是时间价值。

这个故事里的时间价值，其实是我们经济学上的货币的时间价值的概念。凡是学商科的同学，都明白这个道理。这是时间价值最通俗的解释。

但这并不是本文所要说的时间价值。本文是要讨论价值的时间维度。

平常人以为时间是等值的。比如，这个30分跟下一个30分，在物理上没有差别。但在中国古代先贤看来，时间与时间的差别大着呢。同样是30分，或者同样是1个月，它们代表的意义完全不同。

这个例子最浅显的比喻就是睡觉。比如，有人夜里狂欢，回来晚了，3点才开始睡，本来他平时是6点起床，因为睡得晚，他就晚起床了4个小时。从整体上来看，他的睡眠时间跟平时一样多，但这对健康的意义一样吗？

肯定不一样。

我这里说的不一样并不是指他打乱了生物钟，影响了习惯。而是说，最佳的睡眠时间是子时，即晚上11点到第二天凌晨1点，如果这个时间他错过，哪怕他睡的时间再长，也不行。

也就是说，时间在睡眠那里有不同的价值，子时的睡眠价值可能是100%，丑时的睡眠价值可能是80%，而辰时、巳时的睡眠价值是可能1%，如果你子时、丑时没有睡（子时一阳生，肝肾排泄），其他时间睡得再多，也弥补不了。

这就是睡觉价值的时间维度。

这个道理懂了，就懂了本文的基本思想。时间价值不是数学上的等分，而是有差别的不平衡存在。不同的时间，具有不同的价值意义。

中国人最先把这个道理阐述清楚，中医领域也很早就接纳了这个理论。在《黄帝内经》以及后来的中医典籍中，五运六气很早就被提及，该理论就是非常典型的时间价值在医学领域的应用。

站在一般人的角度上，年年岁岁花相似，岁岁年年人不同。其实这句话经不起细品。年年岁岁不但人不同，花也不相似。

有的年份燥热，有的年份湿热，有的年份干热，有的年份温润，不同年份的属性深刻地影响了万物生长，包括植物，也包括病毒和细菌（中医上没有病毒和细菌这个词，但中医是换个说法，叫"邪气"或"疠气"），所以，每一年流行的疾病不一样。有些年份胃病常发，有些年份呼吸系统疾病泛滥，有些年份心脑血管疾病特别多。那具体怎么才能知道哪些年份哪些病容易发生，这就是五运六气研究的内容。每一年的天干地支不一样，携带的能量和信息不一样，作用在花鸟鱼虫和细菌病毒上的影响当然也就不一样，从而得出疾病流行不一样。

这就是时间维度在中医上的运用。

当然，接触过经济学的人可能觉得这种解释匪夷所思。经济学属于形而下，它当然搞不明白形而上的东西。

如果这个例子你接受不了，我再举个例子你就明白了。

比如，一个公司公告成功地研发了高铁控制的尖端技术，如果这个公告在 2015 年，可能值 9 个涨停板，但如果在 2019 年，也许只值 2 ～ 3 个涨停板。

当然，你可以从大盘行情去解释，但是我想让大家换个角度：时间在不同的情况下，赋予不同的东西不同的价值。

比如字画古董，同样是王羲之的字，如果放在盛世，可能是价值连城，如果放在战争年代，也许就给贱卖了。所谓"盛世古董、乱世黄金"就是这个意思。

当然，这个例子感觉还有一点隔靴搔痒，我们来举股市的例子吧。

股市之难，难在同一个逻辑，同一个方法，在不同的时间轴下，价值不一样。

大家都学过技术分析，比如"仙人指路"吧。同样是仙人指路，有时候成功率很高，有时候成功率很低。如果大家从技术上去抠背后的细节，可能会总结出一大堆原因，比如：位置高低，放量大小，趋势形态，均线粘合，MACD，等等。

但是，如果遇到这种情况，我估计大家都会崩溃：所有指标都完美，反而不涨；指标不够完美，反而涨了。

难道仙人指路跟我有仇吗？

很多人经常问的一个问题：为什么同样是这种方法，各位老师用就赚钱，我用就被套。

再比如基本面和逻辑面，我们分析一只股票，喜欢看看基本面的逻辑够不够硬核。但让人困惑的是，超级硬核的股票未必能成龙头，而那些无厘头的股票，反而成了龙头，怎么解释？

每当出现这种情况时，很多人就指天骂娘，有人甚至骂这个理论是错的，那个方法是骗人的，从此怀疑一切，不信一切。

问题出在什么地方？出在时间维度。

如果是在大盘进攻的时间维度里，几乎所有的故事，所有的逻辑，所有的技术形态，都能成功。如果在大盘下跌的时间维度里，哪怕再硬的逻辑，再好的故事，再完美的技术形态，都容易失败。

这里面最大的因素是时间。也就是说仙人指路对不对，题材到底值不值钱，不是它们自身的完美性说了算，而是时间说了算。

如果不从时间上找原因，你的独孤九剑再厉害，也伤不了人。

可以这样说，股市里很多东西本身没有什么价值，只是时间赋予它价值。如果其价值不与时间价值共振，你信仰的那种价值越深，伤害就越深。

这就是股市最鬼的地方。

我见过很多人，学过无数种方法，后来觉得不行，继续换方法，还是不行。其实，也许他学的方法都可以，只是他没有看到时间价值的一面，他企图用战术上的努力挑战时间维度带来的问题。

还有一种迷恋内在价值的人，他以为一只股票的内在价值有基本面就够了，只要固守基本面就不怕。我觉得这种想法也很片面，因为很多内在价值或者说基本面，本身就跟时间有莫大的关系。

同样一套房子，今年可能300万，后年可能200万，而十年前也许只有20万，你说它的内在价值在哪里？

时间价值在很多地方指挥股票的运动。

前几天有个公司，好像也说生产口罩，但是股价连2个板都没有，就暴跌。有人就发信息给我，说同样是口罩，逻辑也没有变，为什么你"十论口罩"（我在春节前后发表在公众号上的十余篇分析口罩的重磅文章，被一些朋友戏称为"十论口罩"，其实不只十篇）的分析文章头头是道，股价就买账，而我按照你的逻辑分析口罩，股价反而跌？

时间维度变了。

最具有冲击力的时间是春节前后，现在没有那个时间优势了，所以哪怕逻辑再硬，熔喷布再多，也不一定能成为龙头了。

这就是时间对价值的主宰。

如果把这个道理彻底吃透，你就不会急着在没有时间价值的岁月里买股票，更不会在没有时间价值的情况下急于扳回成本。

无论你学的是什么逻辑，什么方法，都应该臣服在时间维度之下。当时间不赋予它们价值时，它们就不是价值，而是毒药。当时间赋予它们价值时，它们才是价值。

所以，今后在谈逻辑和方法之前，先谈时间。

我记得曾国藩好像说过一句话：

毋与君子斗名；

毋与小人斗利；

毋与天地斗巧。

这里的天地，很大程度就是时也，势也。

注：本文写于 2020 年 3 月 24 日。本文我把时间因素引入对价值的思考，希望能丰富大家对价值的理解和认识。

2.3 价值论（三）：守正与出奇

大家知道，投资有不同流派的，当今比较热的是龙头流派。

事实上，龙头流派内部也分为不同流派，我本人比较强调价值，相对于技术流、周期流或者情绪流，我应该是价值流。

当然，各个流派之间并非水火不容，而是互相融合、彼此借鉴。我在强调价值的时候，肯定也在乎周期和情绪。而周期流和技术流，也不可能完全抛开价值和题材。

那么怎么区分不同流派呢？

答：起心动念和哲学根基。

就是思考市场和个股的时候，第一念头是价值还是周期或者技术，当市场迷茫和分歧的时候，是把价值放在第一位还是把技术或者周期放在第一位。当价值与周期、技术冲突的时候，取舍如何。

作为龙头战法中的价值派，当我看好一只股票，或者看好市场的时候，第一往往是因为发现某只股具有价值性，然后才是去考虑它的周期属性和技术属性。

也就是说，我的起心动念从来都是发现了"天降宝物"，且该标的"物有所值"！然后才回去思考周期、情绪和技术。

我的起心动念从来都是"价值"！

这个价值首先表现为"社会极值"，社会上对某种东西产生极大的需求；然后才是探索"股市价值"；最后才是周期、情绪和技术的考量。

正是因为这种思维方式和哲学底色，所以我说我是龙头战法的价值派。

价值性可以说是我所有投资哲学的出发点和归宿，是我衡量是否入道的根本。

哪怕是短炒，也必须有价值背书。我甚至认为，正是因为短炒，所以才更重视价值。因为短炒更需：

得人心；

得散户心；

得最大公约数。

如何得？

只有你占有价值性，才能最容易得到这些。

当然，我这里的价值并非狭义地指"每股收益"、净利润等财务上的价值，而是指广义的价值。

广义的价值我在《龙头信仰》上已经详细列举过，主要分为四类：

使用价值：有用；

博弈价值：争夺；

政策价值：权力赋予；

信仰价值：因信而产生。

这里我们不去展开讨论每一种价值，我想强调另外一个东西：价值的正与奇。

什么叫正？

堂堂正正为正，正宗为正，正派为正，正中靶心为正。价值的正是说某一个事件或者热点来临时，最正宗的、最大受益的、最应该炒作的那只股票，为价值最正的股票。

什么是奇？

奇是出乎意料又在情理之中，是剑走偏锋，甚至有点无厘头。价值的奇是说某一个事件或热点来临时，看起来好像不是那么受益的，甚至有点边缘的那只股票。

比如，本次呼吸机行情，价值的正应该是迈瑞医疗和鱼跃医疗；价值的奇就是航天长峰，更奇的是和佳股份。

熟悉我的人都知道，我一贯倡导炒股要炒最正的、逻辑最硬的、最有价值的股票。

但现实中很多人总会发现困惑，不止一次有人跟我说：

东方通信与 5G 有什么关系？为什么那个 ×× 通信不涨东方通信涨？

金健米业与粮食有什么关系？为什么真正的粮仓北大荒不涨，金健米业涨？

保变电气一点也不是特高压领域最好的公司，为什么平高电气不炒，炒它？

深大通在深圳新区中受益远远不如那谁谁谁，为什么炒深大通？

南京证券在券商里连第十都排不上，为什么中信证券不涨，南京证券天天涨？

诸如此类的问题很多，几乎每一轮炒作，都有无数人问我。

也就是说，我们抱着一颗求"正"之心，市场却总给我们"奇袭"。

这到底是为什么？

我们还有必要坚守什么价值什么硬核逻辑吗？还有必要做"名门正派"吗？

或者说，所谓的价值正宗是不是一个伪命题？

这个问题我几年前甚至十几年前都深度思考过，虽然我心里明白道理，但一直不知道该用什么语言来表达。

有些道理，文字是苍白的。

我内心早就厘清了这其中的道理，但苦于没有文字能恰当地表达。

思考了很久，我今天就用正奇这个概念来尝试把这个道理说明白。

第一次让我思考奇正这个问题，是看了《孙子兵法》，特别是北京大学教授李零的《兵以诈立：我读〈孙子〉》。

但真正让我对奇正有更深刻的理解是《唐李问对》这本兵书，它是大唐王朝两位最杰出的军事家李世民与李靖的对话。

这本书里有一部分是在讨论奇正。其中有段对话让我至今都记忆深刻，我把这段话变成我的文字来表达。

李世民问李靖：你以区区三千奇兵，就平定了突厥，这说明用"奇"非常重要。

李靖回答道：陛下，平定突厥可不仅仅是这三千奇兵的功劳，倘若没有我大唐王朝十几万的正兵在前方坐镇，给突厥造成心理暗示，任你再多几个三千奇兵也没有用。

李靖又说：奇和正是相依存的，没有正就没有奇。如果不是 17 万大军在前方列队，作为正兵在前，我那三千奇兵也起不到出奇制胜的作用。这场战役，其实是奇正相合的胜利。

这段关于奇正的论述，影响了我很多年，每当我思考奇正的时候，耳边就想起李靖的话。精彩至极！

李世民派李靖平定突厥，有的历史记载李靖单独带领三千奇兵深入敌后，很多人事后只看到那三千奇兵的功劳，看不到前面 17 万正兵的平衡和威慑之功。

这个故事讲明白了，我们再来谈价值的奇正性就比较好谈。

每一轮行情来的时候，我们总是先找最正的股票，其用意就是以最正的旗号来唤起资金对该板块的关注，以及对这个板块逻辑的认可。但是资金一来，它是不是按照最正的打法打，那就由不得我们。

根据历史经验，它可以按照最正的逻辑去打：

比如，炒区块链的时候，就是按照最正的逻辑，资金围攻新湖中宝和四方精创。

比如，炒 OLED 的时候，资金也是围绕最正的逻辑去打头阵，京东方 A、深天马和领益智造。

比如，炒口罩股的时候，资金也是围绕最正的逻辑去打的，核心就是泰达股份。

但是，资金也有放弃最正，直接炒最奇的时候。

比如，炒稀土时，资金围攻的并不是稀土含量最多的，而是去炒金力永磁。

比如，炒 5G 时，资金放弃中兴通讯、烽火通信，而去炒东方通信。

比如，炒呼吸机时，资金最强围攻的是航天长峰，而不是迈瑞医疗和鱼跃医疗。

这正正奇奇到底是一种什么关系？到底什么时候炒正，什么时候炒奇？

首先，能够把该板块炒作起来，能够迎来大资金，能够让该板块成为市场绝对主流板块，靠的绝对是"正"。

也就是说，每当一个热点来临，该板块中最受益的股票一定要充满想象力，一定要有极大的刺激性。只有如此，市场的焦点才能来到这个板块。

没有"正兵"，无论如何也做不到这一点。

就拿呼吸机来说，别看航天长峰嘚瑟，如果呼吸机领域最好的公司在这个过程中受益非常小，那么航天长峰就是无源之泉。没有正兵，不可能有奇兵。

东方通信也是，如果不是孟晚舟事件，不是国人突然发现我们的 5G 原来那么领先，不是全体国民关注 5G 事件，肯定引不来那么多资金对东方通信的炒作。

再比如金健米业，如果没有媒体持续报道粮食，没有大家心里对粮食的担忧，粮食板块根本起不来，更遑论金健米业？

所以，举旗必须靠正。无正，奇起不了航。

其次，资金来了之后，是选正还是选奇，具有偶然性。

某种情况下，资金最喜欢正，比如炒供给侧改革的时候，大家核心炒的就是方大炭素，它是供给侧改革最正的标的，正中靶心。但另外一些情况，甚至比较多的情况，资金喜欢奇。

为什么？

因为如果市场不好，大势不涨，资金拉不动最正的股票，通常最正的股票市值都比较大。那么资金就围绕最正的股票来打擦边球，去做奇。

但无论奇到哪里，资金都是拿"正"说话。

比如炒稀土的时候，不炒北方稀土，直奔金力永磁。但每天关于金力永磁为什么涨的逻辑都是拿稀土说事。比如，哪里稀土又涨价了、稀土又怎么稀缺了、稀土又作为战略物资了，云云。

发现没有，它是把"正"的理由嫁接到"奇"上面。

试想，如果最正的股在这个过程中一点逻辑都没有，那么用"奇"的股很难嘚瑟久。

如果鱼跃医疗和迈瑞医疗从呼吸机上一分钱都赚不到，还供过于求，航天长峰还能炒起来吗？

奇看起来与正无关，其实处处都是傍着正。

无正，就无奇。

再次，即使奇正充满偶然性，但我们的起心动念仍然要先去想正，而不是先去想奇。

为什么？

（1）"正"是逻辑的基础。梳理好最正个股的逻辑和供求关系后，就能定下这个板块的级别和持续性。奇自然水到渠成。

（2）最正的股票很容易找，也就 1～2 个，而最绚烂、最妖、最奇的那只股票，你不知道它从哪里冒出来。我们要做的是守正出奇。无论如何，先把最正的那只股票的钱给赚了，然后谁是奇，谁冒出来，再做谁。

（3）奇和正，有可能是一个东西。而且，随着股票数量增多，随着大家投资水平提高，最绚烂的股票、最妖的股票不是从奇中选，而是从正中选的概率和可能性越来越大。比如口罩股中的泰达股份，熔喷料中的道恩股份，区块链中的四方精创，网红经济中的星期六，TWS 耳机中的漫步者。

（4）有时候你看起来是奇，其实是正。主要原因是弹性价值的存在。也就是说，一轮行情中，它不是受益最大的，但是对每股收益贡献是最大的。

最后，这一点也是最主要的，是定海神针，是锚，是整个事件的起心动念，也是整个板块有没有炒作结束的风向标。

无论是炒正还是炒奇，思考的都是这个板块最正的逻辑往哪里走，这个板块最正的逻辑还能不能说服其他资金去继续接力。

奇，只不过是最正的逻辑的衍生品；正，才是这个逻辑的根。炒奇是为了更好地炒正，明白正，是为了更清楚地炒奇。

奇，从来都是拿正说事；正，从来都是奇背后的若隐若现的靠山。

所以，看起来东方通信与5G没有关系，但它们的关系大着呢。

金健米业，看起来与粮食没有关系，但你把它改个名字叫金健煤业试试？

航天长峰确实不是呼吸机最好的公司，但它炒作过程中，一直是把自己当成呼吸机的魅影。

正如《一代宗师》里所言：一门里，有人当面子，就得有人当里子。但无论里子还是面子，都是一个门派的事儿。

一个用奇，一个用正。

里子硬，面子才光彩。"正"够无懈可击、大道当然，"奇"才能剑走偏锋、光芒万丈。

守正方能出奇。

如是而已。

注：本文写于2020年4月8日，是我对价值的再度深入思考，从奇正这个角度去思考，可以解决很多朋友对价值的成见。

第二章

逻辑论

1. 根本逻辑

1.1 根本逻辑（一）：供求关系

我的内心深处认为，逻辑至关重要。

"逻辑"这个词最初带给我震撼是因为索罗斯。刚做股票那会，我喜欢研究索氏投资风格，当我看到他在狙击英镑之前，对他的操盘手德鲁肯·米勒说："既然逻辑上无懈可击，为什么不全力以赴？"

我瞬间就震惊了，原来"逻辑"才是顶级玩家最在乎的东西。我把这个道理，放在我的《香象渡河》序言第一句。

很多人常会争论：基本面重要，还是技术面重要？我的观点是：逻辑面才是最重要的。

基本面，或者技术面，都是"菜"，是"原料"，而逻辑才是"厨艺"。从"青菜"到餐桌上的"美味"，"厨艺"才是关键。

股票市场也是一样，逻辑才是股票市场的关键"厨艺"。

我每次重仓股票，都求逻辑上无懈可击，否则不敢造次。在我的心中，逻辑是有轻重之分的，或者说是有级别之分的。有的逻辑，一个顶十个，而有的逻辑，仅仅是锦上添花。

那么什么逻辑是最重要的呢？

供求关系！

供求关系是西方经济学最基础的词语之一，我认为它同样也是做股票最基本的，同时也是最重要的逻辑。

我认为，股票做到底层，是不分实体经济与虚拟经济的，就是不论是做企业还是做股票，它们最底层的逻辑都应该是共通的。

供求关系是实体经济最底层的逻辑，所以，它必然也应该是做股票最底层的逻辑。

我们上大学学习经济学时，都学过萨缪尔森的名言：如果一只鹦鹉学会了供求关系，它也能成经济学家。

可见，供求关系的重要性。

最能领会这个逻辑重要性的是企业家。我记得任正非当初做交换机代理的时候，发现中国特别缺那个玩意。而中国企业几乎生产不出来，都是代理国外的。巨大的市场需求，刺激了任正非，后来他就决定重点发展通信设备，并把通信行业的伟大前景，描绘给身边的同事。

当时华为缺知识分子，有一年有几个高级知识分子来华为参观，任正非当着这些人的面大谈通信行业的巨大蓝图，其中有一个人被任正非的气魄感染，毅然决定放弃原单位的优厚待遇，立即加盟还前途未卜的华为。这个人就是郭平。

不光是任正非，几乎所有的企业家都对供求关系高度敏感。

我记得当初让马化腾坚持去做腾讯QQ的，就是基于需求量暴增的简单逻辑。据说，马化腾的钱烧光了，四处拉投资，四处筹钱。

有人问马化腾：你拿到钱后，怎么挣钱？

马化腾说：我现在还不知道。

那人又问：那我为什么投钱给你？

马化腾说：我坚信它能挣钱。

那人又问：你凭什么坚信？

马化腾说：因为每天用QQ的人很多，我们后台的服务器根本应付不过来。这么多人用的东西，它一定会挣钱。

上述的对话是真实的，大家可以去看看《腾讯传》，只是文字换成了我的表达。马化腾当时坚信QQ有伟大未来的最大理由就是供求关系，爆炸性的需求，绝对能够赚到大钱。

当然，马化腾这个逻辑中，需求端是无限增加，供给端并非绝对稀缺。

如果现实世界中有一种生意，需求端无限增加，但同时供给端又有瓶颈，那么这种生意就绝对值得你去押大赌注。我们想象，什么生意是这样的：

2006—2015 年，中国一线城市核心地段的房地产是这样的；

2017 年上半年，石墨电极曾经在短暂时间内是这样的；

iPhone 刚上市的时候，它的盛况是这样的。

所以，它们的利润都是最丰盛的。利润丰盛，其股价绝对一飞冲天。大家可以看看那个时间段的万科、方大炭素、苹果的股价，是不是在那个岁月里，最耀眼的股票。

这个底层逻辑，既是实体经济的最大逻辑，也是股票投资的最大逻辑。

我分析股票，最初的起心动念都是供求关系。供给端和需求端，至少有一方能刺激股价，这只股票才有得玩。

要么需求端暴涨式增长；

要么供给端受限。

当然，最好是同时发力：需求端增加，供给端受限。

这个情况可以用一句通俗的话解释：既让马儿跑，又不让马儿吃草。

经常有人问我，你看新闻看啥？其实就是到处看哪里出现供求关系的变化。

这次口罩股行情，我之所以从春节前到春节后一直战略关注，就是因为我用最根本的逻辑在思考问题，并不是看盘面看出来的。

道理很简单：以前只有医生用的东西，现在每个人都用，无论提供这个东西的企业是否赚钱，股价必然有回应，就这么简单。

如果供给略微再受到限制，那么股价迟早冲天。

如果说口罩本身，供给端可以提高，但是口罩的材料，特别是中间的过滤材料——熔喷布，是有一点供给瓶颈的，所以，我们把最重要的焦点放在口罩材料企业——道恩股份、泰达股份上。

就这么简单，这就是口罩逻辑的根源。

至于企业是否赚钱，就跟当初马化腾回答 QQ 是否赚钱一样，那是后续逻辑。最主要的是，是否大面积地在用。

凡是一个东西，被人们大面积地使用，供求关系只要有一方出现变化，其相应的公司，我都会去高度关注。

2019 年的 TWS 耳机是如此——需求端变化；

2019 年的猪肉是如此——供给端变化；

2020 年的特斯拉产业链如此——需求端变化；

2020 年的芯片产业链是如此——需求端变化；

今天的口罩股也是如此——需求端变化。

股市会千变万化，龙头会你方唱罢我登场，但供求关系这个逻辑我相信再过一万年也不会变，因为它是所有眼花缭乱背后，最根本的那层窗户纸。

1.2 根本逻辑（二）：主要矛盾

人生的每个阶段是有主要矛盾的，比如：

童年时期的主要矛盾是身体；

学生时期的主要矛盾是求学与求知；

然后，人生的主要矛盾是爱与异性；

再然后，人生的主要矛盾是事业与功德；

老年后，主要矛盾又回到身体。

当然，并不是说其他事情可以不顾，只解决主要矛盾，而是说，一个年龄阶段有一个年龄阶段的主题，如果这个主题没有解决，其他问题解决得再好，也是枉然。

我记得路遥的《人生》一书，扉页上有这样一句话：

人生的道路虽然漫长，但紧要处常常仅有几处，特别是当人年轻的时候……

这句话非常对，不过，我觉得这句话还可以引申：

人生有很多选择，但每个阶段都有一个最要紧的选择，如果最要紧的那个选择错了，你的其他选择再正确，往往也会过得很糟糕……

这种思想，就是主要矛盾思想。

我在这里不是给大家谈人生，我是通过人生的这种思考，来谈主要矛盾，来谈我们投资中的一种重要思想和逻辑。

主要矛盾就是最需要解决的那个问题。

股市不是孤立存在，它是现实社会在资本市场的投影。股市的主要矛盾其实源于现实世界的主要矛盾。

投资的最大的"道"并不是存在于股市理论中，无论它是波浪理论还是资产资本模型，无论它是技术分析还是价值投资，这都是次要逻辑。最主要的逻辑，是社会上的主要矛盾。

比如，战争时期，最主要的矛盾就是打赢敌人，那么所有能够支持打赢敌人的产业链，都是投资的核心标的。

再比如，资源紧缺时期，最主要的矛盾是资源的占用与利用，那么哪个企业掌握了这一点，哪个企业就最值得投资。

而太平盛世，大家吃喝玩乐，哪个企业最能满足人们吃喝玩乐的欲望，哪个企业就最值得投资。

这就是军工股、有色金属股以及消费股的逻辑，这就是洛克希德·马丁、江西铜业、贵州茅台、可口可乐能在其时代背景下走牛的最大理由。

如果不从这个角度去看投资，也许你战术很对，但战略会错得一塌糊涂。

回顾 A 股：2006 年开始，社会上的主要矛盾就是"人与房子"的矛盾，地产股、银行股、白色家电以及其他为房地产配套的股，都成了这轮主要矛盾的最大受益股，所以它们长期走牛；几乎与此同时，社会还有一个主要矛盾存在，那就是现实世界与互联网世界的矛盾，能把这对矛盾处理得好的公司，必将成为伟大的公司，这就是阿里巴巴、腾讯、美团被资本追捧的原因。

当然，大矛盾之下，有小矛盾；长周期矛盾之下，有短周期矛盾。

比如，能源领域就存在传统能源石油与新能源之间的矛盾，新能源投资逻辑就是在这个线条上成长起来的。什么锂电池、氢能源，无不是为了这对矛盾生的蛋。

再比如，特朗普抑制中国的核心高科技发展，这就激发了自主替代与依赖美国的矛盾，所有的芯片企业、5G 企业以及软件、人工智能等企业，正是这个主线的产物。

其实，主要矛盾还有周期更小的，小到 1～2 个月，或者半年，这种就是主题投资的热土。

我们当下的疫情，就是主要矛盾。凡是有利于解决这个主要矛盾的企业，都是我们重要的投资标的，比如：

　　医药股

　　在线办公股

　　在线教育股。

　　所以，投资要"升维"到这个境界。

　　不要天天沉迷于打板呀，情绪呀，MACD呀，量柱呀这些东西。并不是说不需要术，而是说不要沉迷于术，不要只低头拉车，不抬头看路。

　　有道无术，术尚可求；有术无道，止于术。

　　最大的道，就是社会的主要矛盾。紧盯着主要矛盾，投资才能不偏离主线。

　　读到这里，可能有部分读者朋友会"失望"，因为他们希望得到"独孤九剑"，比如怎么看K线，怎么看均线，什么样的模型最好，什么样的量最佳，等等。

　　其实，这部分内容属于"格物致知"的层面，大家想学很容易，你去新华书店，几乎90%的股票书都在教这些。我在这里主要谈"正心诚意"的层面，谈大家平时不怎么去深入思考的层面。

　　具体的术其实很好学，无论是哪个指标，哪个形态，哪种估值方法，一个星期的时间基本都能学会。

　　关键是"此心何安"？

　　山中贼易破，心中贼何以破？

　　要想解决这个问题，唯有叩开主要矛盾的大门，从社会需要的最高层面来思考投资。

　　希望我的这篇文章，能够在这个层面启发到大家。

1.3 根本逻辑（三）：苹果树下

苹果好像是一个有灵性的东西。

牛顿在苹果树下，被掉下来的苹果砸到头，居然砸出科学的果实：万有引力。

童年就看到的这个故事，让我从小就对苹果充满好感。后来喜欢上投资，没想到在这个领域里，也遇到了苹果树下的故事。

那是去年的冬天，在上海。刚出虹桥机场，一个期货界的朋友就把我接走。上海是出了名的堵车，不过，对于能聊得到一块的人来说，堵车恰好可以交流一点深度话题。我们聊起了苹果期货。

虽然我不炒期货，但我一直关注期货合约的事情，因为股票与期货具有一点联动性，期货暴涨的品质，往往会传导到股票市场上来，比如当年的螺纹钢、煤炭、铜、锌，等等。每当期货有奇迹性的涨幅，其背后的逻辑都会成为热门话题。所以，聊期货不能不聊苹果合约。

苹果期货是爆款，曾经涨幅巨大，涨得没有朋友。我们来看下苹果期货合约走势图：

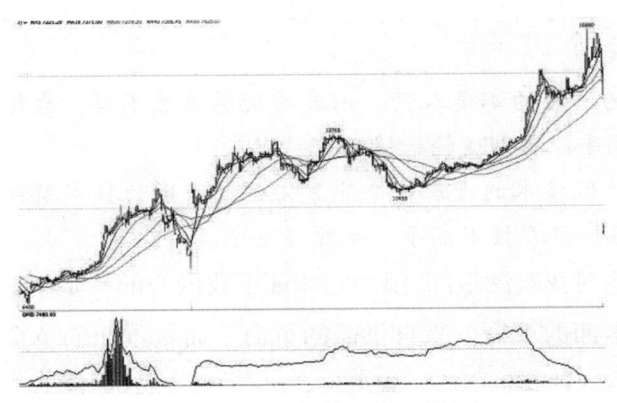

图 2-1 苹果期货合约走势图

图 2-1 就是苹果期货合约走势图。也许做股票的朋友会说，这个涨幅不算大呀，没有道恩股份涨幅夸张呢。

可不能这样想，期货可是有杠杆呢，这个涨幅已经算是奇迹了。

记得当时我每天都会关注一下苹果合约的涨跌，每天都让我心跳加速：不就是一个苹果嘛，怎么涨起来没完没了。

当时我想，如果有人把苹果合约从头拿到尾，该赚多少钱呀。

但后来我听说，真正能拿得住苹果合约的人很少。

很多人的内心世界里跟我的想法是一样的：不就是一个苹果嘛。

特别是那些用技术分析的，根本就拿不住苹果合约。

那什么人才能拿住苹果合约，把这轮巨大涨幅吃到尾？

在苹果树下下单的人！——我朋友斩钉截铁地说。

什么叫在苹果树下下单？我追问。

对方说：就是亲自去苹果主产地调研，亲自跑到苹果树下看苹果的产量，然后坐在苹果树下打开期货软件下单。

我又问：为什么？

对方说：获得最扎实的基本面信息。亲眼看到苹果的收成，才有足够的信心。

我又问：有必要吗？从新闻报道中看到苹果产量减产不就行了？

对方说：现场看才震惊，才有刺激性。而且，新闻报道都是落后的，做期货的人，获得的信息一定要比新闻领先。如果记者都比你先知道，你怎么赚大钱？

做期货的，真的都是人精。但我的疑惑依然不解，我继续问：期货领域的技术高手能赚到这轮行情吗？

对方说：做技术的没有一个能拿得住的。因为技术解释不来这轮苹果的巨大涨幅。很多技术高手，早就吓飞了。

这段对话对我刺激很深，因为它印证了我内心的一个声音：大的机会，都是来自基本面的革命，来自供需的革命。而基本面的革命，必须亲力亲为，才能心领神会。

对，"亲力亲为"。

这里的亲力亲为，未必是一定要到现场，但一定不能把这个权力交给研究员和新闻记者。

就拿本轮口罩行情来说，凡是看新闻报道的，看别人怎么说的，凭借过往常识去判断的，等着分析师和研究员给你提供策略的人，几乎都在口罩上赚不到大钱。凡是亲自去挖掘信息，亲自去看熔喷布价格，亲自去各大平台看口罩缺口的，几乎都能拿得住口罩股。

本文的题目是"苹果树下"，我要表达的不是让大家都去"苹果树下"下单，都去生产一线，而是强调"亲力亲为"！

不要依赖分析师，不要依赖研报员，不要依赖新闻媒体。

要"御驾亲征"！

对最新信息的掌握，要超过别人。

这就是本文的核心观点。

我的这个观点不是一天形成的。有一年的初春，我在深圳跟青泽一起吃饭，就是那个写《十年一梦》的期货高手，席间又来了一个期货界的高手，叫于忠。于忠的期货实盘曾经多次获得冠军，他在期货圈有鼎鼎大名。于忠和青泽一起去深圳是到深圳清华大学研究院给期货班的学生交流期货真经。恰好我也在深圳，就见到了他们。

偶然间，我问于忠下一步去哪里。于忠说，去东南亚。我问他去东南亚干吗？他说去调研钢铁，亲自去看那边的工厂，那边的开工情况，那边的钢铁实际产能和需求。

当时我就震惊了，原来成绩背后有这么多汗水。

于总的风格是典型的亲力亲为、"苹果树下"。

这也让我想起去年的猪肉，据说敢于在猪肉股上下重仓的，很多都是跑到猪场看猪跑的那批人。

其实，写这篇文章可能会得罪一些分析师和研究员，但我的本意并不是说他们没有用。好的分析师和研究员当然有用，他们能够提供很多线索，能加工很多数据。但我要表达的核心观点就是，重大的决策、最新的情报，作为决策人必须亲自抓。

为什么？

因为转手的信息没有震撼力，没有刺激性。亲自挖掘，亲眼看到，第一时间掌握的东西，才能给你的投资带来足够的信心和信仰。

二手信息容易让人的敏感性递减，不利于决策的坚决性。

特别是面对洗盘和分歧的时候，有"亲力亲为"的人和没有"亲力亲为"的人，他们的内心世界完全不同。

这又一次让我想到索罗斯。

当年索罗斯狙击英镑的时候，他亲临一线，亲自跟欧洲各国的政要接触，在"苹果树下"感受欧洲的政治家和金融家对英镑以及马克的态度。

更经典的一次是广场协议。在协议之前，索罗斯大量吃进日元，等广场协议消息稍微明朗，索罗斯的头寸赚得非常大，他的交易员看到那么多的利润，想见好就收。索罗斯当场就火了。据说他跑到交易室，把交易员都赶出大门，然后把门反锁，对交易员说：从现在开始，我来下单。

为什么？

交易员都是看策略和二手信息来做的，而索罗斯本人是亲自研究国际外汇的，他在政治家和银行家之间的人脉资源，让他成为"苹果树下"第一人，如此他才能判断广场协议的性质，日元升值的级别。

我想，仅仅看《华尔街日报》和研究员的报告，索罗斯也不敢做出如此豪赌。

亲力亲为，才能在关键时刻给予交易者足够的底气。

说到这里，不得不提及龙头战法。今天的龙头战法已经成为热门词语，几乎各大媒体都在说龙头战法，而坊间关于龙头战法也是分化为多种流派。

我在《龙头信仰》一书中，把龙头战法分为如下流派：

拐点派、

形态派、

低吸派、

打板派、

点火派、

波浪派、

量化派、

套利派、

周期派。

这么多流派中，有没有高下之分？其实这个问题我不想回答，因为你尊一流派，就代表贬低其他的流派。

不过，从我的内心出发，我认为最高的流派应该是"价值派"。虽然我没有把"价值派"列在里面，但《龙头信仰》一书，却多处在谈价值。我在"龙头四维"中，把"价值性"列为第一维，足见我对价值的重视。

重视价值，也就是重视"亲力亲为"，也就是重视"苹果树下"这种风格。在很多历史性的交易品种中，比如最近30年的房地产，比如方大炭素，比如锂电池，比如猪肉，再比如刚刚经历的大龙头道恩股份，如果不是走价值派的路线，如果不是亲力亲为，很难重仓并持有到足够高的位置。

我看过很多周期派，以及技术派、指标派，乃至情绪派，他们早就无法解决超级品种的持仓问题了。

一会弱转强，一会分歧低吸，一会情绪逆转，一会预期没有，一会技术指标上超买超卖，一会放量太大，一会又缩量没有换手，一会分时图太烂，一会又集合竞价太低，诸种云云，恰如蜗牛角上争长短。

当然，我并非否定他们的价值，事实上，我也喜欢他们的很多结论和成果，但是，如果没有价值性，如果不在"苹果树下"下功夫，是缺乏一个定海神针的，是很难大成的。

你说呢？

1.4 根本逻辑（四）：龙头战法哲学基础——最大公约数

今天我们不谈市场，谈哲学。

记得有人问主席：什么是政治？

主席答道：政治就是把支持我们的人搞得多多的，把反对我们的人搞得少少的。

窃以为，这句话也是龙头战法的最大哲学。

龙头战法是一个比较流行的词语，特别是最近几年，但真正深入挖掘龙头背后思想和哲学的人都很少，大多数谈龙头的公众号和书籍，都是在：

谈打板，

谈热点，

谈情绪，

谈周期，

谈指标，

谈技术。

但如果不深入最底层，这些东西谈得再多，都不足以让你放心大胆地做龙头。

我经常收到很多朋友给我留言、写信，问得最多的一个问题就是：龙头我懂，但就是不敢买？

其实，这个问题不是技术问题，而是"心坎"的问题，就是背后的哲学基础没有想通。那么，龙头战法的哲学基础是什么？

就是做"最大公约数"的股票。

什么是最大公约数，套用主席的思维：哪只股票朋友多多的，哪只股票就是龙头。

投资的本质就是所有股民都拿着钱去买股票，表面上大家是用手指挥自己的键盘来下单，但实质上都是按各自的价值观指挥手指来下单。当出现一只股票，大家的价值观类似或者趋同，那么这只股票就是具有最大公约数，于是龙头诞生了。

也就是说，一只股票要成为龙头，其核心在于"群众基础"，在于一旦拉升有无数人去认可、去买入，一旦下跌或者洗盘，有无数人去抄底、去接盘、去低吸。

那么怎么才能做到这一点呢？就是让该股票成为大多数的人：

容易理解、

容易认可、

容易接受，

甚至帮着传播的股票。

一旦这种逻辑在一只股票上聚集，那么这只股票就是龙头股。

如果想明白了这个道理，你还不敢做龙头吗？

大家回想一下东方通信、金力永磁、星期六，以及当下的口罩股，是不是符合这个道理？

成千上万个"群众基础"等着买这只股，成千上万个普通智商的人都能理解这只股，这样的股怎么可能不成为龙头呢？

2. 赛道逻辑

2.1 赛道逻辑（一）：机会与赛道

姑且称他为阿文吧。

今天我们就来讲讲阿文的故事。

这是一个福建泉州的孩子，泉州是中国古代海上丝绸之路的起点，自古就有商业基因。阿文仿佛天生就承袭了这种基因，还是学生时期的他就开始"投机倒把"，在当地的石狮大仑街摆地摊，卖一些计算器、傻瓜相机来赚钱。后来干脆辍学，读到高一就开始下海经商，而且是远走东南亚。

不过，阿文出海谋商并不成功。事实上，海外的机会哪比得上正在改革开放的中国呀。

阿文也四处找出路，到底机会在哪里？

故事的版本都是一次偶遇，本文的主人公也不例外。好像是在一次出差途中，在车站吧，阿文听说香港有个叫李泽楷的，想搞一个互联网的项目装入房地产里。

阿文虽然学历不高，英文不好，但是互联网的魅力，阿文还是能感受到的。

满街的 QQ，谁不知道？

阿文天生是具有商业嗅觉的人，他冥冥之中就觉得互联网才是未来的一切，自己做的那些生意算个啥。

平时反思里，他也明白，如果不在互联网里混，去什么菲律宾、马来西亚都白搭。互联网时代,想重走一遍李嘉诚、郭鹤年的路,几乎不可能。

抓住互联网,才是一切的根本。

其实,阿文的这个商业嗅觉跟孙正义有点异曲同工。

恰好,这里有个更刺激的故事:

互联网 + 李嘉诚的儿子。

阿文天生就觉得这个东西值得干。于是,他把自己能找到的所有资金都拿来,梭哈一个叫电讯盈科的股票。

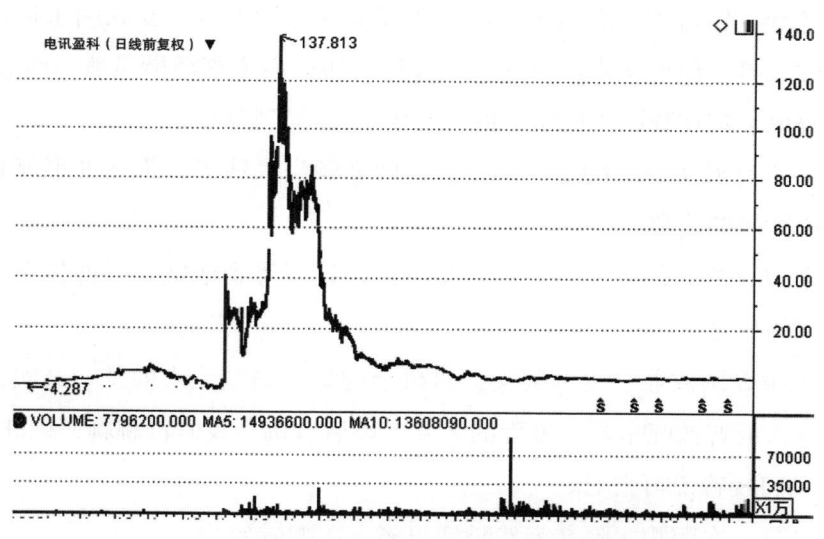

图 2-2 在香港上市的电讯盈科的暴涨暴跌走势图

互联网也好,数码港也好,关键是在一个人人都谈互联网的时代,李嘉诚的儿子来讲一个互联网的故事。

阿文恰好读懂了李泽楷的意图,觉得这是一个绝好的机会,所以选择梭哈电讯盈科。

其实,什么是投资?不就是把握住绝佳的机会吗?虽然只有高一学历,但阿文在这方面其实是大师。

所以，一听到互联网和"李家的城"，阿文立即梭哈电讯盈科。

后来的故事大家知道，电讯盈科暴涨，阿文一下子身价不菲。

幸运的是，阿文在高点出来，没有留恋。

后来电讯盈科又上演了过山车，从 138 元，跌成几分钱，成了很多人心中永恒的痛。

同样一个故事，同样一只股票，有人大赚，有人大亏。这其中的道道，就是早相信的人赚钱，晚相信的人买单。

因为电讯盈科这场互联网的闹剧，导致香港提起互联网就不信任，谈虎色变，错过了互联网的浪潮。李泽楷作为操刀者，互联网永远是他牟利的工具，但他从来没有互联网基因，所以后来李泽楷虽然 20% 重仓持有腾讯，却在腾讯刚展露价值的时候，卖掉了腾讯。

而具有讽刺意味的是，多年后，阿文赚到大钱了，第一件事就是赶快去买腾讯的股票。

不过，这时的阿文还不能说是巨富，这要等到他做完一件传奇且充满争议的事之后。

天生充满商业嗅觉的阿文，对机会的敏感渴望无人能及。其实，同是福建人的曹德旺也是这方面的天才，以后有机会我们再聊聊曹德旺。

我们接着说阿文吧。

又是一次闲聊，阿文突然听到很多人在聊域名。

域名是啥呀？

就是在互联网上占个坑，等今后有人需要这个坑，我就高价倒卖给他。

为什么那么多坑，阿文都不去占，偏偏占个互联网域名的坑？

也许阿文冥冥中对互联网这条赛道有说不出的认可。以他的学历和知识结构，他完全不知道，但他的商业天赋就认定互联网才是他的今生。

而同村的、同班的，都在炒房子，抢房地产的坑，阿文却在互联网上抢坑。

阿文虽然学历不高，但他把能够想到的所有名字都在互联网上抢注域名，比如，土豆、苹果、车、汽车、租车、奇异果、竹笋、山楂树、汽水、玉米、小米、猫、狗……

反正以他的学历能想到的全都抢注。

多年之后，这些都成了阿文富豪路上的关键一笔，但也成了他的道德污点。这玩意它完全是投机倒把，对社会没有任何贡献，不就是抢注吗？

如果不从道德上分析，仅仅从商业上分析，阿文此时展示的是他对机会的绝佳把握。

以他的学历和知识结构，他还能干吗呢？能干过海归的李彦宏吗？能干过从深圳大学毕业的马化腾吗？能干过拥有"十八罗汉"的马云吗？

都不能。

他只能搞占坑的游戏。

我们今天很多熟知的域名，比如土豆网、爱奇艺、租车网、微博、暴风影音、创新工厂、360，都是阿文抢注的，后来他把这些卖给互联网大佬，狠狠地赚了，积累了巨额财富。

不得不佩服阿文对机会的把握。或者这样说吧，阿文是典型的机会主义商业大师。还有一件事情也可以证明。

当时中国人上网输入网址比较麻烦，因为我们习惯了中文，而互联网网址都是英文。于是有一个叫李兴平的人把所有常用网址搞在一个网页上，这个网页就叫"hao123"。这是一个技术含量不高的活，但hao123最后居然能以高达 5000 万元人民币外加百度的股权，高位卖给百度的李彦宏。

这里闲话一下，据说李兴平拿到钱后，又把所有的现金买入腾讯和百度的股票，至今没卖。

还是说回阿文。

阿文一下子看傻了，自己抢注域名背负道德污点，哪里有李兴平赚钱快。再说，李兴平好像只有初中学历，学历比自己还低。这事儿李兴平能搞，阿文更能搞，好歹阿文还高一学历。

于是，阿文搞了一个256的网站，至于怎么搞，很简单，学习hao123就行了。为了把"256"搞得更高端，阿文拉来一个叫熊晓鸽的人来投资，就是当年把四川双马搞成牛股的那个IDG中国负责人。

很多故事都有相似的结局。hao123卖给百度，阿文的"256"就卖给谷歌。两个搜索巨头分别把两个类似网页收入囊中。阿文这次赚得又高端，又暴利。

此时的阿文，真正站在富人的行列，而且是互联网富豪。据说，他也做了一个跟李兴平一样的决定，李兴平把搞来的钱买了腾讯和百度的股票，而阿文把搞来的钱，也买了腾讯的股票。

只有身在互联网领域，才能明白百度、腾讯这些互联网股票的意义。这正是我前文讲"苹果树下"的投资逻辑的原因。

而根本就不具有互联网基因的李泽楷，哪里明白互联网的意义。李泽楷本来可以在腾讯赚上万倍，他却选择只赚6倍。

李泽楷好多次后悔，但是，如果我是李泽楷，我觉得我没有资格后悔。因为，虽然卖掉了腾讯，后来腾讯在香港上市才3块多，此时可以买回来呀，但李泽楷后来再也没有买过腾讯。这里插一句话，熊晓鸽好像也跟李泽楷一样，也过早地卖了腾讯。

这说明什么？

说明只有身在行业，亲力亲为，在"苹果树下"去决策，才能明白一只股票的最大意义。

只有对互联网这条赛道有深刻"直觉性"感悟的人，才能明白腾讯的意义。因为错失网易投资机会的但斌，深刻地领会了这个道理。所以，但斌虽然没有腾讯一级市场股权，但腾讯在香港二级市场一上市，他就立即瞅准机会，果断地大举买入。

有时候我也反思，那个时候的我在哪里？

那时我大学毕业才几年，正在为生计奔波呢。

如果我当时是一个富人，我会买腾讯吗？我不止一次地问自己这个问题。

我想，如果我没有明白今天的这个道理，没有此时此刻的见识，我也不会买腾讯。

可见，富不富，是与见识和理解力有极大关系的。

正是如此，现在的我思考投资时更侧重思考大机会，重大的需求和重大的供给革命。而那些技术指标，我早就看开了。

前段时间我连写十几篇文章分析口罩股，就是这个思维的产物。

关键是为什么直到今天我才明白这个道理？我多么渴望，当我刚出大学校门的时候，就能有人告诉我这个道理。

但那个时候没有人跟我说这个道理。我的读者当中肯定有很多还在上大学和中学，或者刚刚出大学校门，希望你们看到本文后，不要像我一样走那么多的弯路。

若如此，本文就是你我之间的特殊缘分。

关键是有人学而知之，有人生而知之。阿文就不需要学，他生而知之，他根本就不需要别人跟他讲这个道理，他天生就明白。

对机会的把握，对重大机遇的梭哈，才能改变人生。

阿文梭哈了域名，梭哈了网页，梭哈了腾讯，总结三次重大决定，都是与互联网有关。所以，阿文是倾其所有都押在互联网上，互联网才是阿文的核心。

为什么偏偏是互联网？

回首看过去二十年，大的机会有两个：一个是互联网，另外一个就是房地产。经济学家会告诉你一大堆数据，但阿文凭直觉就选择最大的赛道——互联网。这是由基因决定的。

但如果我们没有这个基因怎么办？只能多去看看别人怎么做，用思维改造自己，用知识改造自己。

阿文直觉的选择，正好暗合了最大的赛道——互联网。互联网后期，阿文又干了一件名满天下的事情，就是今天许多女生会用到的那个玩意：美图。

把照片美化一下。

这下把握住了什么机会呢？

互联网上怎么让人更美！

对这个机会的把握，更显得阿文天才般的机会识别能力。很多人在红海中竞争，什么化妆品、衣服、香水。不，我要在互联网上来实现这些。

又是一个互联网的故事，又是一个把握重大机会的故事。

阿文，不得不说他是一个奇才。

美图有多成功，你们看看自己的微信朋友圈就知道了。我的很多朋友跟我合影后，都说一句话：别发，让我先修修图。

而这个创意，居然是阿文的生意基础。你说阿文有多厉害。

对了，那个叫阿文的人，全名是蔡文胜。

注：本文写作时间是 2020 年 3 月 14 日，本文用到的资料都来自互联网，但互联网上的东西未必全都真实。本人跟蔡文胜不认识，有些东西没有亲自考证。若有偏差或错误，请蔡总谅解。本文是正能量的思考文章，希望诸位能够从中学到蔡总的智慧。

很多时候，一些读者从后台给我留言，说：你怎么把这么多干货都毫无保留地写出来？

其实，表面上我是讲给大家听，但同时也是讲给我自己听。蔡文胜身上的很多商业智慧，其实也是投资的智慧，值得我去领悟。

今天我在网上看到蔡文胜的故事，想起我这么多年的经历，想起了股票投资的哲学，当我把这些东西贯穿之后，突然发现通透了很多。于是我就写下我的感悟，分享给大家。

写本文，我首先是跟自己对话，然后才是跟世界对话。

也许这篇文章能够影响的不只是你的投资，还有你的人生。

选好赛道，把握机会，永远比努力更重要。

2.2 赛道逻辑（二）：透过个股，看到传奇

2019 年的 1 月份，有一只股票走势很迅猛，不过不是好赚钱的。我们来看看其 K 线图：

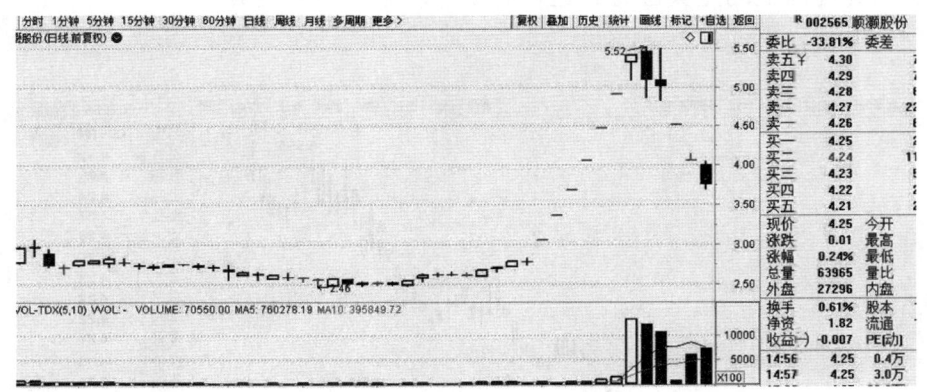

图 2-3　顺灏股份暴涨之后的 K 线图

如果有人让你关注这只股票，估计你会骂他：要么买不到，要么买到就亏钱。

很多股民应该也是这种态度。所以，炒股中，大多数人是错的。

这种错是一种短视和肤浅的错。

关注一只股，并不仅仅是为明天服务，更是为未来服务。如果我们仅仅想到明天，也许一辈子都没有所谓的"战略思维"和"主线思维"。

虽然我们做的是短线，但眼光绝不能短。

看得长，才能把短做得妙。这个长，就是要看：

一条赛道，

一个主线，

一个风口，

一个行业。

就拿我刚才举例的那只股票来说，它是顺灏股份，是工业大麻这条赛道上的绝对总龙头。虽然短期看，我们好像遇到一只垃圾股，但是如果从赛道和地位上来看，这只股值得我们永远关注。因为它第一次用敲锣打鼓的方式把工业大麻这个炒作物带到 A 股，正因如此，它卡住了工业大麻赛道上的龙头位置，这才有了它后来的传奇走势。

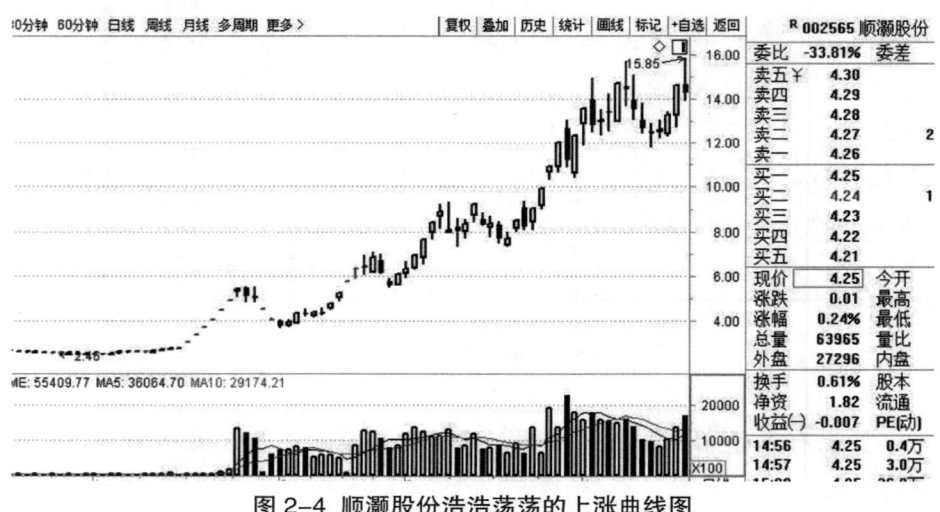

图 2-4 顺灏股份浩浩荡荡的上涨曲线图

图 2-4 是顺灏股份后来的走势，当初的那个涨幅，只不过是它的插曲，真正的大头在后面。

如果不站在赛道和主线这个思维上，仅仅就事论事，仅仅看短期的 K 线和所谓的情绪，你是看不出顺灏股份是个传奇的。

同样，2019 年的全柴动力、中国软件、沪电股份、星期六，都是带有赛道性质的股票，凡是能把这样的股票一以贯之地做下来，都是具有赛道思维的投资者。

我反复用赛道这个逻辑去梳理一些产业和基本面，因为这样能看得更长远、更通透。

就拿贵州茅台来说，这只股票你就不能简单地用价值的思维或者白酒的思维来看它，因为它是 A 股总赛道的产物。

凡是能把茅台做好的，也绝对不是那种普通的价值投资者，或者简单的估值派，而是明白茅台对 A 股总赛道意味着什么的人。

这就是赛道的意义。

透过个股，看到传奇！

茅台如此，其他股也是如此，它应该是赛道性质的龙头，而不是简单的炒作性的龙头。

2.3 赛道逻辑（三）：为什么投资要抢占赛道

第一次看到吴秀波，就觉得他是一个有故事的人。

后来果然发生了故事。

故事里有一个叫陈昱霖女孩，跟吴秀波好上了，但突然有一天，吴秀波的老婆出来了，手撕陈昱霖。

这故事在 2020 年换成了蒋凡和张大奕。

陈昱霖和张大奕，都在一个已婚男人身上拼上自己的感情。但已婚的男士对于所有寄托感情的单身女士来说，都是一个感情 "赛道"上的错误。

所以，后来陈昱霖和张大奕都被两个男人的妻子手撕，这相当于在感情的赛道上被人按核按钮。

当然，这里的"赛道"，并不是我要讲的赛道的全部意义，我只是通过这两个故事说明一个道理：

赛道很重要！

其实赛道在投资上的意义不好讲清楚，所以我就尽量从故事上让大家理解。前文我讲过蔡文胜的故事，用以说明赛道的重要性，今天我再讲几个有关赛道的故事，让大家更直观地来感受下赛道。

我记得很多年以前，马化腾曾经拿着QQ想卖，找过张瑞敏、柳传志，好像还找过张朝阳，但是大家都不买。当然理由很多，其中一个就是 QQ 不能挣钱。不能说那几个大佬不够睿智，只能说时代的变化太快。那个时候大家都没有赛道思维，包括马化腾自己。

如果马化腾知道QQ是互联网第一轮赛道型的产品，打死他也不会卖。

后来马化腾咬咬牙，坚持下来了。据说，当时马化腾的钱快用光了，去找很多人借，他甚至提出给股份，但是很多人不借，其中就有一位我认识的人。

后来有一个叫李泽楷的人，投资了马化腾，但他当时仅仅是风险投资，也没有看到 QQ 在互联网赛道上的重要意义，没有几年，就把股权卖给了一个南非的集团。

这个集团叫南非报业集团 Naspers，这家公司 2001 年 6 月以 3200 万美元代价从李泽楷、IDG 资本和腾讯创始人团队手中收购了 46% 的股权，经过上市摊薄和唯一一次减持，目前还持有腾讯 31.1% 的股权。

请大家记住这家公司，我认为它是真正具有赛道思维的公司。Naspers 股票主要在南非约翰内斯堡交易所上市交易，代码是 NPN.SJ，Naspers 是约翰内斯堡交易所十大指数成分股之一。

南非报业集团为什么愿意从李泽楷和 IDG 手里溢价那么高买 QQ 呢？按照当时的思维，这玩意又不知道怎么赚钱？

我看过一篇报道，里面记载南非报业集团当时的想法。原来，南非报业集团在中国很多网吧做过调研，发现每个电脑上都挂着一个企鹅头像，他们认为，13 亿人口的中国，只要有电脑就有 QQ，如果电脑大面积使用，那么 QQ 就是超级巨无霸。

对，这就是赛道思维。他们一开始看的不是钱，而是看谁占据尽可能多的电脑。所以，他们重仓投资了腾讯。

获得巨额资金的腾讯，开始大面积购买服务器和招聘精英人员，迅速用 QQ 占据 PC 时代互联网的赛道，把网易、搜狐和新浪甩在后面。

正是因为腾讯占据了互联网赛道的核心关口，所以马化腾才敢说：我们提供互联网的水与电。

不过，还没有等马化腾缓过神，有一个叫雷军的人在做一个叫米聊的东西。这个东西可以大面积在手机上使用。

手机这个东西，在雷军的小米出现之前，准确地说是在乔布斯发明苹果之后，迅速占据了年轻人的主阵地。大家在互联网上的大多数时间从电脑上转移到手机上来。

那么谁来占领手机呢？

雷军想到了米聊。

试想，如果手机里面装的都是米聊，而不是微信，腾讯今天是个什么样子？

答：赛道没了。

腾讯的游戏和支付，估计也会没的。

这一战关乎赛道，马化腾当然不能袖手旁观，于是启动腾讯内部最残酷的互相竞争淘汰机制，以最快的速度迎战米聊。

坊间传闻很多，有人说雷军大意了，雷军以为腾讯是巨无霸，反应慢，一年后才能推出同款产品，至少也要半年。但没有想到，一个月后腾讯就悄悄地推出了微信。然后腾讯借助自己的即时通的基因和底蕴，把米聊干翻。

当然，故事有很多个版本，但是结果是一样的，腾讯用微信重新占有了手机互联网，也就是移动互联网的赛道。

正是凭借微信这条赛道，腾讯享受了多年的红利，这个红利就叫流量。

因为有流量，腾讯能在一夜之间与支付宝平起平坐，能够在游戏业务上碾压任何人，能够想收购谁就收购谁。

谁让它占据赛道优势呢？

没有这个优势的刘强东就干瞪眼，有人问刘强东你最大的遗憾是什么？东哥说：没有做支付（2006—2007年的时候）。

就是失去了支付这条赛道。

为什么腾讯没有失去？因为腾讯有微信。如果没有微信，腾讯估计也会失去支付这条赛道。

所以，我们不能从单款产品来就事论事，而应该站在赛道的高度来看这个产品。

我们做股票也是一样，不要仅仅从 K 线和形态来看一只股票，还要看到这只股票在整条赛道上的位置，以及它所属于的那条赛道是不是主赛道。

看股票如此，看任何一款互联网产品也是如此。

当抖音第一次出现在我面前的时候，我第一瞬间就震惊了：专攻人的软肋，这下腾讯危险了。

为什么？

这是一款和腾讯抢赛道的产品。

今天的我们，几乎都有下载抖音，凡是玩过抖音的朋友都知道，你玩抖音的时间恰恰是以前玩微信的时间，你玩抖音的工具也恰恰是你玩微信的那个智能手机。

一句话：抖音和微信之间，有你无我。

这又是一场关乎赛道的战争。腾讯如果在这场战争中失败，将失去它引以为傲的流量源头。凶险无比。

如果你是马化腾，你如何应对？

好，我们的故事到此打住，因为悬念正在悬着，马化腾也没找到答案，如果你们谁能帮马化腾想出来，腾讯能请你去做总裁。

其实不仅是马化腾，马云也在烦着呢。抖音的母公司——字节跳动，用奇特的算法搞出的抖音、今日头条、西瓜视频等产品，它们不仅仅是产品，而且是抢流量的东西。如果抖音某一天推出购物，可以抢天猫。如果抖音搞支付，可以抢阿里和腾讯。如果抖音搞游戏，可以再抢腾讯。字节跳动太可怕了。

任泽平的报告里，字节跳动的估值是 750 亿美元，我觉得低估了。字节跳动这个赛道型的公司，其估值至少是 1000 亿美元，而且其未来更不可限量。前段时间看到一个报道，说抖音的国际版 TikTok 变得更加受欢迎，一季度 3.15 亿次的下载量创出全球历史纪录，尤其是受到欧美青少年和年轻人的欢迎。

字节跳动是一个让马云、马化腾都畏惧三分的对手。之所以畏惧，是因为字节跳动的产品是赛道性的胜利，而不是产品的功能和质量上的胜利。

互联网的江湖，比股市更讲龙头战法。股市里，你不买龙头，还有其他盈利模式。在互联网呢，如果你不是龙头，估计连渣都找不到。你今天还能看到米聊吗？还能看到珊瑚版 QQ 吗？还在用微软 MSN 吗？

在互联网的世界里，一条赛道往往只能存在一个人。即使有其他人抢食，也是度日如年。

网购世界里，马云之下，大家不是摸着石头过河，而是摸着马云过河。虽然有拼多多在抢食天猫，但其威胁远不如字节跳动。

字节跳动是一个同时能挑战阿里和腾讯，且能让阿里和腾讯没有办法杀死的对手。

原因无他：赛道我有，天下我走！

赛道就是这么重要。

当然，这里的赛道，其意境就远远超越吴秀波、蒋凡那层意义。不过，我把这几个故事放在一起，是想表达一个意思：赛道无比重要，要有赛道思维。

一个人，一件事儿，一个产品，如果单看，也许起不了波澜，但如果放在赛道上去看，就是天大的事儿。

同样是涨停板，省广集团来一个涨停板就可能搅动网红和直播经济这个板块，未名医药来个涨停板就可能搅动所有疫苗概念股，道恩股份如果涨停则所有的疫情股都蠢蠢欲动。

其原因就是它们在整条赛道的核心位置上。

有赛道思维的人和没有赛道思维的人，对它们的涨停的看法完全不一样。这个问题的境界还不是简单的板块效应所能传达的。它是思维方式问题，是战略高度问题。

在赛道上卡位，选择成功卡位赛道的股票，就是龙头战法的另外一种说法。

所以，道不远人，娱乐圈的事儿，互联网的事儿，股票的事儿，表面上各不沾边，但其背后，却有神秘的共通逻辑。这个逻辑就是：

抢钱、抢粮、抢人，都不如抢赛道！

3. 对标逻辑

3.1 对标逻辑（一）：对标是什么

李彦宏创业的时候，别人问他百度是什么，他回答道：

中国的谷歌。

这句漂亮的定位，赢得了投资和商业上的成功。

此种诀窍马云、马化腾也用过，不过用得最出格的是雷军。上市之前，别人问雷军小米是什么，雷军说：

小米是苹果乘以腾讯，即小米＝苹果 × 腾讯。

雷军这个对标估值法，让小米的股价在上市之初就成了历史的最高点，至今小米股价也没有追回刚上市的那会儿。

不过，雷军的这个对标除了"韭菜"，没有人认可，太无厘头了。如果不是为了把股价做高，雷军应该不会这样不知天高地厚。

不管怎么说，对标用得好，是大大有利于资本家的。

作为投资者，对标对我们有什么意义？

意义大着呢。

对标用类比的方法，让我们迅速明白：

一只股票的气质是什么？

这只股票的逻辑在哪里？

路径是什么？

比如，片仔癀这个公司，有时候解释不清楚，我就跟人说：

它是中药中的茅台。

这种类比一出，听者会迅速明白片仔癀的逻辑。

这种类比对标我经常用，诸如：

卓胜微是科技中的茅台；

武汉凡谷就是小华为；

中芯国际就是大陆版的台积电；

华为就是苹果＋高通＋谷歌；

等等。

这种对标式分析法在很多情况下，能够让对方以最快的时间明白我在讲什么。

不过，最近有两个公司我一直没有找到好的对标，哪两个呢？

SpaceX（美国太空探索技术公司）和字节跳动。

特别是前者，我无法找到任何一个对标。

除了这两个公司，大多数公司，都容易找到对标。

一旦找到对标之后，投资就比较容易，我们可以把对标的估值、历史走势一一分析，然后来预演对标股可能的未来：

它的高度、

它的前景、

它至暗时刻可能面临的曲折洗盘、

它高光时刻将要享受到的主升浪暴利。

这样的好处是：

保持战略跟踪，

不会因为洗盘就轻易下车，

也不会小赚一点就沾沾自喜，

看到赛道、路径和全局，而不是个股和庸俗的财务分析。

一句话，对标思维能让我们提高格局。

其实，不仅仅基本面分析可以用对标法，技术面、短线个股，也可以用对标法，甚至用起来更刺激。

比如，我私下常说：

星期六就是对标刚刚有互联网时期的海虹控股；

罗牛山就是对标雄安的冀东装备；

宝鼎科技有点对标九鼎新材；

未名医药有点对标中钢天源；

轴研科技有点对标万通智控。

这就是典型的股性、气质和技术走势上的对标法。

这样对标之后，我们可以迅速地从历史上某只股那里找到灵感和参照，从容地面对洗盘和拉升。

妙不可言！

3.2 对标逻辑（二）：最大的对标是大盘

提起对标，大家最容易想到的是股票与股票之间的对标，比如：

省广集团对标谁？

华盛昌对标谁？

三人行对标谁？

贵州茅台对标谁？

谁对标东方通信？

谁对标市北高新？

谁对标浙江龙盛？

谁对标中科信息？

其实，这并非最重要的对标。最重要的对标应该是大盘、行情。

怎么个对标法？

根据大盘的成交量和风格，去对标历史上某个时刻大盘的成交量和风格。

根据接力环境和存量博弈，去对标历史上某个时刻的市场环境和博弈。

这种对标才是最重要的。

为什么？

大盘对标容易窥见市场全貌，找出市场整体风格，梳理出市场的机会和风险，特别是看清市场赚钱和亏钱的比例，进而做出取舍。

比如，就拿最近的行情来说。我们可以清楚地看到最近行情的特点是：

白马抱团，贵州茅台、恒瑞医药、片仔癀、长春高新等高位股各玩各的；

小盘被游资把持，存量博弈；

接力环境时好时差，总体是不尽如人意；

有牛市，偶尔有点牛股；

盘成交量持续缩小；

赚钱效应只属于高手，甚至超级高手。

这就是目前的市场，我们可以拿这个去对标历史上某个时刻，比如2019年夏天，比如2018年秋天。

假如，我们发现二者有高度相似之处，那么剩下的干什么呢？

就是分析那个时候你自己的盈亏状况，同时分析那个时候市场参与者的盈亏状况（你身边的朋友），如果你发现那个时候赚钱难，亏钱容易，你就可以得出一个结论：

此时此刻，也是赚钱难，亏钱容易。

应该怎么做呢？当然是轻仓，或者干脆空仓，爱干吗干吗去。

有人可能说——我通过几年的学习，水平提高了，我的实力可以在这个市场大展身手。

不！不！不！

如果是真正的水平提高，应该最先表现在仓位上，表现在会看市场环境和大盘赚钱效应上。

市场接力气氛不是特别好的情况下，术是无力回天的。不是术不行，是市场不行。

或者这样说吧：水平提高最大的表现就是会找大盘对标，知道此时此刻对标什么样的历史阶段，然后采用什么样的对策。

如果市场是鸡肋，那我们应该对标历史上的鸡肋市场，以保守为第一原则。

如果市场是进攻，是增量资金陆续入场，比如2019年春节后，2020年春节后，我们就可以按照小牛市的对标来做，大胆干，猛烈干。

股市是三年不开张，开张吃三年。

至于什么时候开张，就是要找到小牛市的对标。

比如，2020年春节，疫情严重，节后市场反而大涨，此时此刻我最先想到的不是某只牛股对标某只股票，而是想到大盘行情应该对标什么时候，我当时想到的是：

"5.19。"

也就是疫情行情对标 1999 年的 "5.19" 行情。

然后我把 "5.19" 行情大盘的走势，以及大盘之后的走势，"5.19" 期间牛股的状态和赚钱效应看看，再对标下 2020 年（当然，由于历史变迁，今天的牛股比 20 年前更极端，但逻辑和套路大体上还能对得上）的牛股，这样我的持股心态和对待暴涨的态度就明朗多了。

当然，"5.19" 跟 2020 年春节后不能完全对标，不过从大灾大难（南斯拉夫大使馆事件对标疫情事件）后股市对应的思维上看，我采取类似对标的策略还是可以的。

为什么我重视大盘对标，是因为我认为大盘对标分析是个股对标分析的前提。

牛股都是环境的产物，东方通信和浙江龙盛，只有在特殊的大盘背景下，才能产生。如果不看环境，仅仅从 K 线和形态上来对标分析，容易把牛股最核心的一个因素给忽略，什么因素？

市场背景！

即土壤，温床；

即赚钱效应；

即资金的存量和增量状况。

凡是不看这些东西就简单对标个股的，几乎都是形而上学，都不是真正的对标思维。

先对标大盘，再对标个股；先对标环境，再对标气质，最后才是对标龙头。

如是，才是真正的对标。

3.3 对标逻辑（三）：对标中的"标"，吾谁与归

投资中用对标思维，其实是走捷径：根据对标的体量和风格，来做自己的决策。

举个例子：王羲之最著名的书法作品是《兰亭序》，该作品被历代大家颂为极品，假如该作品出土，其拍卖价格至少是 20 亿元。

如果某个考古专家或盗墓贼发掘了一幅新的作品，经鉴定也是王羲之所作，那该怎么估值？

看基本面？

诸如美感、艺术性和格调？

非也！

其估值绝对不是由这幅作品的"基本面"决定，而是会深深受到《兰亭序》价格的影响。虽然其价格不可能与《兰亭序》并肩，但大家一定会说：

我们是《兰亭序》的十分之一总可以吧？再不行，二十分之一？再不行，一百分之一？

这种估值和定价方法，就是采用对标法。

注意，对标不是对等。不是说《兰亭序》值多少钱，这幅作品就值多少钱。而是由《兰亭序》打造一个价格标尺，这幅作品往这个标尺上去"蹭"。

对于这个案例，《兰亭序》就是"标"，后面的作品是去对这个"标"。

所以，对标投资法的首要任务是找对"标"。如果"标"不对，那么对标分析就是胡闹。

上述例子中的作品为什么去对标《兰亭序》？

因为它们背后有一个共同的王羲之。王羲之才是"标"的根本。这种对标法在收藏品市场非常盛行。比如，在凡·高的作品之间对标，在

毕加索的作品之间对标，等等。

同一个艺术家不同作品之间可以对标，同一个档次的不同艺术家之间的作品也可以对标。比如：

齐白石和张大千的作品可以互相对标；

苏东坡和米芾的作品可以互相对标；

八大山人和徐渭的作品可以互相对标。

大家注意，我在对标的时候，选择的对标对象是很慎重的。

齐白石可以和张大千对标，但不可以和八大山人对标；同理，米芾可以和苏东坡对标，但不可以和王羲之对标。因为对标的"标"必须具备共同"调性"。

通过这些例子，大家应该会明白我为什么高度重视对标中的"标"，因为对标分析的前提和关键就是"标"要选得恰如其分。如果"标"没有选对，那么对标分析就成了胡搅蛮缠。

为了把这个道理讲明白，我举一些股票的例子。

就拿最近的妖股王府井来说，它应该对标谁呢？

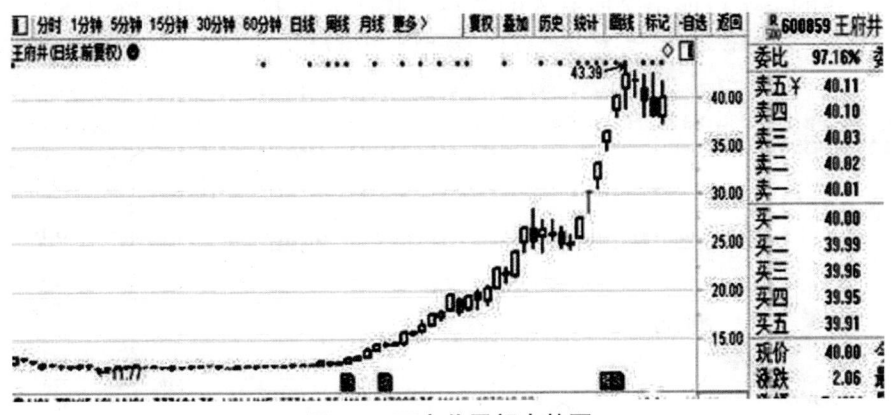

图 2-5 王府井局部走势图

同属性类，它应该对标中国国旅。核心理由：免税，正式，正宗的牌照。

有些朋友可能会问：中国国旅 2400 亿元左右的市值，王府井二三百亿元的市值，能跟它对标吗？

答：刚才我说了，对标不是对等，对标是共同的"调性"。中国国旅是免税领域调性最足的"标"，王府井拿的"牌照"也是最"正"的"免税牌照"，当然可以互相对标。

事实上，炒作王府井的机构和游资，就是看着中国国旅的高大上去炒王府井的。正如本文刚开始举的例子一样，盗墓贼正是看着王羲之的《兰亭序》去炒作其他作品的。

不同属性类，它应该对标罗牛山。

有朋友可能会问：罗牛山是农业，是马彩，王府井是商场，是免税，怎么可以和罗牛山对标？

答：从炒作角度看，王府井和罗牛山都是因为一个"牌照"被炒，本质上都是炒"牌照"的稀缺性。只是，略微不同的是，王府井拿到"免税牌照"不是第一家，也不具有唯一性，而罗牛山拿到的马彩"牌照"在海南岛具有唯一性、第一性。不过，反过来想，它们的"牌照"都具有稀缺性。

再举个例子：东方通信对标谁？

我的答案可能出乎所有人的意料，我认为东方通信对标特力 A。

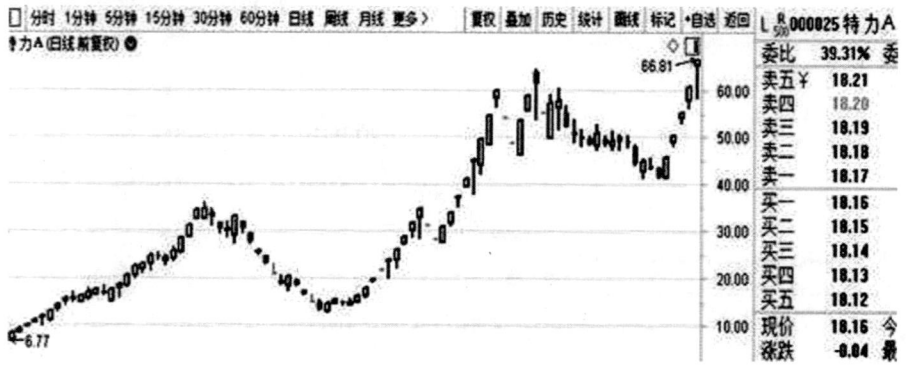

图 2-6 特力 A 局部走势图

我的观点如下：

特力A是股灾之后，人心惶惶之下，启动的超级大妖股。东方通信是质押盘困扰一些银行和上市公司，也是在人心惶惶之下，启动的大妖股。它们都带着任务，都是诞生于泥泞。

特力A的背景是国企改革，是当时最响亮的口号；东方通信的背景是5G，也是当时最响亮的口号。荒诞的是，特力A并没有进行国企改革，而东方通信仿佛也没有5G。这样对标，没毛病。

特力A和东方通信的妖性、明星气质、对两市的影响和带动，以及对未来一段时间市场走势的影响，是一个量级的。它们除了对方，没有第二家公司可以来匹敌。

通过上述例子，大家应该能看得出，对标的核心不是简单的"像"或者同行业、同题材、同概念，而是找到最具有"禀赋和气质"的"另一个我"。

比如：道恩股份对标的不是另一个熔喷料或者口罩企业，而是多年以前的莱茵生物；星期六对标的不是另外一个网红公司，而是多年以前刚刚有互联网时代的海虹控股；而沪硅产业在我看来对标的也不是简单的芯片公司，而是类似于2015年的中国中车。

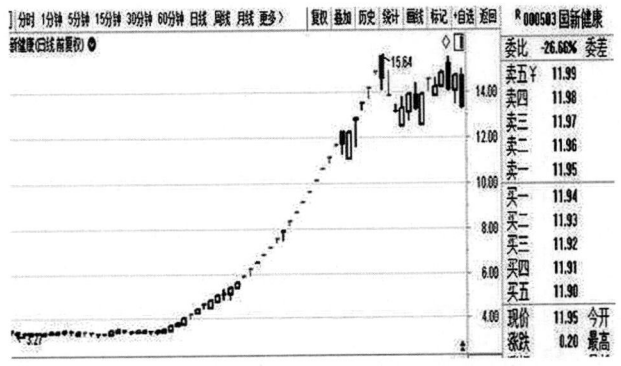

图2-7 海虹控股（已改名为国新健康）疯狂时候的走势图

当然，还有一种对标是基本面对标，就是纯粹地看主营业务和区域行业地位。比如，光大证券对标招商证券，中芯国际对标台积电，同花顺对标东方财富，五粮液对标贵州茅台，等等。这种对标比较简单直接，不需要花费太多笔墨。

不过，在我的心中，最好的对标应该是"调性"和"气质"对标，而不是简单的基本面对标。对标的"标"，应该是一种同声相应、同气相求的东西。

无论哪一种对标，找"标"都非常重要。

那么，找对"标"就能做对投资了吗？

非也。

有时候找对"标"不但不能赚钱，反而被"标"绑架，被"标"套牢。这又是怎么回事？

敬请关注下回分解："标"的命运。

3.4 对标逻辑（四）："标"的命运

对所有书法家来说，最难得的创作状态是要尽情，要无意识。

王羲之创作《兰亭序》的时候，是微醉，创作的时候也没有想到千古留名，尽情挥毫泼墨，所以《兰亭序》上有多处涂抹。正因如此，王羲之才可以把《兰亭序》写到绚烂至极复归于平淡，真乃谓无意于佳而佳。

如果有人命令王羲之在规定时间、规定地点创作一部传世的书法作品，估计王羲之写不到那种高度了。

同样的例子也存于苏东坡的《寒食帖》中，黄庭坚就曾评价道，如果让苏东坡再重写一遍，也未必能写出《寒食帖》的现有水平。

无意识、无压力的状态，"随意而作"，心手两忘往往更能诞生神奇之作。

我记得老舍曾经创作过一部长篇小说，叫《大明湖》，但因为日本侵华，小说手稿被战火烧毁，老舍痛不欲生。按照常人想法，重写不就可以了吗？其实没有搞过创作的人永远理解不了创作的"心境和心劲"，老舍再也无法动笔去重写《大明湖》，只是把其中的部分情节整理成中篇小说《月牙儿》。

还说回书法，我给大家讲个更近的故事：

明朝中晚期，话说三个姓赵的兄弟开了个酱菜铺子，那个年代跟今天一样，都希望搞个高大上的LOGO。酱菜馆的赵老板舍得下血本，他计划找当时最有名望的书法家给自己的酱菜馆题字。可问题是，那个年代大书法家往往也是大官，老百姓谁能请得起大官来给自己的店铺题字呢？赵老板还跟普通的老板不一样，他要找的这个大官可不是普通的大官，而是除了皇帝之外最大的官，一品大员，当朝首辅！

可是一品大员不缺钱呀，那个时代商人地位也低，更无法用什么民族企业、国计民生来说服大官。这怎么办？

琢磨了好长时间，赵老板突然计上心头：何不走夫人路线？官员夫人往往比官员更喜欢钱呀。于是，赵老板给官员夫人足够的银子，想办法请夫人让她那个书法家丈夫给自己的店铺题个字。

夫人收了钱回到家，也犯愁，给一个小店铺题字，这也太低级了。可是钱也收了，又不能不题。

不得不佩服女人的智慧，这个夫人想了一个绝招，于是就有下面的一幕：

夫人突然喜欢上书法，每天都练习写字，奇怪的是她每天只练习写三个字。她丈夫也奇怪，这小亲亲怎么天天写这几个字，还写得歪歪斜斜，扭扭捏捏。

对于一代书法大家，他老婆的字实在是糟蹋他的审美。于是他对夫人说：

这样吧，我把这三个字写好，你跟着模仿吧。

于是，他大笔一挥，随意挥洒写下三个字。哪三个字呢？

六必居！

今天我们在北京的前门大街还能看到这个匾，当年的六必居酱菜店还在。

写下这三个字的人正是明代中晚期的大书法家、当朝首辅大臣严嵩。

暂且不谈论严嵩的人品，就回想一下严嵩写这三个字的状态：

给夫人做个临摹样本，毫无压力和诉求，毫无精神紧张，就随手那么一写，这是何等的轻松状态。

正是这种轻松的状态，让"六必居"三个字也显得洒脱、轻松、浑然天成。我曾经问过几个书法家朋友这三个字的书法造诣。他们都说非常好。其中一个还幽默地说：严嵩这三个字放在今天，够今天书法界那些所谓的大师学一辈子。

严嵩夫人得到这三个字后，立即把它给酱菜店的赵老板，赵老板立即把它裱起来，作为黄金招牌，这可是最好的广告：当朝宰相，当时最厉害的书法家题字，那还能不火？

当时严嵩还没有倒台，当时的舆论生态并不是《明史》中事后描绘的那个样子，严嵩在那个时候，依然尊荣备极，可以想象得到，六必居的生意也是火得一塌糊涂。

可是，严嵩后来倒台了，被打为奸臣和贪官，名声臭了，又可以想象，六必居的生意，一定会突然萧条了。

历史没有告诉我们，为什么六必居的赵老板和他的后人没有把严嵩的这块匾给换下来。好事的人们倒是给出几个解释：

解释一，严嵩给六必居题字的时候，没有署名严嵩，没有落款，因为是写给夫人做模仿的，没有必要署名落款。恰恰是因为没有落款，才能保留这块匾。

解释二，严嵩给六必居题字的时候，"必"字写得飞快，写成了"心"字，后来大清官海瑞经过，在"心"字上加一撇，才成了"必"，此时"六必居"反而因为海瑞的大名，熠熠生辉了。

解释三，六必居酱菜质量非常好，品牌和字体匾牌深入人心，索性就不改了。

不管怎么说，六必居和严嵩的字一起保留了下来。那么今天的六必居名声如何？我相信除了一些历史爱好者或者专门去过六必居的人，应该没有多少人知道它。

有时候我想，严嵩没有倒台的时候，六必居的生意一定比今天的茅台更火。

六必居自从让严嵩题字开始，其生意不能说跟严嵩命运完全绑定在一起，但至少会深深地受到严嵩命运和名气变化的影响。

也就是说，六必居这个"标"，于有形无形之间，跟严嵩"深度捆绑"起来了。

严嵩官运亨通、盛名未倒之时，一定是六必居生意最巅峰的时刻。虽然六必居后来还存续下来，但它的生意应该永远回不到严嵩当朝时候的那种高度。

根本原因在于作为"标"的严嵩，命运变了。

再试想，如果六必居，或者另外一个品牌的题字是王羲之或者苏东坡，其生意一定到今天还会昌盛红火，甚至一代火过一代，因为王羲之和苏东坡的名望，长盛不衰。

"标"的命运的变化，严重影响其被"标"住的物的命运。

有时候我想，这些历史故事，也跟股市里的故事一样。书法作品对标其主人的人品和声望，书以人贵、书以人贱、人旺书法、人累书法的例子，比比皆是。

而投资世界中，很多人喜欢对标思维，喜欢根据对标来炒股票，殊不知，如果找错了对标，或者对标出了问题，那是很尴尬的。

举个例子，今年的 2 月份，有个朋友给我打电话，说要重点投资某某某芯片股，我问理由，对方说对标闻泰科技。我就反问对方：闻泰科技现在是 170 多元，如果它股价跌一半你怎么办？

也就是说，如果对标的"标"崩溃了怎么办？

对方说：不可能吧？

我就给他讲严嵩的故事，他一下子明白了我的意思。

当然，我们都没有想到闻泰科技真的从 170 多元跌到 90 元左右。但我们都意识到了如果对标的"标"恶化了，会对所谓的对标分析造成很大的打击。

我最早意识到这个问题是在 2015 年。当时股灾前夜，谁也意识不到股灾。有几个投资的朋友挖掘了很多好股票，其中有一只互联网金融的股票，大家讨论后得出一个结论：这只股还能再涨 5 倍。

其核心理由就是对标同花顺。那个时候同花顺的市值膨胀到不可想象的程度，作为对标，我们手里的互联网金融股涨到同花顺市值的三分之一不算过分吧？

可是后来，同花顺的股价崩溃了，腰斩之后再腰斩。要对标的标的股价完了，你还能傻傻地说自己是用伟大的"对标分析"就可以了事吗？

对标思维、对标分析，在今天的投资圈很流行，不仅包括二级市场，也包括一级市场。但很多人容易忽略一个最要命的问题，那就是对标的对象会变化。

如果变得越来越好，对标思维就显得伟大且富有战略性。

如果变得越来越差，对标思维却又容易刻舟求剑，变得幼稚可笑。

对标思维、对标分析，到底是对还是错？

为什么有的人用对标分析，能够大赚；有的人用对标分析，却给套住了？

根本原因就在于很多人对对标思维理解得不够全面和深刻，其中最重要的就是，忘记了"标"是活的，是会动的。

如果"标"变得越来越好，对标分析会大显神威；如果"标"变得越来越差，对标分析则会闹笑话。也就是说，对标分析的核心不在于简单地找对标，不在于比较，而在于分析所对的"标"是往上运动，还是往下运动。

这才是精髓。

恰如你找个人给你题字，这个人是王羲之还是严嵩，是苏东坡还是秦桧，这才是关键。

"标"的命运，才是对标分析的"七寸"。我们不能把对标思维这个伟大的思维工具，变成刻舟求剑，而应该把它变成活的灵魂。

4. 先手逻辑

4.1 先手逻辑（一）：你敢让顶级游资三步棋

曾经有个人问我，跟着顶级游资炒股怎么样？

我问：怎么个跟法？

对方说：他们买啥，我第二天就跟着买啥。现在有龙虎榜，能够看到赵老哥、章建平和金田哥的席位，这些人是市场顶级水平，跟着他们买应该没有错吧？

听罢，我一时无语。

人呀，怎么会有这种想法呢？

我突然反问一句：你让一个围棋高手三步棋，你能赢吗？你比股神晚一天买，你知道意味着什么吗？意味着你让他们三步棋。

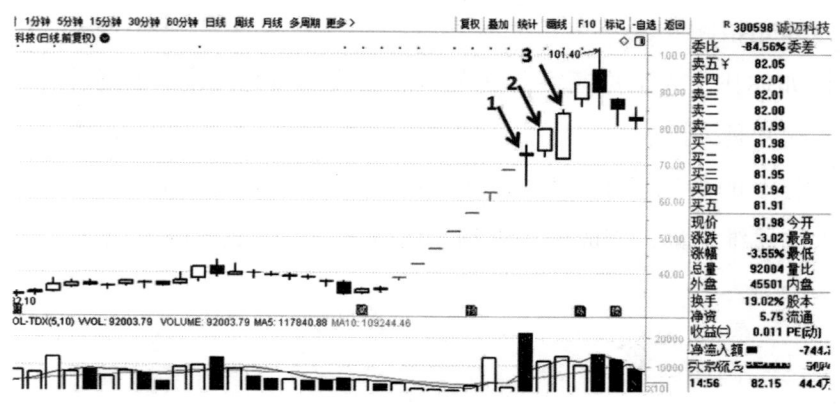

图 2-8 诚迈科技局部走势图

恰好此时我看到一个人在 2019 年 10 月 23 日， 7% 左右买入诚迈，当时我就感慨：如果你真的看好这只股票，你昨天去哪了？你前天去哪了？为什么你现在才来？

不要跟我谈信仰，信仰是讲条件的，信仰不是让你接最后一棒的。

你还让顶级游资三步棋，他让你三步棋你都下不赢。

股票市场不像现实世界，在现实世界中，你跟着人中龙凤做，比如，任正非做什么呢，跟着做，可能有大肉；马云投资什么呢，跟着投，可能也会发现新大陆；万科和万达在什么地方盖楼，跟着投资附近的房子等着升值，会大赚。

现实世界的逻辑具有稳定性，而股票世界的逻辑瞬息万变。即使是赵老哥、章盟主本人，他今天买了明天是否会卖，都要参考盘面临机应变，何况是外人呢？

再说，很多顶级游资只玩一日游的游戏，还有些顶级游资，根本不维护生态，今天买明天卖。

大家可以去龙虎榜看看，有的游资基本上是龙头的"送终者"，只要他买，明天该龙头一定见顶。

至于是哪个游资，我不好点名的，大家自己去发现。

有的游资买了之后，第二天必定砸盘，可谓：我走过的路，寸草不生。

我们和顶级游资到底应该是什么关系？

并肩作战！

可以比他早，也可以同步，但最好不要比他们晚，除非是超级换手大龙头，否则久居必危。

这就涉及先手。

很多人，包括一些很有名的游资在内，都抱怨龙头战法有时候会吃面，其实这是先手没有做好。龙头战法虽然讲信仰，但也不会傻到无脑接盘。龙头战法最讲先手。

　　总之，龙头战法需要独立思考，不要跟在别人屁股后面。无论是多么顶级的游资，他都不是菩萨，他来股市是为了挣钱的，而不是为了指引你买股票的。

　　资本市场是不流血的战争，在这里，唯一能信任的就是你自己的眼光。如果你不行，你跟着谁买都不行。

　　临渊羡鱼不如退而结网，大家努力学习，努力提高自己的股市生存技能，这才是你在股市唯一的生存之道。

4.2 先手逻辑（二）：龙头战法"先手的逻辑"

众所周知，我对逻辑的强调是压倒一切的。本人的公众号名字是"股市的逻辑"，我写的书《香象渡河》，其副标题是"逻辑探究与案例分析"。《龙头信仰》里面也几乎是全面的、逻辑式的分析。

我在《香象渡河》的开篇也写了，研究索罗斯的时候，永远难以忘记他在狙击英镑之前，对其操盘手德鲁肯·米勒说的一句话："既然逻辑上无懈可击，为什么不全力以赴？"

给我最大冲击的并不是全力以赴的豪情壮志与快意恩仇，而是对无懈可击逻辑的重视。

逻辑才是股市的本质，可是很多朋友却从技术分析、形态和 K 线上去找答案。

没错，我做案例分析的时候，也会用到技术、形态和 K 线，但是我是探索其本质的逻辑，而不是停留在技术上面。

可是很多朋友给我发微信，跟我交流，我发现他们最在乎的就是技术绝招和某些盘口的秘密，说真的，这些我真的不看重，因为没有逻辑做后盾的技术分析和形态，只会加剧交易的罪孽，只会让你陷入频繁交易的深渊。

龙头战法本质上是一套逻辑分析体系，可是总有无数人把它机械化为技术形态分析或者空间板战法。

天下至宝当成打狗棍的时候，痛心疾首呀。

龙头战法里面的逻辑很庞大，这里我重点提醒一个逻辑："先手"。

先手是什么？先手是你处于一个任何人都拿你没有办法的位置。你跟任何"聪明的资金"并肩作战，而不是跟着所谓的游资或者别人的公众号去买股票。

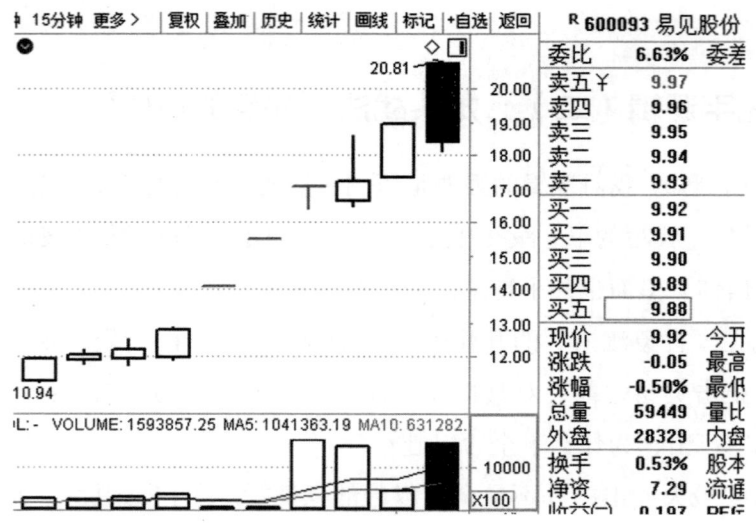

图 2-9 2019 年 11 月初易见股份走势图

就拿易见股份来说，很多人昨天去买，这种做法对不对呢？放在半年之前是对的，因为半年之前市场竞争还没有那么激烈，但是今天，你必须在前天或者大前天买，去占据这个先手。

因为前天，所有的游资都进去了，最聪明的人都进去了，你晚于他一天接盘，就面临着任人宰割的境地。

这个道理你明白了，你就知道什么是先手了。

我在仙人指路系列分析文章中也反复说，仙人指路的买点在当天或者第二天，而不是第三天。

这就是先手的思维。

须知，很多游资走过的路寸草不生，比他们晚一天，等于你让游资一步棋，问题是他们让你一步棋，你都未必能赢。

以前有一句话是：早一年悟道与晚一年悟道，有本质区别。

现在这句话该改改：早一天悟道与晚一天悟道，有本质区别。

这个早一天与晚一天，就是先手与后手的区别。

那，是不是什么股我都早一天买呢？

非也！

离开己身不是道，执着己身事更糟。

先手不是抢先买，而是跟游资并肩作战。太早进去了，容易被洗盘洗出来，容易变成先烈。先手是看懂龙头意图的刹那，立即进去。

也许"刹那之间"，当时的技术图形不好看，你所在的微信群还没有人能看懂，你看到的自媒体还没有人去关注，但信号和逻辑已经告诉你，此时就应该买。

这就是先手。

当然，里面有很多细节。虽然先手的逻辑道理容易明白，但是做到先手比较难。

正所谓理可顿悟，事须渐修。

4.3 先手逻辑（三）：先手完全可以避开"吃面"

因为复旦复华高位核按钮，一些知名大 V 和游资就批评龙头战法沦为接盘吃面战法，其观点有 4 个明显的误区，值得商榷。

"龙头战法"并不是跑到最高处去打最高的板，它也是讲先手的。事实上，复旦复华这样的龙头，如果你是用真正的龙头战法，你三天前就应该已经进去了。今天（周四）的大面应该是你参与砸的，而不是你来吃这个面。也就是说，龙头战法是让别人来吃面，而不是自己去吃面。

龙头战法不等于打板战法，也有低吸买法，买得巧，即使回撤，也不会吃 20 个点的大面。

任何一种方法，有优点必然有缺点，攻击其一，不及其余，典型的一叶障目不见泰山。退一万步讲，即使做龙头战法吃面了，也不能因为这一点就否认龙头战法其他方面的价值。难道其他方法就没有吃面的吗？

真正的龙头战法，如果做到纯粹，是能在暴跌中铁肩担道义的，比如昨天大盘暴跌，真正的龙头还是岿然不动，比如国际实业、诚志股份。而昨天很多"大面"的股票，除了复旦复华，其他的（顺灏股份、龙津药业、赫美集团、西安银行）绝大多数其实是普通的强势股和非龙头股，根本不是龙头，即使是龙头也是过气龙头，比如人民网。很多人就是把非龙头股、普通强势股和过气股混为一谈，更把龙头和打板混在一起。其实，龙头战法是有严格的选股范围的，每天涨的股当中，真正的龙头也就是三两个，甚至只有一个。

最后需要特别说明的是：任何一种投资方法都有缺点，趋势、价值和量化，无不有其缺点，都会有回撤，正是如此风控才重要。

4.4 先手逻辑（四）：拳打两不知

今天聊一个敏感的短线心法。

这个心法其实源于武术。

我喜欢武术。特别是清末和民国那个武林世界，最让我痴迷。诸多武术和功夫中，我最喜欢形意拳和八卦掌。

几年前，我跟一个老拳师练过形意拳。间隙，喜欢听师父谈拳理，其中有一句话我觉得非常值得玩味。这句话是：

拳打两不知。

什么是拳打两不知？通俗地讲，就是一拳打过去，对手没有见过，不知怎么应对。或者说，一拳打过去，对手根本就不知道从哪个角度出去的，当然无法防。

这是"一不知"，就是对手不知。

那还有一不知呢？不是说两不知吗？我问师父。

没等师父开口，大师兄抢答了：自己不知。

我惊住了！

自己不知？自己不知怎么打人？

师兄不紧不慢地解释道：自己不知就是出拳的时候，靠的是本能，而不是想好了要出哪一招哪一式。自己怎么打，有时候自己都不知道。

这个解释够禅意。

其实，拳打两不知在江湖上有不同的解释。

王芗斋的解释是：比如双方决斗，利害当前，间不容发，已接未触之时，尚不知应用者如何；解决之后，复不知适间所用者为何！此乃拳打两不知的精义！

还有很多很多其他种说法，比如，一是不知道怎么防守，二是不知道怎么反击。

诸种解释中，我还是比较认可大师兄的解释，拳打两不知就是别人不知，自己不知。

后来，我经常品这句话，除了在武术上理解之外，我还把它融入其他上面，当然还有股市。

拳打两不知其实是在说瞬息万变和电光石火的博弈之中，本能、速度以及变化极其重要。很多拳法，并不像我们在电影里看到的那样，你出什么拳，我如何应对，而是生死之间，靠本能。

当然这种本能不是空中楼阁，而是日积月累的刻意练习，更是厚积薄发的无意识动作。

其实，股市跟武术有点类似，特别是短线，都是强度极大的博弈，盘面刹那之间，经常也是"拳打两不知"。

对于长线和价值投资，肯定是极尽调研之能事，掌握全面的信息和资讯，甚至有人还去搞非法的内幕信息，不是"两不知"，而是"两全知"。

但是对于短线，往往是另外一个套路，那就是不能全知，甚至连一知都做不到就出招了。

这样说可能有点反智，怎么号召"不知"了呢？

我不是那个意思。这篇文章我其实一直不敢写，害怕引起误会。所以文章开头我就说，这篇文章是心法。

我的意思是什么呢？

就是说短线的核心在于先手和预判，不能等到消息明朗后再出击，更不能等到微信群都在讨论某某某股票是龙头的时候，再去买，而是在大多数人知道之前把问题解决了。

当天晚上大家街谈巷议的股票，应该是我们盘中已经买到的，而不是明天再去买。

此为一不知：就是群众不知。

还有一不知就是有时候盘口来的时候，自己也不完全知道是干吗，就是根据本能和直觉，感觉——

对劲，

就是那个味，

确认过眼神，

就要出手。而不能把所有的信息都看个遍，再去买入。

此为二不知：自己不知。

当然，自己不知并不是说号召瞎买，而是说功夫在诗外。平时有大量复盘和研究，对个股和板块都很熟悉，对目前的赛道和风口了如指掌，对未来重大事件和题材演变有个基本的了解，如此才能在盘中"不知"的情况敢于出手。

强调自己不知的本质不是说不去知道，而是说速度和先手在短线中，往往比知道更重要。我们不拒绝知道，但电光石火之间，知道可以后推，行动必须先完成。

比如，天山生物作为第一个 20 厘米率先涨停的股票，它在第一个冲击 20 厘米涨停的时候，你管它有多少头牛。那个味道对就够了。

再比如，卡倍亿 2 进 3 成功，彼时，创业板新股又有几个助攻在即，此时此刻，你的剑应该先于你的知道到达敌人的咽喉。

当晚上自媒体、微信群都在讨论它的时候，应该都是来给你抬轿的，而不是你根据舆论第二天再来买入。

此即拳打两不知。

有一次我去拜访一位大成拳高人，我问他内功重要还是速度重要，只见他两眼放光，说道：没有速度就没有一切。

你内功再好，敌人的手指瞬间到了你的眼睛和咽喉，你怎么办？

速度在龙头战法这里，就是先手。我以前在《香象渡河》里也写过先手，但是没有讲这么"入骨"，其实要真的做到先手，往往就是要做到两不知。

或者说，必须牺牲部分的"知"。

这么说，并不是我们反"知"，而是我们知道，真正的先手往往不在"知"的后面，而在"知"的前面。

退一步讲，是不是在自己"知"的前面我不敢说，但一定在群众、在你所在的一些微信群的"知"的前面。

武术是拳打两不知，股票至少要拳打一不知。

那就是散户不知，群众不知，各大微信公众号还不知。

这就是我要跟大家聊的短线心法。这个心法如果你能品明白，我相信会让你的短线水平提高一大截，甚至能跃过某些心坎。

当然，我希望这种心法只有：

你知，

我知！

第三章

重新思考龙头

1. 一文道尽龙头战法的前世今生

上周五，受阿尔法工场的盛情邀请，我同阿尔法工场内部的朋友做了一场关于龙头战法的内部交流会，该会议全程2个小时，参与者有很多公募、私募以及民间高手，还有一些企业家和上市公司高管，也有一些研究员和分析师，我暂且班门弄斧，谢谢大家的抬举。为了让更多人了解龙头战法的来龙去脉，我决定把这次内部交流会的全程内容分享给大家，希望能够给大家带来新的思考。以下就是本次会议的文字版（因为是会议上的讲话，转为文字可能比较口语化，希望大家理解）。

大家好，各位大佬好！

今天主要由我给大家交流汇报一下我这些年做股票的心得体会，特别是我对于龙头股的思考，跟大家做下分享。

首先说明，投资是没有终极答案的，我的观点也不一定代表就是绝对正确的，它只代表了这些年来我对于市场的思考，以及我自己做股票的感受和心得体会。

今天我分享的主题就是：龙头战法的前世今生。

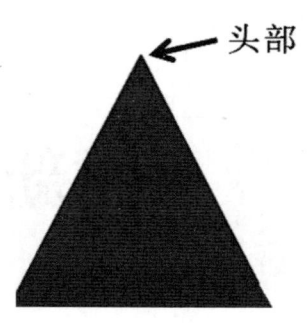

头部

龙头是什么?

用一句话来说,就是头部策略、第一性原理。

首先,从争议开始:誉满天下,谤满天下。

龙头战法一方面誉满天下:说它好的人很多,一些机构和游资靠这个方法赚了很多钱;同时它也谤满天下:说它不好的人,看到这个方法有很多乱七八糟的东西,又是打板又是炒作。所以对于龙头战法的看法是很两极化的,争议比较大。

为什么对龙头股的争议这么大呢? 我认为是"好名字,六杂烩"。这就是中国文化的文字魅力,包括我们中华民族对龙图腾的崇拜。"龙头"会让大家想起龙头老大、龙头企业,古代的皇帝,我们也称之为真龙天子。所以说, "龙头"这个词大家都觉得好,都想用这个名字来冠以自己的投资方法,其实就是都想往这个词上面蹭,结果它就变成了六杂烩。在自媒体盛行的时代,我们也可以有一个佐证,大家现在打开微博、微信就会发现最热门的、阅读量大的股票话题就是两种:一种是讲龙头战法的,另一种就是讲基本面、讲价值的。

那龙头战法是什么? 我相信每个人的回答都是不一样的,有的人说我买茅台就是龙头战法;有的人说我打板就是龙头战法;还有的人说那就是炒作。很难有统一的看法,因为大家对它的认识完全是不一样的。

我们今天在这里就是要搞清楚到底在这些当中真正意义上或者说我心目中的正本清源的龙头战法是什么?

追溯历史,龙头这种思想,其实是早就存在的,并不是说有股市或者这几年龙头战法火热这个思想才存在的。

龙头思想主要表现在三个领域:哲学、政治和军事。我们经常听到一句话叫"擒贼先擒王",这就是龙头思想;经常说百万军中取主帅首级,这也是龙头思想;包括我们中医药当中的君臣佐使,也是龙头思想;中国古代的帝王皇权政治,那更是龙头思想。

龙头思想其实最早是来自中国古代的文化，我们中国古代有一本书：伏羲的《八卦》。一开始我学《周易》的时候，我就觉得有很多东西不理解。比如说在坎卦里面有两个阴爻一个阳爻，阴爻数量多，阳爻数量少，但是这个卦的性质却是由数量少的阳爻来决定的。

有时候我就想，怎么数量越少的越决定这个群体、这个事物的性质呢？其实在一个单位也好、在一个企业也好、在一个国家也好，是不是就是少数人决定多数人呢？所以我们龙头股思想也是这样子的，比如我们要投资一个企业、一个行业、一条赛道或者一个类型的热点，我们不是去找那些多数而是要找少数，这个就是龙头思想。

在国外新闻中，经常会看到媒体报道斩首行动。这个斩首行动其实也是擒贼先擒王，也是一个非常典型的龙头思想。

龙头思想在国内、国外，在政治、军事、文化角度上都存在，它其实不需要怎么刻意就自然而然地融入金融领域中来。

聊起金融领域，我们自然就谈到股票领域。

我们先看一个人——利弗莫尔，他有一本书叫《股票作手回忆录》。

很多机构，很多公募大佬、创始人，很多私募操盘手以及游资大佬，都很受这本书的影响。

利弗莫尔这个人其实学历并不高，没有读过那么多的金融学、投资学的书，也没有被投资理论洗脑。也正是因为这样，他的投资思想更直接、更自然、更反映本质。他的这本书中有一个思想——领头羊思想，其实翻译过来就是龙头思想。所以人类第一个自然而然诞生的股市天才，就已经把这种思想运用在股票上了。

利弗莫尔的投资方法叫龙头战法吗？肯定不能简单地这样说。准确的提法应该是利弗莫尔投资思想里面内容很多，他的投资是一个非常庞大的思想体系，龙头股思想只是这个体系里的一环。当时利弗莫尔有一个赚钱非常多的案例，叫伯利恒钢铁。如果这只股票放在今天，特别是放在我们 A 股市场，我相信很多人都会做得非常漂亮，因为在过去很多年里，我们有自己的思考总结。但是在那样一个年代，懂得这样做好的人并不多。

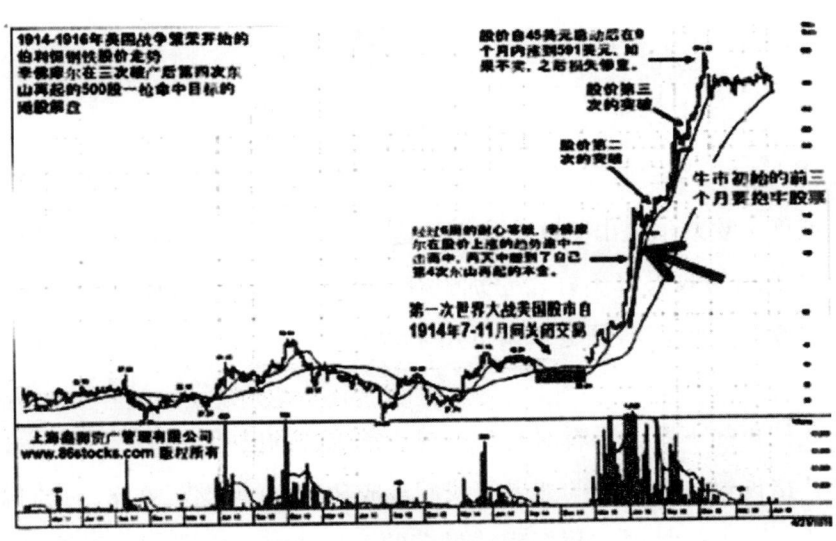

图 3-1 伯利恒钢铁曾经的走势图

我们看图 3-1，箭头指向就是利弗莫尔当时买入的地方。如果放到今天的话，那么我们的买入点就不一定是这个地方了，可能是下面那个刚刚突破新高或者开始的地方。

利弗莫尔选择这只股票的主要思想就是钢铁是当时的热点，是整个社会的主要矛盾。就像我们前些年的高铁、现在的芯片、前段时间的口罩，这些都是真正扼住了整个社会的主要矛盾。所以当我们还原利弗莫尔的投资思想的时候，发现他投资思想宝库里面有一环就是龙头思想。

我们再看一个人——威廉·欧奈尔，他写过一本书叫《笑傲股市》。

这本书打通了两大投资流派之间水火不容的暗河，让本来对立的两个投资流派找到了一种沟通、一种融合、一种交汇。哪两个流派呢？就是技术和价值。巴菲特的老师说股市从长期看是称重机,从短期看是投票机。威廉·欧奈尔的《笑傲股市》就把这二者融合在一块了。

CAN SLIM

↑

=Leader

威廉·欧奈尔提出了这个模型,这个模型里面的 L-Leader 十分重要。这个模型用的效果好不好,差别就在于你选的这个标的是不是 leader。比如用威廉·欧奈尔模型来买贵州茅台和水井坊这两只股票,收益率是完全不一样的。

我们再往下看,看看对龙头思想非常重视的巴菲特。

芒格说过一句话:"如果把我们最成功的 10 笔投资拿掉,我们就是个笑话。"也就是说,我们赚钱最多的、最能够奠定我们今天地位的也就是 10 笔左右的投资。

苹　　果:增值124.4亿美元

美国运通:增值35.3亿美元

可口可乐:增值34.9亿美元

美国银行:增值22亿美元

穆　　迪:增值18.3亿美元

事实上,给巴菲特带来财富最多的 5 笔投资分别是苹果、美国运通、可口可乐、美国银行、穆迪。从这 5 笔投资当中不同的人看到的东西是不一样的,有的人看到消费,有的人看到金融,有的人看到垄断,有的人看到护城河。

我看到了什么？我看到这 5 家公司全部都是龙头企业，全部都是那条赛道、那个领域的绝对 NO.1。

当时有一段时间，百事可乐翻的倍数更多，但是巴菲特为什么不买百事可乐而坚守买可口可乐？如果买百事，他就不是巴菲特了，这就是巴菲特的思想，所选皆是行业龙头，哪怕排名第二或者第三的增长性更大，他也要选择龙头。

上面我们以这三个人为代表复盘了美国主要与龙头有关的投资思想，下面我们来说说中国。

首先我们有四种特色。

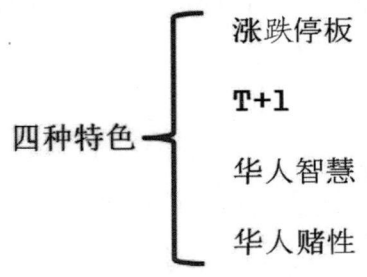

一个是涨跌停板。中国股市最初是没有涨跌停板的，因为波动太厉害了才制定了这个制度，涨跌停板是我们一个典型的特点。

一个是 T+1 制度。为了保证股票市场的稳定，防止过度投机，中国股市才实行"T+1"交易制度，当日买进的股票，要到下一个交易日才能卖出。

另外两个是华人智慧和华人赌性。部分华人的特点就是很擅赌，在澳门、拉斯维加斯等赌城，你会发现赌场里华人特别多，而且赌场里面都有华人的标语，这也说明了为什么 A 股那么多散户。很多朋友是只读美国的投资书而不读中国的投资书，好像是觉得关于投资方面的智慧，美国有、欧洲有，中国没有，我觉得这是一个错误认识。以部分华人的好赌、华人的智慧，华人在投资领域积累的财富、在投资领域涌现的投资天才远远比美国多，也比欧洲多。只是华人不喜欢把自己的投资秘密写出来，或者说华人投资大师都鄙视（无暇）做投资的学术工作和做投资的理论整理工作。大家只喜欢闷头挣钱。实际上我知道的江浙游资、深圳游资、民间牛散，他们积累财富的速度、积累财富手法的诡异程度要比美国很多的投资者的积累更厉害，而且他们不单是一个两个人，而是很多个人。

这几个特征就让我们 A 股的投资风格更华丽、更多样、更彪悍。而我们自己的这种彪悍，让龙头思想与 A 股相融合之后产生了三个非常好的成果，走出了三条非常不一样的道路。每条道路也都走出非常多的杰出人物，也都积累了很多财富。

下面就说说三个路径：

三个路径
- 投资之路：价值龙头
- 投机之路：黑马龙头（妖股）
- 中间路线：白马龙头（价值投机）

（1）价值龙头

投资折腾个啥？折腾来折腾去不如选择一条好赛道，直接选择一个龙头企业，躺着睡觉就行了。

房地产就选一个万科；白酒就选一个茅台；药品就选一个恒瑞。你不用瞎折腾，你知道得越多越不好，那我们就选择这个行业里最好的那个企业，最好的那条赛道。我们就拿着别动——这就是价值龙头的思想。

那么这种思想在 A 股的代表是谁呢？有个传奇的人叫刘元生。刘元生投资万科是非常成功的，现在他表示这只股票不卖，它现在变得像我的荣耀一样，而且这只股能挣钱也能分钱，我卖它干吗呢？

但是这里有一个重点：价值龙头和价值投资有什么区别？是不是说做价值投资就是做价值龙头呢？我的答案是：表面一样，其实不一样。

价值投资我们可以做一个通俗的解释，就是以基本面为主、赚企业成长的钱，分享企业的盈利。所以价值投资你可以在茅台上实现，也可以在五粮液、酒鬼酒上实现。你也可以在任何一个公司上，从价值的方法来买它，只要它有足够的安全边际，你基本上都可以把自己定义为价值投资。

价值龙头跟价值投资却不一样，价值龙头要求我们投资的不仅仅是很有价值的企业，而且是头部企业、第一性企业，投资更加集中，甚至是完全集中。

（2）黑马龙头，就是我们俗称的妖股

我们可以这样说，挣钱有两种：一种是挣企业的钱，一种是挣市场的钱。挣企业的钱，就是我分享企业成长的结果，企业成长我的股票就涨；赚市场的钱，就是谁是市场的明星那我就投资谁。

黑马龙头其实是挣市场的钱之最，所以黑马龙头有一个典型的风格就是涨停板打板，另外一个特点就是市值不大，以小票为主。

黑马龙头跟白马龙头相比，黑马龙头相对就偏虚，这个偏虚是指没有那么在乎价值和基本面，它更在乎盘面，所谓的盘面就是你挣市场的钱，更在乎市场本身。所以黑马龙头炒作的是人气，给一只好股票推波助澜，让它好上加好。那么我们经常说人气、炒作、跟风、热点，这些东西主要是黑马龙头这个语境下的词语。

我在《龙头信仰》里面有一句话："黑马龙头，其实是把龙头规律给短线化、博弈化，把龙头哲学与 A 股独特的涨跌停板制度结合起来，将人

气和情绪结合，同时利用热点、题材、板块效应，制造稀缺感和逼空效应。"

（3）白马龙头，也叫作价值投机

白马龙头就是把刚才的两种方法结合起来。把赚市场的钱做到极致的人，也讲价值，也讲基本面；赚企业钱之最的人，也结合市场。把赚市场的钱和赚企业的钱结合起来，就叫中间派或者是叫中间路线，也可以把它叫创新派。

比如说最典型的一个代表股票就是方大炭素，大家在这只股票中找到了最大公约数，就是价值和炒作在 A 股得到了统一，我把这种方法叫白马龙头。

我们还有一个典型的股票叫中国中车，当时它是两市的旗帜。2015年"一带一路"，政策层面、国家层面都讲得通；还比如说去年的漫步者也是这样子的，很多朋友为了炒漫步者去调研，去现场查看了，它也是很讲价值、很讲基本面的，但是你会发现很多游资、很多短炒的人也买它，它是典型的基本面和市场炒作的共振。

龙头思想在 A 股形成了这三个路径，我把它叫作一花三叶。这个龙头思想从中国古代的哲学中走出来，从中国的文化和人性中走出来，从美国的投资思想当中走出来，最后自然而然融合在一块，产生的是三种龙头流派。

我在《龙头信仰》这本书上有这么一段话："从表象上看，三种投资路径大相径庭。但它们本质是一样的，那就是在龙头哲学的支配下行事，寻找各自的 leader，寻找各自的王，也就是在各自的自留地里寻找它们的龙头，它们秉承各自的龙头路线，结出各自丰硕的果实。"

龙头的本质是什么？

首先是第一性思想。

有很多上市公司的高管、管理层使用第一性原则来管理，就是领军者思维。

当然你也可以不叫它第一性思维或者龙头思维，给它换个说法，比如叫极致思维，做事做到极致。我们做产品的质量、做产品市场占有率、做研发，像乔布斯、马斯克一样，我们做到极致，其实就是龙头思想。

所以说，如果做价值做到极致，如果做分析、做市场盘面分析做到极致，那一定是市场的一两只最好的股票——这就是龙头。

比如说酒店，我就有一个感触，你做最好的酒店比较好做，做价位差一点的快捷酒店也好做，但是中间价格的酒店比较难做。这就是说你做的第一性的东西，你不用考虑市场竞争格局了。

经常有人说食在广州。经我观察，广州的很多地方都有川菜馆、湘菜馆、卖米粉、酸菜鱼、辣子鸡，这些饭店有一个很大的规律就是没过半年就换老板了，但是另一种饭店很少换老板，那就是比较贵的饭店。这就是你做饭店做到塔尖，其实你的利润、稳定性、抗风险能力都会远远大于其他的饭店。假如我是个投资者，我为什么不投资那种最好的饭店呢？从酒店、饭店里面我们可以发现的规律就是，塔尖其实是很安全的，这就是一种龙头思想。

其实做房地产也是一样。为什么房地产公司爱拿地王？一个房地产公司高管跟我说，只要是几家公司共同竞争出的地王，那么这个楼盘不会亏钱的。既然那么多家企业都去争这块地，那么多家的高管和调研人员都去调研，其结果一定是值这个价钱的。投资房地产还是北京的黄金地段、上海的黄金地段和深圳的黄金地段是最划算的，这就是龙头思想。

如果这个道理明白了，那么我们只要把这个逻辑迁移到股市上来就行了。

如果说刚才讲的这个例子有点高大上，那我就再讲一个基层的故事。刚大学毕业的时候，我做过销售，做过很多个行业的销售。如果你不会做销售，你去一个企业推销你去拜访谁？保安、办公室主任、秘书、文员、前台？搞一大堆，搞来搞去也不一定能做成。但是有一种路线，如果你能够直接找到老板，直接让老板来拍板，那就容易得多。一些所谓的招标，包括所谓的流程就全部绿灯了。我把这种销售的模式叫老板式销售或者叫龙头销售法。

我举这么多例子，其实就是为了从不同的角度、不同的视野跟大家讲一个龙头思想，就是说在任何领域，龙头思想都非常有意义、有价值。

你选择北上广深就是选择龙头，你为什么不选择你老家那个县城？因为这里是中国的火车头，你在这里生活机会最多。

如果马云、马化腾，他生活在兰州的一个乡村，你很难想象会有阿里巴巴和腾讯；如果任正非在河南的一个小县城创业，你很难想象华为是什么样子。所以从大概率上来讲，你选择北上广深本身就是你人生选择的这种无形的龙头思想。

通过这么多展开的案例，我们可以得出一个结论或者给龙头下一个定义：所谓的龙头，就是拥抱最关键、最具有决定性、最塔尖的因素。那么龙头战法就是拥抱最关键、最具有决定性、最塔尖的股票。

如果我们用这种思想来看龙头和龙头战法，我相信争议会少很多很多。

龙头股有什么优势？

越极端的事物越有规律性，越极端的事物越有刚性。

其实我们买股票本质是希望明天好后天好，明年好后年好。这就叫接力，我们的人生也是讲接力。前段时间 B 站有一个纪录片叫《后浪》，就是寄托后浪比我们要好的情怀。但是大家想过没有，什么样的后浪才能比前浪好？或者什么样的后浪才能在同类当中好？就像我们投资这只股票，我们怎么知道这只股票明年比其他股票都好。

其中有一个条件就是前浪要好，当前浪达到极致的时候，后浪一定也差不了。比如说前浪是李嘉诚，后浪绝对差不了，因为前浪已经达到了极致，后浪会更具有确定性。一个人的事业成就可能比不过前浪，但是他的人生容易程度会比很多其他后浪都要好。前浪做到了极致，前浪是龙头，所以后浪的安全性、稳定性，或者叫幸福指数、财富指数一定不会差，因为这个前浪具有规律性。所以对应我们这个龙头思想就是，当你拥有最有规律性的股票的时候，下一步它也不会差到哪里去。

我们研究股票或者投资，不就是要找确定性吗？我怎么来找确定性？就是越极端的事物越有确定性。经常当我要偏离龙头的时候，或者是当我做龙头没有坚持到底的时候，我就想到一句话——"我本可以忍受黑暗，如果我不曾见过太阳"，这个太阳就是龙头，我们要记得做太阳这个类型的股票。

（4）关于龙头战法的是是非非

第一，龙头与涨停板敢死队。

龙头和打板不是一回事。打板就是追涨停板，追求的是我今天买了明天能挣钱，主要的思维是溢价思维。而无论是白马龙头还是黑马龙头都是以选股为核心，是接力思维。在乎的是今天买了就占领了市场上主赛道的核心位置，那么我就会享受这种市场主升浪的最大化，其实它是一种中线思维。

真正的龙头战法，它着眼于分析市场的主赛道、核心品种，选最有人气的、最有价值的股票。它首先要做的事情是选股，选股是龙头战法的第一位，而打板中战术是第一位的、技巧是第一位的，它们的思维底层是不一样的。

第二，游资战法。

我们经常讲江浙游资、深圳游资，但事实上游资战法是一种不严肃的说法。全世界所有的投资流派没有以人来下定义的，你不能说你是公募就是公募战法，你是私募就是私募战法，也不能说你有钱就是富人战法。

战法只能以风格来论，比如说价值投资、成长股投资、量化投资，是以风格与严肃的特点来定义的。

游资的投资方法很丰富，游资会打板，也会低吸，也会用技术和指标，当然也会用龙头战法。而龙头战法不但游资会用，机构也会用，散户也会用。二者不能等同。

第三，剑宗和气宗。

气宗讲究"以气御剑"，以气为体，以剑为用；气是主，剑为从；气是纲，剑是目。练气倘若不成，剑术再强，总归无用。剑宗认为，武功的要点在"剑"，剑术一成，纵然内功平平，也能克敌制胜。

在股票中，当我们认为一只股票能够充当市场的龙头的时候，它一定是有价值的，一定是大多数人共同认可其价值，这是气宗。说这只股票的图漂亮、这只股票的模型漂亮，这就是剑宗。

那么为了把剑宗和气宗讲清楚，我讲一下自己的投资过程。

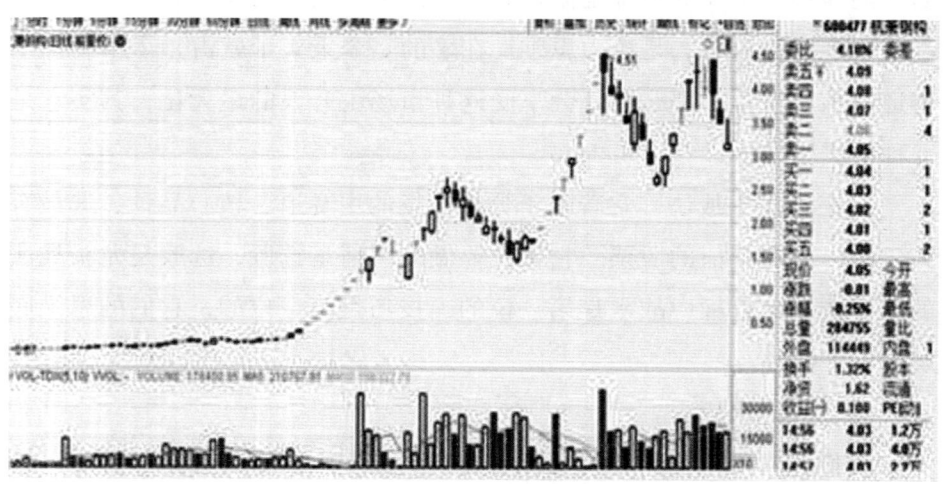

图 3-2　杭萧钢构曾经的走势图

在 2007 年 2 月份的时候，出现了一只股票叫杭萧钢构，当时我震惊了，股票怎么能这么涨呢？

其实在这之前已经有几个案例了，但是没有引起我足够的重视。

比如在 2006 年 2 月份的驰宏锌锗：

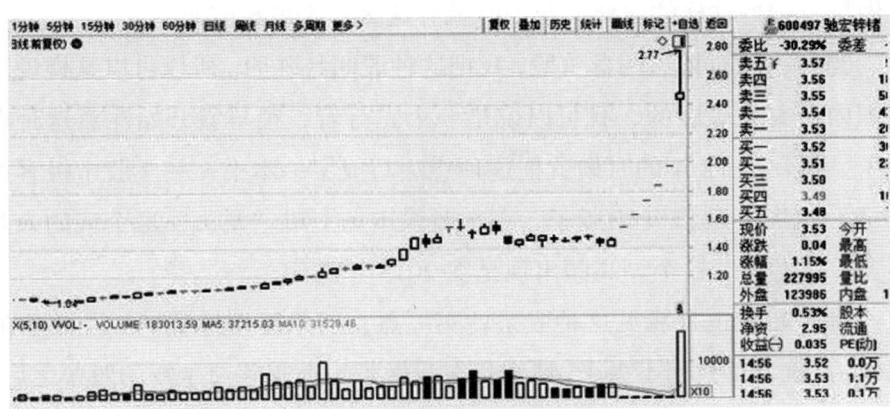

图 3-3 驰宏锌锗曾经的走势图

2006 年 5 月份广发证券：

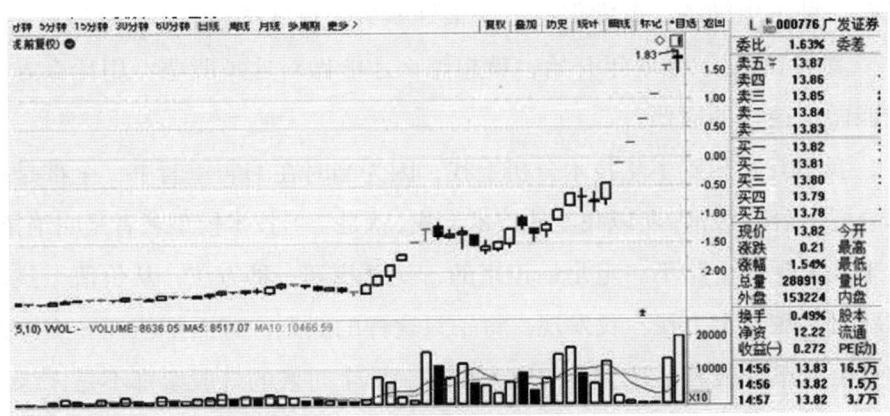

图 3-4 广发证券（当时还叫 S 延边路）的走势图

那个时候我突然觉得人和人是有差别的，股票和股票其实也有差别。为什么人家的股票就涨得好，为什么有的股票就趴着不动，我说股票与股票之间一定有一只股票是龙头。

那既然股票有分类的话，我能不能去做王者一样的股票？我能不能就做杭萧钢构这样的股票？我当时就有这么一个思想的萌芽。

当时我没有把这叫龙头股，我把这种股叫特殊股。所以可以这样说，在国内研究龙头股的，我可以说是一个先行者，很早就开始注意这种东西了。我在2013年的时候就把这种想法写成了一本书——《股市极客思考录》，并在2015年出版了，那个时候市场上讲"龙头"这个词的人并不多，"龙头"这个词高频出现是在2015年之后。

刚开始我也是看见这种股票就买一点，后来慢慢地找到一点小小的规律，我就觉得我回不去了，特别是在我做了一个叫莱茵生物的股票之后。2009年H1N1病毒暴发的时候，我说一个药品股怎么可以涨到这个样子。所以2020年疫情一开始的时候，我就感觉这一波疫情一定有一只股票比莱茵生物涨得还猛，我当时就有一个信仰，后来才找到了泰达股份和道恩股份的。

当时我做莱茵生物的时候，还没有理论化、系统化的操作观念，也没有一种思想准备，就觉得这只股很好就买一点试试。

其实我是从2006年开始，就想怎么才能做对这类股票？用什么方法才能做出这样的股票？

我最开始想到了从技术分析上找，因为当时在书店里看书，全都是技术分析，指标、波浪。所以我就从技术上找，就是学习技术模型或者是叫绝招。后来我发现这个路不一定是最正宗的，就又找到一种方法，从价值上找，从题材、热点上去找。我发现，每一只这样的股票，背后都依托一个巨大的社会变革，或者是社会上的重大事件。那个时候的好股票都不是无缘无故地暴涨，那个时候的龙头是自然而然地形成。

这两种模型就解释了什么叫剑宗，什么叫气宗。从技术分析上找叫剑宗，就是找技巧、找模型、找绝招。气宗就不能那么简单，我们必须找到它的内核，一只股票股价暴涨一定源于它的基本面或者是它所依托的社会产生了一个巨大的变革。包括当时开奥运会，那时因为有奥运会带来很多牛股，比如说当时的全聚德、西单商场、北京文化、北京旅游、北辰实业，这些就见证了气宗。

现在这两年又流行出了周期派和坐庄派。现在流行的说法就是周期来了，就在这个行情的关键口出现在某只股票，这只股票涨得最高、最有人气、最具有识别度，那它就是龙头。坐庄派就是我钱多我说了算，我来控制盘面。

从路径上来说，我本人是经历过这四种路径的。从流派上来说，龙头其实还可以分两种流派：一种叫古典派，一种叫新生派。

新生派，就是90后包括00后。我最近一两年也在接触这种新生代。他们的做法是：打板、卡位、点火、晋级、博弈。古典派，就是老一代做龙头的人，讲究依托一个巨大的基本面变化或者一个巨大的政策，比如上海自贸、供给侧改革，等等。

举个简单的例子——宏润建设。如果有人跟你说宏润建设是龙头，你就会说它凭啥当龙头？它基本面好，还是技术面好？它依托的是什么热点？基本上很难找到一个答案。但是周期派他们有一种思想，就是这一天出现了一个新闻，国家搞新基建，因为新冠病毒，中国的很多消费和出口受到影响，为了拉动经济我们要搞基建。一想到基建，第二天所有带基建的股票都涨起来了。在这个过程当中，宏润建设的识别度最高，那么自然而然地占据了新基建这轮周期的一个特殊的位置，那么资金就认你是龙头。

大家听了可能觉得有点无厘头，怎么可以这样子呢？但是这批90后有的很有钱，甚至是富二代，他们掌握了很多财富，他们这样做市场自然就产生了这种现象。

周期的打法也叫时间博弈，这种方法就是踩对节点，什么技术价值都不管，我们也可以把这叫作情绪流，只是在此时此刻你的出现最符合我们的情绪就行了。周期派就是典型的剑宗。大家不是在找市场的旗帜吗？谁识别度大谁就是旗帜，那我就把它当成龙头。

这也是龙头内部一个争议比较多的地方。

那么我渴望走哪一派呢？我想我们能不能取最大公约数？只有遇到大型的机会，这种机会只要出现，无论你是哪一派，你都会出手，因为这种机会符合所有流派的最大公约数，这就是史诗派，比如浙江龙盛、道恩股份、漫步者、寒锐钴业、方大炭素就符合这个逻辑。

龙头我们讲了那么多，它其实是一种思想、一种策略，虽然它在民间很活跃，但是目前为止在主流圈、在主流学术界、在金融理论派，它还没有独立出来，它还是融入其他投资流派里面，作为其中的一环。

我个人也想从理论上和学术上，给大家做一种启发性、贡献性的工作。让外界提起龙头时，不要就知道打板，就知道某个技术绝招，也不是就把龙头与茅台这样的股票简单画个等号，不能这么粗俗地理解。而是像我们古代说的这是兵家、这是法家、这是道家、这是佛家，让龙头战法自成一派，提起龙头战法，应该是跟价值投资、量化投资一样具有严肃的学术意义，我在炒股实践的同时，也一直努力地在这个方面做提炼和总结。理论的活，也总要有人干吧。

（5）提问

第一个问题：当前环境下，您觉得下一个龙头是谁？

很多人对龙头战法有一个误解，说你研究龙头，你告诉我明天谁是龙头，或者今天谁是龙头。

下一个龙头谁都不知道，当然做股权龙头的知道。比如说我知道价值龙头，比如说房地产就是万科，白酒就是茅台，这个好说。但是关于市场上的妖股，它是走一步看一步的，我在书中提出的一个观点叫"半渡而击"，就是当我们知道它是龙头，它可能已经涨到半山腰了，或者是已经涨了 30% 到 50%。另外，龙头是走出来的，我们是跟踪，而不是去预测谁是下一个龙头。

第二个问题：创业板放宽涨停幅度会给市场带来什么影响？

涨跌停板放开对很多打板的人打击特别大，但是对于做龙头的人，我觉得影响不大。

对做茅台这类龙头的人，基本上可以无视它。茅台涨不涨停有什么关系呢？事实上，对做黑马龙头的人影响也不大。我们现在做龙头，痛点是什么？就是我知道它是龙头但是我买不到。或者是我知道这是龙头，但我只能买到非龙头股和跟风。为什么呢？因为我们的精力有限，一旦它在瞬间涨停，我们即使能买到我们的仓位也很小，我们上不了仓位。

但是如果把这个 10% 变成 20% 了，你买得会舒服很多，我们到目前为止还没有看到一个涨幅 20% 的股票是瞬间涨停的，它都有一个拉升的过程，可交易性就会强很多。另外加大涨停幅度会让龙头更真实。我们现在打开涨停板跌停板，多少股是为了涨停而涨停。为了制造一种买盘的稀缺性，把它封到涨停板产生一个溢价卖给你，很多人本来要卖股票的，就是因为股价涨停了，今天就不卖了，其实就是涨停板让价格失真。如果你把这个涨停板放到 20%，这个失真会少很多，也就是让涨跌更真实。

做龙头战法的人，其实是很欢迎把涨停板放开，最好把 T+0 也放开。

第三个问题：超出预期下跌的龙头还属于龙头吗？

首先我要跟大家聊一下，就是龙头的本质一定是超预期上涨，而不是超预期下跌。我们提超预期的时候主要是提上涨，因为龙头总是超预期的，一个是高度超预期，另一个是上涨幅度超预期。如果不超预期，那就不叫龙头，超预期是龙头的一个典型特点。

那超预期跌不可能的，如果说没有任何利空，连续跌两个跌停板，基本上个股的龙头之路就断送了。

第四个问题：如何规避假龙头？

这个是最难的，我在这里也无法展开讲，展开讲时间会很长。那么我只说一点，就是为什么会有游资拿一个亿两个亿造一个假龙头？是因为造假的成本太低。

所以，市值越大的龙头一旦它冲到龙头的位置它就越真实。第二个是你发现它造假的时间越长，它就越造不了假。所谓的造假就是我今天这只股票弄得好像龙头，你觉得像龙头的样子，我明天就卖给你。但是如果你发现这只股票前后为了这一波走势，已经付出了三五个月的代价，它就不可能用几个月把自己假进去。这个也可以用波浪理论来解释，也就是说，我们从波浪上发现这只股票有前因后果，它缓缓而来，并且为了目前这个主升浪走势付出了很长时间，假的概率会低很多。

好，已经两个小时了，今天的会议到此结束，谢谢大家！

2. 龙头之两种：价值型与情绪型

龙头原教旨的意思是第一性，就是指——

领袖、

头部、

塔尖、

王中之王。

被冠以"龙头"名号的投资思想，本来应该符合龙头的原教旨意义，但后来却成了另外一种画风——被绑架在涨停板、卡位、情绪和追高的世界里。

以至于有人说：不打板是龙头战法吗？

其实，全面的龙头思想应该分两种：价值型和情绪型。（这里是中短线划分，如果再加上长线，应该还有一种，那就是股权龙头，正所谓一花三叶、一龙三脉。这里仅仅用中短线把龙头划分为价值型和情绪型。）

价值型就是博弈行业和赛道的头部公司，比如腾讯、茅台、特斯拉、美团。这类龙头思想的根基在于：目前最好的、最具革命性、最有商业魅力的赛道头部公司。也就是说，赛道的龙头性，标的的龙头性。

而情绪型的龙头思想是博弈市场情绪和投机气氛，常用的思维是身位、卡位、情绪、涨停板以及形态筹码。这类龙头思想的根基在于——

身位、

地位。

这两类龙头思想谁对谁错？

应该说，文无第一，武无第二。两种龙头思想做到极致都不容易，我见过情绪型龙头用到极致的人，收益率惊人，积累了巨额财富；也见过价值型龙头做到极致的人，收益率同样惊人，富不可言。

目前来看，海外的龙头思想应用者，偏于价值型龙头；国内龙头思想应用者，情绪型偏多。

我在这里把龙头思想一分为二，并非制造它们的对立，而是说龙头有两面：价值的一面和情绪的另一面。比如，炒作金龙鱼、九号公司，是偏于价值一面的龙头思想；炒作智慧农业、金徽酒，是偏于情绪一面的龙头思想。

但有些媒体和话语体系里，只知道龙头有情绪的一面，只知道涨停、情绪、卡位、晋级、数板，而不知道做金龙鱼、九号公司的这类人也是龙头思想的信奉者，甚至是更原教旨的龙头思想。

企业是龙头企业，

赛道是黄金赛道。

这不是龙头思想是什么？

随着注册制的来临，A股可能港股化，垃圾股可能变成仙股，A股的投资也跟港股一样，喜欢情绪的人博弈仙股、涡轮（权证），喜欢价值的博弈腾讯、美团。

仙股和涡轮在A股就是垃圾股和可转债。

腾讯和美团在A股就是茅台、金龙鱼和美的这样的公司。

有人说，你所说的价值型龙头不就是价值投资吗？

非也！

其一，价值投资的投资标的可以是头部企业，也可以是非头部企业，只要基于企业内在价值，给予安全边际的投资，都算价值投资。但价值型龙头绝大多数是投资头部企业，且是黄金赛道。

其二，价值投资持股时间比较长，分享的是企业成长的钱。价值型龙头可以持股很长时间，也可以持股一个波段，甚至持股很短时间，三五天，十来天。它在乎的是赛道张力阶段和基本面巨变阶段。过了这个阶段，也许它还符合价值投资，但价值型龙头就选择不理它了。

其三，价值投资是纯投资力量，价值龙头则接纳投机的力量，也就是说，价值型龙头可以用短平快的方法来做价值股。价值型龙头并不是一直拿着股票不放，而是进一片森林，把几个最大的猎物打光就走。

价值型龙头同时还引进一些筹码和技术的思想，比如形态结构、趋势、主力控盘。

最典型的价值型龙头的案例就是沪硅产业、金龙鱼以及去年的浙江龙盛。

价值龙头与情绪龙头最大的区别是根基，前者的根基是价值性，就是这个价值能不能炒作，其炒作的噱头是该公司有没有货。后者的根基是情绪，即这只股有没有在某个阶段成为人气之王。

当然二者也有共性的地方，那就是都在乎市场地位，以及是不是核心股。

至于赚钱的快慢，有人说情绪型龙头赚得快，价值型龙头赚得慢。其实未必，用好了都快。

比如，九号公司这才几天，快涨三倍了；金龙鱼也没有几天，这就要翻倍了。至于中金公司更是短期就能拿 50% 的利润。

更关键的是，价值型龙头可以重仓出击，甚至全仓。而且，一旦你错了，价值型龙头回撤的幅度没有那么大，试错成本低。价值性龙头可以说是胸襟万丈，侠之大者！

能够冠以龙头的，都不会慢，也都不会差，关键是理解深刻，透彻。

希望我这篇文章，能够在大家深刻理解的道路上，助力一把。

3. 我的龙头"宪法"

最近的市场，虽然绝大多数人都赚钱，但也是几家欢乐几家愁。

愁的人不是没有赚到钱，而是没有在龙头上赚到钱。

龙头战法深入人心，龙头股更是风华绝代，光大证券、王府井、振德医疗、中航沈飞，个个光彩照人、妖风弥漫，就连茅台也慢慢沾上一股妖气。

在这种行情下，唯有龙头能对得起它。

为了贯彻这一思想，我建议：

自选股里，应该只放龙头，谁给买点买谁。凡是非龙头，便放在备选栏，放在次要栏。

早盘前 30 分钟，只看几只龙头的走势。如果看非龙头，也都是为了服务龙头。

强制自己只与龙头发生关系。

有总龙头，就不要做分龙头。

有连板的龙头，就不要做反包的龙头。

有主升的龙头，就不要做反抽的龙头。

有主线的龙头，就不要做支线的龙头。

有明牌的龙头，就不要去挖暗线的龙头。

有市场选出的龙头，就不要做自己选的龙头。

上述九条，也称之为"龙头九则"，是我的龙头"宪法"，属于心法范畴，分享给大家。

4. 曾国藩与太平天国上演的那段 "龙头战法"

今天我们讲讲太平天国和曾国藩，讲讲另外一个层面的龙头战法。

太平天国崛起后，席卷了大半个中国。

咸丰皇帝急了，四处派兵，但是清朝的正规军队不行。当时清朝正规军队分为两部分：一部分是八旗，一部分是绿营；前者是满人武装，后者是汉人武装。

当时清朝的正规部队烂到骨子里了，见到亡命的太平天国，望风而逃，还有很多地方政府，弃城而逃，糜烂得难以言状。

所以，咸丰皇帝下诏书给地方的一些人，说你们可以办团练，自己武装，保护自己。这份诏书，影响很大，因为它等于承认了地方可以创建军队，而且这个军队还归地方管。这是什么？这就是军阀的来源之一。

记得两宋时期，金兀术南下，南宋那么艰难，都不敢让岳飞成为军阀。咸丰皇帝没有想到自己的政令，成了中国近代军阀的开端。

曾国藩当时在湖南，经过一番思考，他决定大办团练，就是建立地方武装、地方军队。

问题是，你曾国藩创立的地方军队就能战胜太平天国的军队？清朝政府的正规军队都打不赢的仗，你曾国藩凭什么可以？

如果你是曾国藩，你怎么创办一支能打败太平天国的军队？

曾国藩之所以厉害，就在于他的深度思考。当时曾国藩是这样思考的：他首先看看正规军队是怎么打败仗的，为什么正规军队不行？

相当于咱们炒股，先去研究那些炒股失败的人有什么特点，然后避开他们那些特点就可以了。

原来，当时国家正规军队存在几个致命的毛病：

（1）军人收入低，平时的收入还不够养活家庭的，于是很多军人都兼职，平时做小买卖，战争时就拿起武器。朝廷上下也都知道，但是没有办法。真正来当兵的人，往往是痞子和混混。好钢不打铁，好男不当兵，正是那时的写照。

（2）军队领导和士兵之间，互相不了解。平时练兵少，士兵之间也没有感情。一旦打仗，都是交差，领导或者同事被打死，自己一点也不伤心，反正他死跟我有什么关系，自己逃还来不及呢。

（3）军队没有信仰，当兵只是混口饭吃，谈什么信仰。而当时太平天国的军队可是很有信仰的，他们上阵之前念一堆神父保佑、天国天父之类的话，视死如归。正规军哪里是他们的对手。

曾国藩当时想，如果他练的湘兵也像正规军队一样，一定会毫无建树，自己也会被打死。

于是曾国藩就先从避开上述三点入手。

怎么避开，如果是你，你会怎么做？

我认为曾国藩用了一些绝招，这些绝招，与我们的"龙头思想"不谋而合。

（1）必须吸引优秀的人来当兵，就像我们必须选择最好的股票一样。当时曾国藩开出高薪，一个月的收入是社会平均收入的 3～5 倍，是正规军人的 3 倍以上。就像现在，社会上平均工资是 8000 元，如果你给员工开出 3 万元，你的员工会起早贪黑，玩命给你干。曾国藩这一招要的就是当兵的珍惜自己的职业，而且不需要兼职，单凭工资收入，就够养活一家，让当兵的安心打仗，让家属全力支持当兵。如果当兵的被革职，全家，甚至全乡都觉得丢人。

（2）百万军中，只管将帅。曾国藩主要抓领导，只管将不管兵。将必亲选，兵必自募。如果觉得这人能用，直接让你领兵，给你钱，让你回去招兵，招的都是你自己的人，我只管你，你管那些兵。由于湘兵收入高，社会地位高，回乡招兵都是荣耀，大家争先恐后地来当兵。而且，由于兵是你回乡招的，都是你熟悉的人，甚至是沾亲带故，大家都有感情。在战场上，一个战死，其他人复仇之心很深切。

（3）如果一个将战死，全部士兵解散回家，家庭收入立即没有，在乡村的名望不但没有，还有可能打上败兵之名，被侮辱。所以，在战场上，士兵拼命地保护将。冷兵器时代，兵熊熊一个，将熊熊一窝。只要将不死，哪怕士兵死光，增员、恢复编制都很容易。所以，曾国藩一下子就抓住了"牛鼻子"。

（4）信仰建设。太平天国以宗教起事，信仰很深。但清朝正规部队没有信仰，怎么能打得过太平军？所以，信仰是很管用的，龙头战法也要信仰，这是一回事。太平天国每到一处，为了彰显自己的拜上帝教，毁灭传统宗教，儒道释全部捣毁。读书人痛心疾首。曾国藩知道，社会上最有信仰的人群之一就是读书人，所以曾国藩破天荒地让文人领兵。他让中科举的、有儒家文化底蕴的知识分子来当将官，负责招兵和作战。大家可能纳闷，文人能打仗吗？我们看《三国演义》里的将是关羽、张飞、马超，大战三百回合，哪有文人的事情？这是演绎。曾国藩认为，受过儒家思想熏陶的人，往往把天下兴亡视为自己的事情，为了捍卫自己的儒家血脉，宁死不屈。所以，曾国藩让文人带兵，本质就是信仰挂帅。

梳理曾国藩的思想，典型的"主要矛盾思想"，也就是龙头思想。

如果说你还不认可的话，接下来发生的一件事，就彻底表现出龙头思想了。

曾国藩的湘军首次战斗兵出两路：一路自己亲自带，打靖港；另一路由塔奇布带，打湘潭。

结果，曾国藩亲自统领的兵在靖港遇到顽强的抵抗，手下士兵不敌，溃败而逃，曾国藩举着令旗：谁后退斩杀谁。

结果没有人听，溃败得一塌糊涂。

曾国藩一看大势已去，作为主帅，战斗不利，投湖自杀。这是曾国藩第一次自杀，当然被手下救起了。

而湘潭之战，与靖港之战完全相反，打得非常漂亮，取得了湘潭大捷。

事后，曾国藩进行深刻反思，突然间，龙头思想再一次闪耀：

本次作战，凡是在战场上临阵脱逃者，一律解雇。

把所有的钱和资源，全部给打胜仗的人，让打胜的人扩大招兵。

就连曾国藩的亲弟弟曾国葆，因为在战争中没有表现好，也被解雇。

当时有人建议曾国藩，现在打仗，正是用人之际，如果你把溃败的军人都解散，我们这里的部队就没有几个人了。

曾国藩回应：哪怕只剩下一个人，也要解雇临阵脱逃的人。结果，曾国藩的军队从 17000 人，一下子降低到 5000 人左右。

各位亲，你们看到这个做法会想起什么？

不就是把亏损的股票全部砍掉，把能赚钱的股票全部留下吗？

从此之后，曾国藩的军队战斗力暴增，后来出省作战，一举攻克武汉，拿下自太平天国举事以来，被夺去的最大城市。

此时的曾国藩，在所有部队里，应该是最能作战的，可谓反抗太平天国中的龙头力量。

但有人相信龙头思想，有人偏就不信。谁不信呢？咸丰皇帝。他连个湖北巡抚都不给曾国藩。咸丰皇帝相信谁呢？他相信八旗和绿营。咸丰让八旗在太平天国都城南京建立两个大营，史称江南大营和江北大营。后来这两个大营不但被击溃，杭州也被太平天国占领了。咸丰直到临死的前一年，才让曾国藩当了个两江总督。

后面政局几经动荡，权力最终落到慈禧太后手里。别看慈禧太后人不咋的，但也是龙头思想信奉者，她综合判断局势，认为反抗太平天国的队伍中，曾国藩是"龙头"，于是政变不到 20 天，颁发诏书：

曾国藩出任两江总督,统辖江苏、安徽、江西三省,并领浙江全省军务。所有四省以下官员,悉归节制。

此等授权,在清朝几乎前无古人。

曾国藩不负众望,后来拿下安庆,拿下南京,焚烧洪秀全尸体,活捉幼天王,剿灭了太平天国。

曾国藩和慈禧在这边搞龙头战法,而太平天国那边却反其道而行之。

在太平天国内部,洪秀全是精神领袖,但最杰出的实际施政者是杨秀清,地方上最能打仗的是石达开。

为了权力,杨秀清被处死,石达开离开太平天国,最精华的两个军事龙头,被自己人搞没了。而后期好不容易出现两个能打仗的李秀成和陈玉成,结果陈玉成又被洪秀全革职了。

那么洪秀全信任谁呢?就信任他那些草包兄弟。当然,洪仁玕还算人才,但其他兄弟叔侄,全部是草包。

用草包去对抗清朝的龙头组合:曾国藩、左宗棠、胡林翼,焉能不败?

写到这里,我突然想起彼得·林奇的话:投资时,不要拔掉鲜花,浇灌野草。

所谓龙头思想,也就是:拔掉野草,浇灌鲜花。

所以,所谓投资之道,也就是人道。

如是而已。

5. 龙头战法秘诀千万条，看天吃饭第一条

每当市场萧条的时候，都会有人站出来说龙头战法失效了。其实，市场不好的时候，不是龙头战法失效，而是所有战法都失效。

没有增量资金，市场还不断抽血，新股大面积发行，动辄减持当道，皮之不存，毛将焉附？

那些说龙头战法失效的人，本质上是不了解龙头战法的人，因为他希望龙头战法无论何时何地都赚钱。这怎么是龙头战法的精髓呢？

龙头战法的核心是拥抱最强的事情，其中包括：最强的股票，最强的行情。没有行情，哪里来龙头生存的土壤？

最近市场冷冷清清，很多人还发微信问我：今天买哪个？

说句粗话：龙头战法又不是傻子战法，市场那么差，有必要去做吗？

很多人总希望用一种方法通吃牛熊，但现实是，只有上升趋势，只有增量资金到来，市场才有意义。但总有一些人，觉得不是市场的问题，而是方法的问题，于是到处换方法，一会打板、一会半路、一会低吸、一会玩 T，甚至找到理由：某某某怎么在熊市一年赚多少倍？

那请问：你看到了吗？你证实了吗？那些在熊市被消灭的 99.999% 的人为什么你视而不见？为什么你在熊市一定会成为赵老哥而不是被消灭的人？

还有一些人，不相信趋势下降应该休息，反而在下降趋势中去寻找小周期，希望在蚊子腿上搞点肉吃，结果被市场拍死。

亏钱效应明显，下降趋势，谈什么周期？周期能与趋势对抗吗？

我记得刚入股市的时候，我接受的教育是趋势的力量是最伟大的，趋势可以碾压一切。但今天，好像趋势不重要了，周期和情绪才重要，很多人放着趋势理论不用，却对冰点—回暖—高潮—退潮，这种更小的理论痴迷。

如果谈周期，我们也要谈大周期。什么是大周期？就是轮回的力量和趋势的力量与周期叠加。把视野放得更宏观一些，周期划得更大一些。

无论哪种理论，都要相信一点：股市是三年不开张，开张吃三年。为了那开张的日子，我们必须等更长的时间。

当市场不赚钱的时候，没有赚钱效应的时候，应该休息，而不是换方法。因为换方法，在熊市里会让你亏得更快。

不信，你试试？

6. 龙头真的买不到吗

最近很多人给我发 E-mail 和微信，问得最多的问题是：

我知道龙头好，但是发现龙头的时候，龙头就一字板了，买不到，怎么办？

我相信很多人都有这个问题，甚至有些人在媒体上起哄：

龙头战法就是一个伪命题，没有涨起来不知道它是龙头，涨起来知道它是龙头了又买不到。

更有甚者，一些大 V 和名人在自己的公众号和微博上说：龙头战法要么买不到，要么接最后一棒沦为吃面战法。

这些问题加在一起，就是一个问题：龙头好看不好用。

果真如此吗？

非也！

龙头战法名目繁多，旗号四起，我不评价别人的龙头战法怎么样，因为国内打着龙头战法旗号的人太多，就我本人而言，我倡导的龙头战法是原教旨主义龙头战法，遵循龙头的最本质含义，那就是：见到最强者，立即买入。

如果遵守这个原则，很多龙头既中看更中用。

不是龙头买不到，而是龙头给你买点的时候，你敢不敢买？你知不知道它是龙头？

举几个例子：

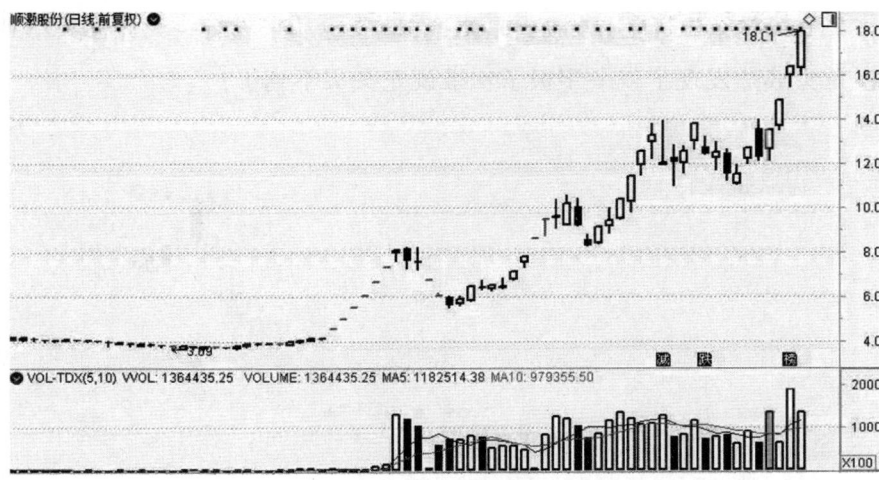

图3-5 顺灏股份走势图（局部）

图3-5是顺灏股份，是工业大麻的龙头，我本人波段操作，几进几出，从来没有感觉到买不到。只要你想买，几乎每一天都能买到。关键是你能不能识别出来它是龙头。

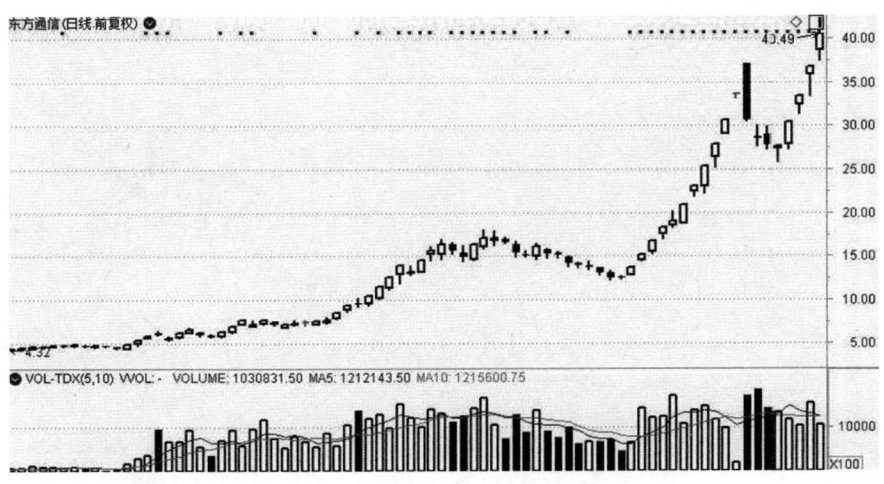

图3-6 东方通信走势图（局部）

　　图3-6是东方通信，该股更是飘逸，该股也从来没有一天让你买不到。谁说龙头战法发现了就一字板了？谁说龙头买不到了？

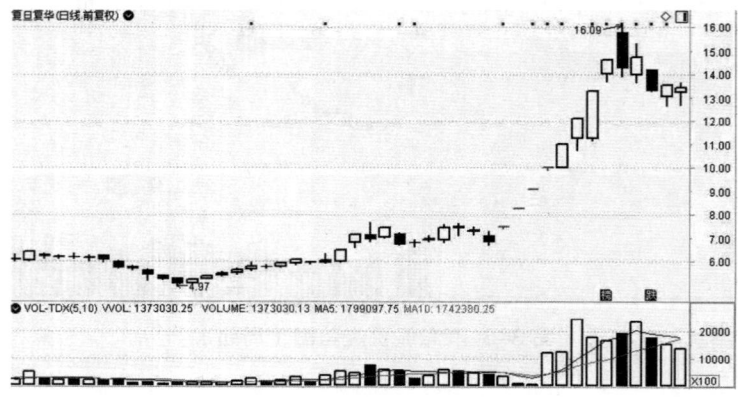

图 3-7　复旦复华走势图（局部）

　　图3-7是复旦复华，该股只有两天是买不到的，其他时间任何一天几乎都给交易机会，按照龙头的操作手册，它几乎是傻瓜式操作，我有些圈子里的朋友至少有一半的人交易到该股。

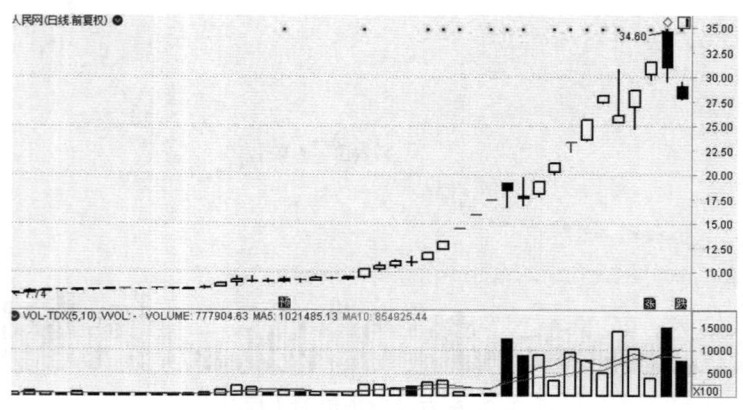

图 3-8　人民网走势图（局部）

图 3-8 是人民网，它的走势可谓如滔滔江水，连绵不绝。整个主升浪过程中，只有三天无法交易，其他时间都可以任你遨游。这个是我今年交易的最有福气的股票。

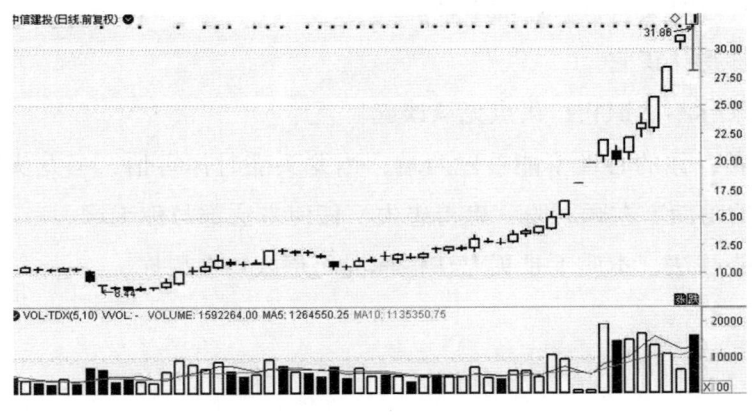

图 3-9　中信建投走势图（局部）

图 3-9 是中信建投，是金融龙头，其一倍之旅中，只有两天是买不到的，其他时间都是随意交易。

真正的龙头，从来都是大开大合，任进任出。很多担心买不到龙头的人，其实本质上不是能不能买到的问题，而是认不认识龙头的问题。

当然，也有市北高新那样连续一字板，一竿子打到底的龙头，那种确实买不到，但即使在那个时候，还有很多可以买到的龙头，比如弘业股份、鲁信创投。再说，没有任何一种方法能适用去买任何一只股。龙头战法只买自己能买到的，就够了。

从春节到现在，出现了那么多龙头，哪个让你买不到了？

龙头股是有缺点，任何交易方法都有缺点，这点不可回避，但批判者根本批判不到点子上。其原因在于他们根本不是龙头战法的实践者，不知道龙头战法的好，也不知道龙头战法的不好。

龙头战法最大的毛病是叶公好龙，龙头在你面前蹦跶来蹦跶去，你却不认识它，还说买不到它。

龙头战法的买点精彩纷呈，有的在电光石火的拉升之间，有的在恐慌日的低吸之中，有的在集合竞价的抢筹之处，有的在反复洗盘的天龙吸水之时。要买它，一点都不难。

但你得认识它。

如果你不认识它，买点无从谈起。

再者，你的心性不能首鼠两端，当龙头涨时你害怕，当龙头跌下来时你又怕吃面。左顾右盼，患得患失，任何方法都与你无缘。

龙头战法，本质不是买点在拦你，而是认知在拦你。

7. 经常遇到龙头股走一字买不到，怎么办

每当一个热点题材来临的时候，我们总能够清晰地看到：好的股票都一字板，买不到；能买到的不是龙头，不想买。

怎么办？

这个问题好像是个问题，但事实上它是一个不应该成为问题的问题。

我们举例来看。

2020 年春节前，钟南山院士说疫情很严重，存在人传染人的现象，当前没有特效药，戴口罩是一个很好的阻断传染的方式。

当时，口罩股涨势很凶猛，泰达股份、奥美医疗、振德医疗几乎都是一字板，稍微不注意就买不到。这对想参与口罩题材的人来说，仿佛是一个问题。

但如果你被这个问题挡住的话，可能一辈子做不好龙头。

为什么？

因为这个问题总有化解的时候，关键是当一字板打开的时候，你在哪里？我们以泰达股份为例来说明：

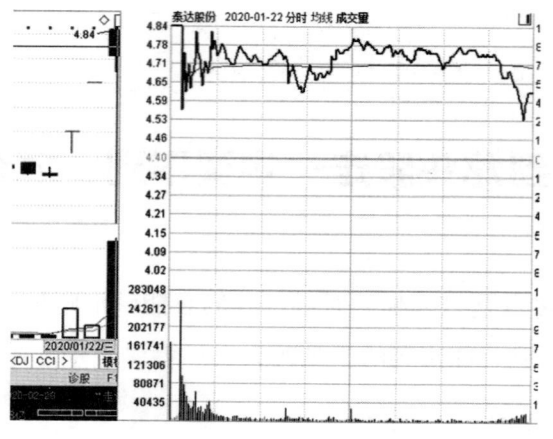

图 3-10 泰达股份走势图

这一天，泰达股份打开涨停了，几乎全天都可以买到。此时此刻，你的内心世界是怎样的？

如果你的内心还停留在：封住一字板就是龙头，打开涨停板，就不是龙头了。那可能一辈子也做不好龙头。

很多人有这个毛病，一只股票不给你机会吧，你天天叫好。一旦给你机会，你又害怕。

这样的例子非常多，我们再来看几个：

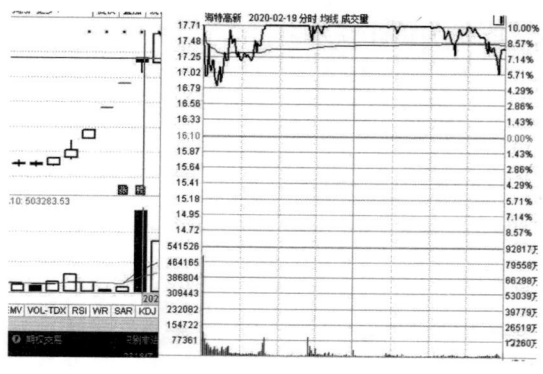

图 3-11 海特高新——氮化镓领域的基本面最正宗的股票的走势图

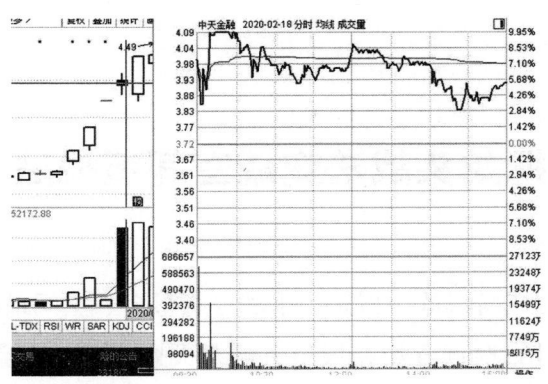

图 3-12 中天金融走势图（局部）

中天金融，很早就确定了身段优势，最先领涨。一旦金融启动，大家应该最先想到它，该股在 2020 年 2 月 18 日打开涨停，那天你有没有害怕？

这样的例子还有非常多，通过分析我们可以看到："买不到"是一个伪命题，关键时刻不敢买才是问题的核心。

想买买不到，能买到时不想买。这个问题叫"首鼠两端"。这个问题不解决，就无法把龙头战法落实到实战层面。

这个问题怎么解决？

就是心中要有终点和级别，也就是说，要知道一个题材的级别和性质，大概能感知到它的高度，在没有达到它的高度之前，都是买点。

所谓大格局，就是指这个。

这种视野跳出了 K 线和分时图的惊吓，跳出了传统的技术分析，直接用战略来指挥操作。

对于龙头战法，很多人太纠结买点，在买点上首鼠两端、左右害怕。我希望能扭转大家的这个思维，让大家转变为以选股为中心，只要能选定龙头，哪怕天涯海角，我都不会放过它。

因为，确认过眼神，"我遇上对的人（股）"！

8. 是谁？把龙头战法变成空间板战法

空间板，也叫身段股，就是当下涨停板最多、空间最好的股票。

不知道从什么时候开始，很多人把龙头战法异化为空间板战法。好像谁的涨停板最多，谁就是龙头，就应该买谁。

这个方法对吗？

请看最近这段时间的空间板如何？

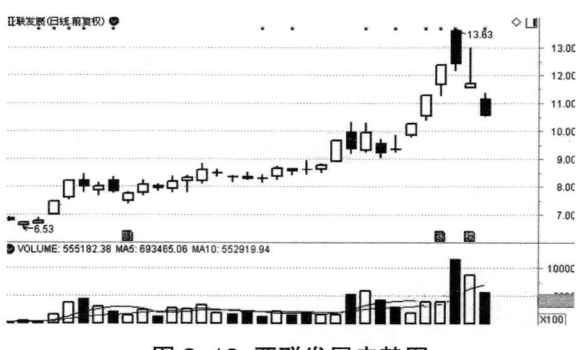

图 3-13 亚联发展走势图

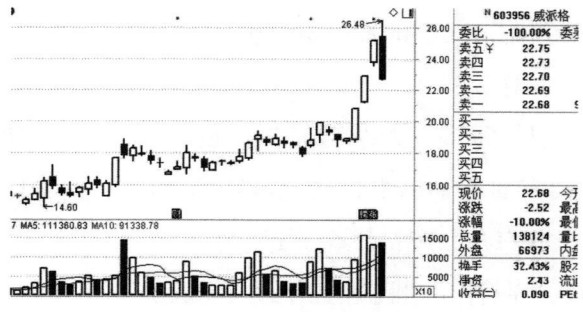

图 3-14 威派格走势图

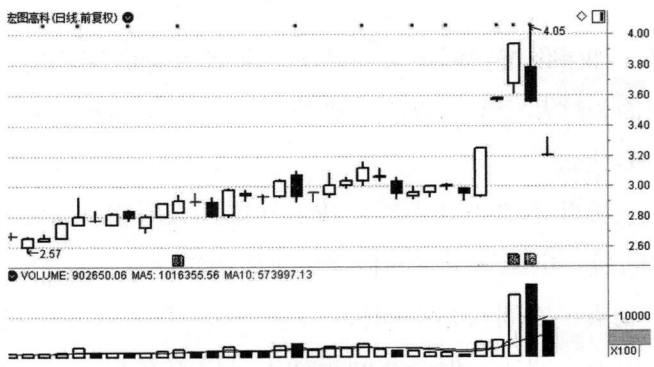

图 3-15 宏图高科走势图

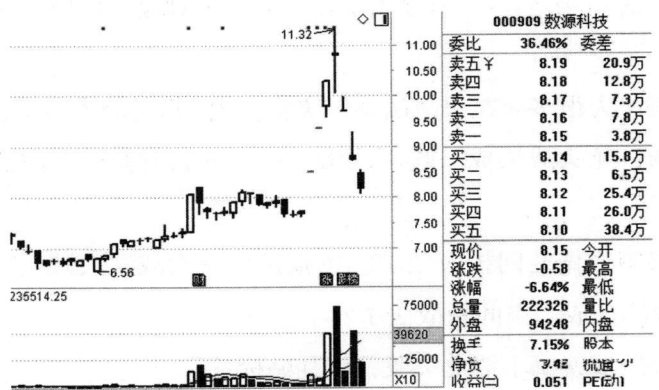

图 3-16 数源科技走势图

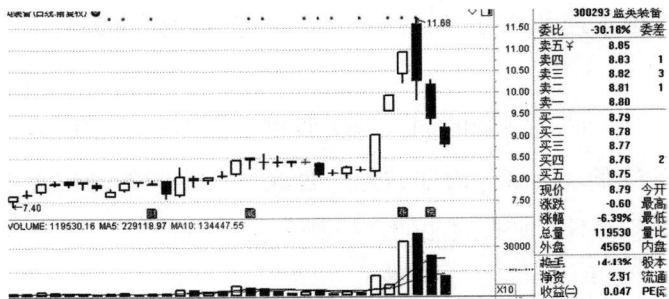

图 3-17 蓝英装备走势图

图 3-13 ～ 3-17，都是某一日收盘后选出来的空间板，但是它们的结果如何？

很明显，如果你把它们定义为龙头，那么结果是很惨的。

那能否因为这几个空间板的"惨案"就说龙头战法失效了呢？

非也！为什么？

因为空间板并不等于龙头股。我不知道什么时候，又是谁，把龙头股定义为空间板，把无脑买空间板当成龙头战法。

龙头是龙头，空间板是空间板，它们根本不是一回事。当然，有时候龙头也表现为空间板，但是空间板却不足以定义龙头。二者有交集，但内核不一样。

龙头股讲市场地位，讲题材背书，讲板块效应，而空间板未必就有这些东西。

龙头战法为很多非龙头战法背过黑锅。很多知名的大 V，打板失败后，就到处张扬：龙头战法成了吃面战法。——什么时候龙头战法成了打板战法了？

也有很多人做空间板失败了，也张扬说龙头战法失败了。——什么时候龙头战法又成了空间板战法了？

很多人压根就搞不清龙头股，就乱贴标签。

我在《龙头信仰》一书中，反复强调要回归龙头正朔，认清楚龙头的根本含义，如此才能做龙头战法，并提出龙头四维。

很多人根本连什么是龙头都不知道，就到处把龙头战法往某某某股上贴标签。

"龙头"一词是高贵的词，龙头股更是诸多股票中的领头羊。龙头股至少应该领涨，应该与周期共振，舍此，在空间的外形上求龙头，是无论如何也进入不了龙头战法的"三摩之地"的。

9. 龙头战法是"第几板"买股票

前几天几个圈内朋友聊天，有个人问道：最赚钱的是哪个模式？

是首板模式，还是二板模式？是低吸模式，还是龙头战法？

后面的聊天内容又暗示道：龙头模式就是在"高高在上"的位置买。

一时，我愕然！

很多误解我以为早已经澄清，但是江湖上还是把龙头战法当成赌最高板的模式。

这是谁定义的呢？

我写《龙头信仰》一书，核心任务就是：正本清源，归醇纠偏，重新定义龙头战法。

龙头战法的核心是一套选股体系，龙头战法是关于选股的革命，而不是买卖点的革命。虽然龙头战法也重视买卖点，但是人类关于买卖点的探索早已经完成，或者说我们所知的买卖点，早已经没有多少秘密可言，倒是选哪只股来做，依然是至高的命题。

书归正传，龙头战法并不是和首板买、二板买、低吸买互为矛盾的战法，龙头战法也经常在首板买、二板买，也可以低吸买。

如果能在首板就高度锁定，或者在第二板锁定，那么此时的买入就不是龙头战法了吗？

非也！

就拿本人来说，今年的战役中：人民网首板买，美锦能源首板买，一汽夏利二板买，浙江龙盛二板买，都是很纯正的龙头战法。

　　或者这样说，龙头战法是一套体系，该体系包含低位怎么买、高位怎么买、腰位怎么买。

　　其实，我在《龙头信仰》上专门写了，买点其实是一种"缘分"，不存在最佳买点，只要在最好的股票上，比如九鼎新材、深大通这样的龙头，买点是多个而不是一个。不要在某个买点上刻舟求剑。

　　如果掌握了精髓，龙头战法应该是灵活的、老谋深算的，而不是刻舟求剑的、僵化的和机械化的。

10. 龙头什么时候见顶

树是长不到天上去的。

股票也是如此。

但总有人觉得，龙头信仰就是无脑怼龙头。这种想法是很害人的，它会把龙头战法带到沟里去，非龙头正法。

龙头接近顶部的时候，无论如何是不能去买的。因为此时此刻，资金想到的是兑现。

那么，什么时候是龙头的顶部呢？或者说，龙头什么时候见顶呢？

通常，我用以下方法来判定：

（1）高位巨阴

高位就是相对比较高，俗称高标，如果日 K 线出现巨大阴线且放出巨大阴量，我就认为开始筑顶了，就要小心它了。

当然，这一条也不绝对，还有反包的可能。但我认为一只股票进入高位反包阶段，本来就说明它弱了。如果它强，应该打明牌，而不是打反包牌。龙头应该在低位反包，不应该在高位反包。

（2）高位跟风阵亡

龙头走到高位，发现跟风小弟没有了，就是孤零零的一个光杆司令，这种情况我也会小心，这说明板块效应全无，或者说领涨性没有了。如果有，小弟怎么不跟着你涨呢？

（3）高位周期退潮

也许龙头不想出货，也许龙头没有见顶的迹象，但是当它进入高位的时候，市场周期出现急剧退潮，主要表现为核按钮增多，跌停板增多，明星股纷纷跳水。

如果出现这些情况，我认为龙头也会见顶。所谓独木难支是也！

（4）管理层密集监管

管理层经常会对高位股进行监管和调控，一开始大家可能当成耳旁风，甚至出现越调控越涨的怪现象。但如果管理层一而再、再而三地调控，就要小心了。没有一只牛股是管理层调控不住的，关键是看管理层有没有动真格。

管理层的调控方法很多，主要有：

重点监管、问询函、窗口指导、异常监控、查配资、点名批评、媒体喊话，等等。

管理层偶尔或者第一次调控也许没有问题，但是如果证监会密集调控，反复调控，就要小心了。

比如，昨天管理层对妖股进行监控，好像没有问题。今天早上，管理层对西藏药业定点打击，西藏药业今天就乖了，刚才我瞅了一眼，这厮好像已经躺在跌停板上了。

当然，判断顶部的方法还有很多，但是上述四个，是我最在乎的。这都是血淋淋的教训和经验。

希望我分享的这些内容，能给你带来警惕和智慧。

11. 分段龙：抽刀断水水更流

所有的事物都怕教条。

很多人对龙头的认知就是涨停板、连板、数板，仿佛谁的涨停板多谁就是龙头，这是典型的教条主义，机械至极。

我在《龙头信仰》中重点提出龙头"五破"，其中一破就是破涨停板之执。核心观点就是：

不要用涨停板框死龙头。龙头可以连板，也可以不连板。

估计很多人读到这一段时，领会没有那么深，不过结合最近发生的一些事情，大家就应该能彻底明白这个观点的价值。

我们来看只股票。

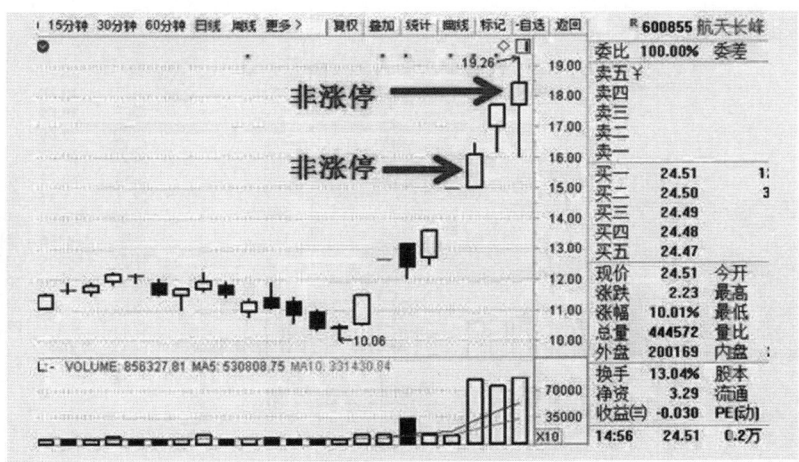

图 3-18 航天长峰走势图（局部）

　　该股是航天长峰，是呼吸机的龙头，很早的时候 2020 年 3 月 26 日，也就是 8 天之前，我就重点梳理过该股的逻辑。它是呼吸机的黑马龙头。

　　该股中间有两次没有涨停，也就是断开了。于是，很多人就说它不是龙头，理由是它的连板没有谁谁谁多。

　　这种观点，迂腐至极。

　　后来航天长峰以自己的华丽走势向所有人证明：它是地地道道的龙头。

　　这说明，龙头不是数板而来，更不是比晋级而来，而是有其宿命。宿命在，无论它穿什么外衣，都是皇帝。

　　谁规定龙头只能是连续涨停板？谁规定皇帝只能穿龙袍？穿上西装的龙头你就不认识了？

　　其实，在历史上，真正的大龙头有很多是不连板的。

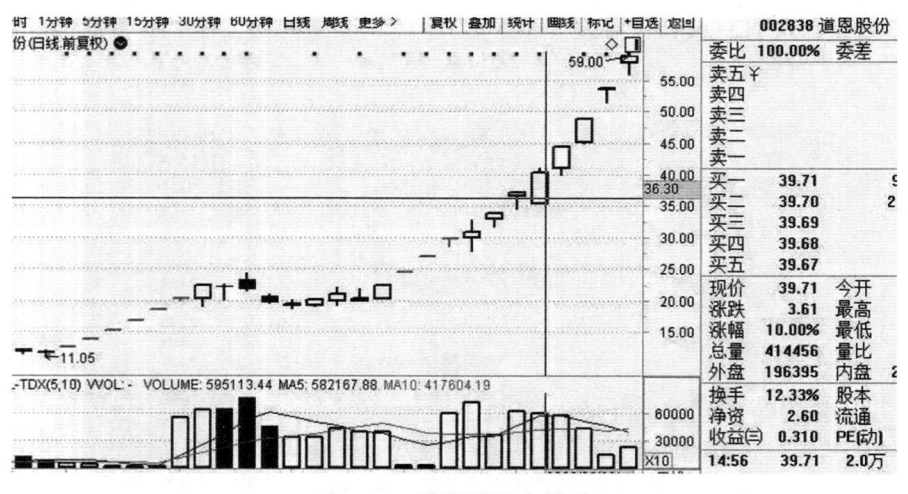

图 3-19　道恩股份走势图

　　道恩股份是离我们很近的龙头，而且今天又涨停了，貌似想启动。该股在前一段时间，连续两次断开不涨停。但是谁能否定它是龙头呢？

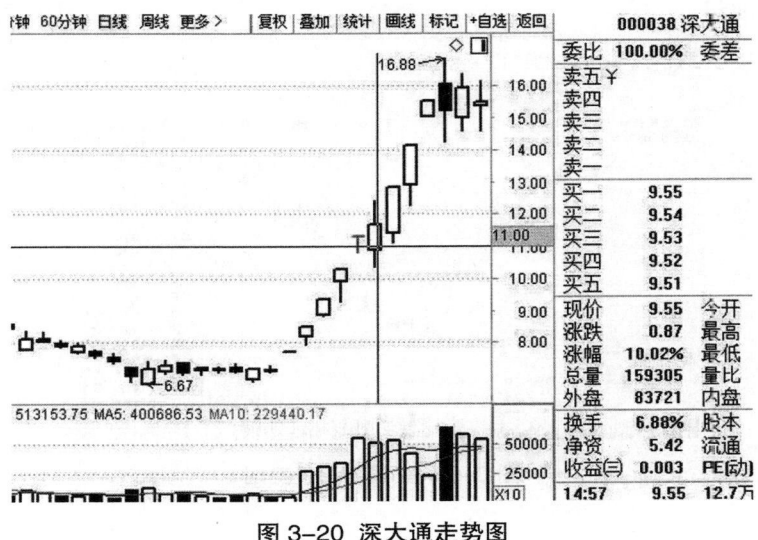

图 3-20 深大通走势图

深大通是深圳新政的龙头，它中间也是断裂，不走连板模式，难道它就不是龙头？

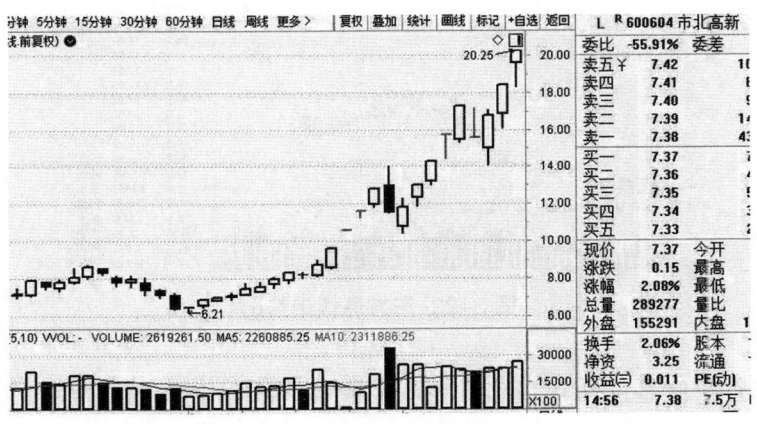

图 3-21 市北高新走势图

市北高新，科创板龙头，其二波的时候，完全不是连板，而是几段几段地前进。

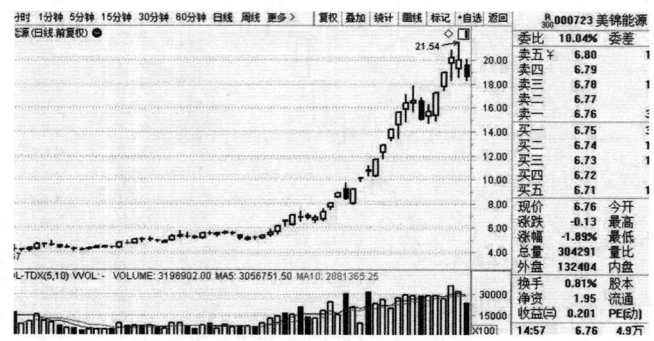

图 3-22 美锦能源走势图

美锦能源，氢能源的龙头股，更是采用非连板的方式前进，是那个时候势头最猛的龙头之一，排山倒海，力压群雄。

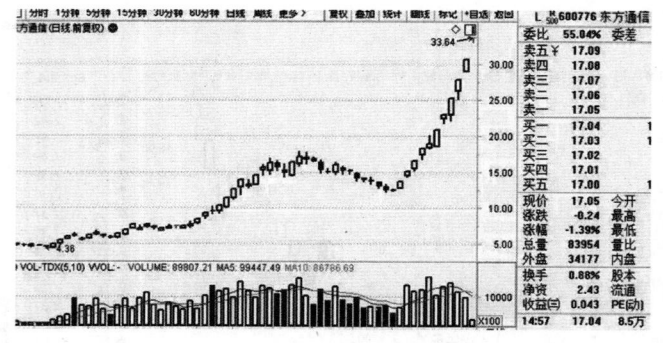

图 3-23 东方通信走势图

东方通信是这两年最猛的龙头，它几乎成了龙头的代名词。其走势经常断开，涨不涨停对它没有那么重要，关键是气势在，地位在。如果你因为它没有谁谁谁连板高就否认它是龙头，那一定会闹出笑话。

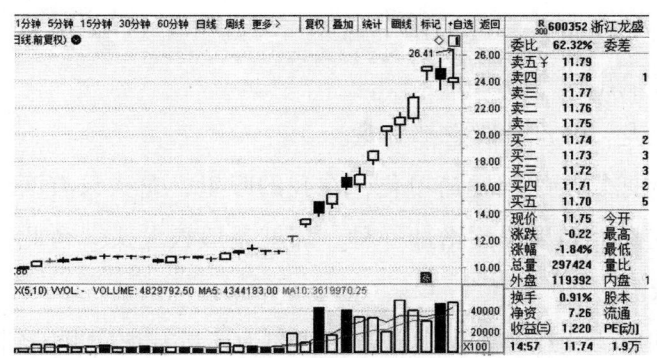

图 3-24 浙江龙盛走势图

浙江龙盛就更不用说了，典型的非连板龙头。

从上面我们可以看出，非连板是龙头的一种常见形式，我们应该跳出涨停板来看龙头。

很多人对龙头的这种形式认识不清，遇到没有涨停板的中间断开的龙头，就给它起个新的名字：分段龙。

什么叫分段呢？就是一段一段的。听起来好有道理噢。

不过，我不喜欢复杂。现在有人把龙头分为十几种甚至几十种，比如：

人气龙、

换手龙、

情绪龙、

先锋龙、

中军龙、

连板龙、

空间龙、

身段龙、

示弱龙、

总龙、

题材龙、

日内龙、

等等，不一而足。

现在又搞出一个分段龙。

龙就是龙，分不分段它都是龙。

我喜欢把复杂的问题简单化，在我的眼里，龙头只有两种：白马龙头与黑马龙头。如果非要增加一种，那就是股权龙头。舍此，最好不要搞得太复杂。

就算如此，我还是觉得太复杂了。因为还没有把问题归到"一"。

《黄帝内经》云：

知其要者，一言而终。不知其要者，流散无穷。

我对自己的要求就是用"一"来认识龙头，如果还停留在数的层面，就说明我还没有达到化境。

龙头的"一"，我始终认为就一个词：

领涨。

若能体会此中精髓，龙头尽矣！

我们看看本轮呼吸机的龙头航天长峰，它每天在干吗？

在领涨！

它才不管自己是不是分段，它只知道一件事：

春来我不先开口，哪个虫儿敢作声？

分不分段是别人给它的，它自己从来就不在乎。它只在乎的是，能不能领涨这个市场。即使遇到市场暴跌，遇到人心惶惶，它依然稳定阵脚，并抓住一切机会向上拓展空间，正所谓：

雪压枝头低，虽低不着泥。

一朝红日出，依旧与天齐！

这种气度，这种精神，这种品质，就是龙头。

在这个上面添加的其他任何东西，都显得多余。

分段龙的概念，其实是回避了对龙头的整体认知观，不在核心上深挖掘，却在外围上做文章。本来形式的东西就够让人眼花缭乱的，分段龙又把形式主义往前推了一步。这种认识模式，其实是开历史的倒车。

不止一次，我跟很多朋友说：龙头的认知贵求"整"。

如果能有整体感觉，龙头就是一种气势，一种感觉。

做龙头时，望气而已，望势而已。

如果不从整体上去求，而是把里面的图形拆开，一会换手率，一会KDJ，一会MACD，一会量柱，一会均线，不但不利于接近龙头的本质，反而容易陷入技术的汪洋大海，离龙头的精髓越来越远。

记得我在《龙头信仰》这本书上写过一句话：技术和指标并不是多多益善，有时候本来希望多增加一个因子来增加确定性，结果发现因子越多，越影响对真理的单刀直入！

分段龙这个概念也是如此。

我理解分段龙这个词的意思，就是长得一段一段的龙头。这个比喻很形象。

不过，如果大家非要用这个概念，我希望大家不要在"分段"这个形的东西上用力过多，而是集中精力放在它的本质上：连绵不绝！

就像抽刀断水一样，水更流。

其核心不是断，而是连！

注：理可顿悟，事须渐修。龙头战法的道理好像很容易懂，但不结合案例来实修，往往临阵难以下手。本文通过几个案例的分析来帮助大家梳理不连板龙头现象。

龙头本无形，领涨自得之。

最近的金健米业、航天长峰、道恩股份乃至通光线缆都是不连板的。我们认知这种龙头不要过多地纠缠其外形的连板与不连板，而应该看它是否能充当某段时间内的"皇帝"的角色。

放小，方能抓大。

其实，本文应该归于"破心中贼"系列里。

12. 你真的懂"白马龙头"吗

很久不见的朋友，近期聊起"白马龙头"，说某某某是龙头，又说某某某是龙头，一时间，好像到处都是白马龙头。

真的是这样吗？

非也。

白马龙头有几个核心问题需要厘清：

（1）白马龙头不等于趋势股

很多人做不好黑马龙头和妖股，于是就开始做长线，甚至麻痹自己：长线才是龙头战法。可是，长线里出贵州茅台，也出乐视网和康美药业。做长线和趋势，和做龙头有本质区别。

龙头需要有领涨性，如果长线股就是单纯的趋势，而没有领涨性，它就是长线投资和趋势投资，而不是龙头战法。

（2）白马龙头也必须是龙头

并不是盘子大、基本面好、趋势向上的股票就是白马龙头，白马龙头必须是龙头股。什么是龙头？必须具有第一性、具有人气光环、具有板块效应。如果没有这个，仅仅是大盘股，或者中军，并不是龙头。

（3）白马龙头必须有驱动力

无论什么龙头，都必须有明确的驱动力，龙头最核心的驱动力就是题材和热点，如果没有大级别的题材和明显的热点，基本面好的大盘股，无论怎么走，它都不是白马龙头。

请注意，这里并无高下之分，并不是说趋势股或者长线股不好，而是说龙头是龙头，趋势是趋势，二者并不是一回事。

趋势股的做法是按照基本面或者长线技术特征来做，能把它做好，也非常了得。白马龙头的做法是按照领涨性和题材性来做，做好它，也不容易。

上帝的归上帝，恺撒的归恺撒。

这个市场上最忌讳的就是用一种方法做所有的股票。股票是有分类的，价值股和周期股的做法不一样，成长股和价值股的做法也不一样，当然，跟风股和龙头股的做法更不一样。

白马龙头本质是领涨股，而趋势股有的是领涨，有的是跟风。二者不可混为一谈。

如果重新回到看趋势，回到看形态，而不论该股是否领涨、是否有板块效应、是否在两市具有市场地位，那就会重新回到历史老路。

需要特别强调的是，很多人做不好黑马龙头和妖股，于是否认一切短线主升浪的做法，其实是在走另外一个极端。

我认识很多朋友，在 2017 年没有赚到什么大钱，末了突发感慨，还是价值股可靠，还是长线好，于是在高位买了很多当年的趋势牛股，结果套到现在还没有解放。

任何投资都有死穴和盲点，趋势股，或者所谓价值投资的最大盲点就是：高位迷恋价值投资，被研究员洗脑。

关于白马龙头内部的很多细节，本人在《龙头信仰》一书中有详细的论述，希望能够引起大家的重视。

另外，龙头战法与时俱进，今天的龙头战法已经不是两年前的龙头战法了，我在《龙头信仰》一书提到，今天的龙头战法是一花三叶，一龙三脉：

以贵州茅台、腾讯控股为代表的龙头，是股权龙头一脉；

以浙江龙盛、美锦能源为代表的龙头，是白马龙头一脉；

以九鼎新材、人民网为代表的龙头，是黑马龙头一脉。

一花三叶，方是完整的龙头战法。如果只看到其中的一个，而否认其他两个的存在，都是对龙头战法的片面认知。

13. 白马龙头：这个江湖水更深

国庆前几天，一些朋友大谈科技股，大吹趋势白马的投资，甚至站在人类文明的历史长河的高度上，说科技趋势股如何如何。

看罢，我内心有一层忧虑。

很多人看最近几个月，白马科技股沿着趋势走，好爽呀，于是就根据这几个月的走势来建立模型，突然"悟道"了，原来趋势股才是龙头战法的正道，于是得出白马趋势龙头如何如何。

表面上是独立思考，其实是统计陷阱。要研究白马龙头战法，那至少也要拿最近 5 年的数据说话吧，甚至要拿最近 10 年的数据，而不能仅仅根据沪电股份等几只白马股的走势，就得出白马趋势应该如何做。

我在《股市极客思考录》里提过，对于价值股，最害怕的就是高位迷恋价值投资，被研究员和分析师洗脑。

说到这里，不得不跟大家聊聊白马龙头战法。

熟悉我的人都知道，我的龙头战法体系有一黑一白之分，具体来说就是黑马龙妖和白马龙头之分。黑马龙妖就是九鼎新材、贵州燃气这类股，这类股我们分享了很多，就不在这里重点说了。在这里跟大家重点说的是白马龙头。

很多人只知道我做黑马龙妖用功深，其实，我做白马龙头用功更深。

而且，很多白马龙头，我都参与过，比如：罗牛山、攀钢钒钛、鲁信创投、卓胜微、沪电股份、浙江龙盛，等等。

但如果仅仅看到白马龙头的光彩你就错了，白马龙头的坑更难防，为什么？因为它以天使的面孔出现。

有个朋友，高位进去浙江龙盛，套了几个点，一直不卖。我问为什么？对方回答：反正它业绩好。

呜呼！

就像本文开头一样，很多高位唱多白马龙头的人，他们的逻辑其实是一样的：高位被研究报告洗脑，迷恋白马龙头天使的一面。

前段时间，还有很多好朋友给我推荐猪肉股，并引经据典，给我看一大堆数据。其实，那些数据都是研究员发给他的。这个时候我没有办法跟他争辩，因为他的数据更"充分"，他反而会奚落我不懂价值。

关于白马龙头的坑，说再多也说不完。

2017年的时候，几乎全年都是白马龙头的天下，那个时候，科技股也走过一大波趋势，比如士兰微、紫光国微、华大基因、科大讯飞、江丰电子，等等。其实，那个时候也有很多大V高谈科技救国，股市的未来就是科技的未来。结果呢，很多人也是套在科技股上。

我有个私募公司的朋友，做七一二和贵州燃气赚了很多钱，后来感慨道：终于把亏在白马科技股上的钱赚回来了。后来任何人跟她谈白马龙头股，特别是科技类趋势股，她都提防三分。

趋势股，并没有我们想象的那么好。

不能因为这三个月出现了一个沪电股份，就觉得天下大变，就觉得趋势股可以无限趋势下去，就觉得做趋势类白马才是投资的正道。

虽然我对白马龙头股很有感觉，但也坚决反对在白马股上人云亦云，更反对在科技股上喊口号，空谈历史趋势。

白马龙头不比黑马龙头简单，白马龙头也并不比黑马龙头高尚，白马龙头的稀缺性也并不比黑马龙头好多少，甚至白马龙头更稀缺。

那些觉得白马龙头好做的人，很可能是没有怎么做白马龙头的人。白马龙头是看着好看，做起来照样需要很深的功夫。

白马龙头走起来，其趋势浩浩荡荡，行云流水，仿佛白马龙头很好把握，很简单。事实上，未必如此。

股市，压根就没有简单的事儿。

我做白马龙头很多年，跟踪研究白马龙头，包括数据收集、历史回测也有很多年。我第一次公开讲白马龙头是在 2017 年夏天，那个时候正是方大炭素和沧州大化炒得如火如荼的时候。但那个时候很多人对白马龙头的接受度还很低，大家都渴望黑马龙头的技巧。

后来我公开分享白马龙头的机会就少了，只是做白马龙头，不说了。

还有一个原因就是白马龙头走得慢，经常不涨停板。我曾经因为做白马龙头股，被很多人嘲笑。

当时我做罗牛山，很多人笑着说：他给我们讲龙头股，自己净做非龙头股。

其实，很多人那个时候根本不懂罗牛山就是龙头，当时很多人还停留在贵州燃气的旧梦里，认识不到龙头的一花三叶，更不认同龙头股有白马龙头一脉。

后来我陆续做了攀钢钒钛、张江高科、鲁信创投等，其中做张江高科的时候，我还打电话给湖南的一个私募操盘手，让他在 2018 年 11 月 15 日大胆干张江高科。

再后来，我又陆续做京东方 A、深天马 A、浙江龙盛、沪电股份，特别是在做浙江龙盛的时候，我反复跟很多人解释，浙江龙盛就是龙头。当时很多朋友在做顺灏股份高位的低吸反包，我还跟他们抬杠说，浙江龙盛更有前途，它才是真正的龙头。

后来浙江龙盛彻底走出来了，很多人才意识到：原来龙头可以这样做。

从此之后，问我白马龙头战法的人越来越多。特别是随着时间进入 6 月份，沪电股份一骑绝尘，贵州茅台独领风骚，白马龙头以横扫千军之势，让所有人都知道了它的好。

恰在此时，我的新书《龙头信仰》出版，里面重点提及了龙头股一花三叶，白马龙头是龙头战法的重要一脉，很多人才真正接纳它。

但此时，很多人对白马龙头的态度是从一个极端到另一个极端。仿佛白马龙头就是不跌的股票，它跟黑马龙头不一样，黑马龙头容易核按钮，而白马龙头天然安全，可以无脑买，可以跟着一直走趋势。

这其实是对白马龙头的极大误解。无论是什么股，都有顶部，都有出货的时候。不能因为出了几个白马龙头，就觉得白马龙头会一直走趋势。更不能说白马龙头有业绩，不怕跌。

而很多普及白马趋势的人，包括一些所谓的大 V 和微信公众号写手，他们本身就是被洗脑的对象，还有很多书呆子，指望他们告诉你白马龙头的真相，更不可能！

白马龙头既然是龙头，它一定有其顶部，无论其趋势看起来有多么势不可挡，也一定有出货的时候。在 A 股，股票的本质更多的是筹码游戏，无论它是披着题材的外衣，还是披着业绩的外衣，或者披着什么科技的外衣，它都摆脱不了这个游戏的本质。

中国南车可以从 39.47 跌到 7.3，四川长虹可以从 66 跌到 2.7，中国远洋可以从 68.4 跌到 4.6，康美药业可以从 51.77 跌成 ST，凭什么你的白马趋势股可以一直涨？须知，它们当时也是风头无二的白马！

所以，白马龙头的做法，是一件严肃的事情，不能空喊口号。

如果你想做白马龙头，想做趋势股，必须：

对白马龙头的驱动力有根本性的了解，知道它为什么涨。

对白马龙头的顶部结构有敏感的认识，能识别顶部的特征。

能够克服研究员、分析师、首席、各种大 V 和专家的忽悠，只根据股市的逻辑来买卖，特别是白马龙头处于高位的时候，要本能地抵制各种大神的洗脑行为。

过往不恋，不要跟股票谈恋爱，白马龙头也一样。

　　说这么多，是想告诉大家，白马龙头战法是一套完整的体系和逻辑系统，而不是简单地跟着趋势走。

　　对于没有方向的人来说，任何风都是逆风，任何趋势都是下跌市。

　　当然，我们也不要被白马龙头吓着，事实上，把白马龙头的规律研究透，它确确实实比黑马龙头更容易操作。因为它：

　　（1）不会动不动一字板，也很少几秒钟拉到涨停，它可以让你随便买，时间更自由。

　　（2）不会核按钮，看懂了它出货，可以慢慢卖。

　　（3）仓位。白马龙头一般盘子大，对于资金量很大的朋友来说，也可以放心大胆地操作，因为你一下子买几千万元，对盘面影响没有那么大。

　　（4）规律性更强。白马龙头是一批超然冷静的资金在做，它没有那么多情绪资金，其行为的计划性很强。

　　总之，白马龙头如果得其法，更适合大资金者，更适合上班族，更适合机构。

　　至于白马龙头的很多具体细节和思路，我在《龙头信仰》和《香象渡河》里介绍过，这里就不再赘述。

14. 对龙头战法最精彩的评论——用《金瓶梅》解读龙头信仰

　　《龙头信仰》和《香象渡河》出版后，我收到无数读者的反馈，其中有两个反馈我觉得是值得分享给大家的：

　　其一：

　　仔细一想，确实几乎赚钱的股票，都离不开"龙头"二字，不管你是用什么方法。基本面龙头就好比是语文状元，盘面龙头就好比数学状元，总龙头就好比总分状元。

　　其二：

　　前段时间看了《龙头信仰》这本书。

　　看书名很有淘股吧风格，似乎是在教你如何打板、买龙头之类的。

　　其实并不是。这本书会启发你思考很多事情——即便不是股市投资者，也能从中得到不少启发。

　　例如，书中提到取舍。很多人印象中，取舍就是取其精华去其糟粕。其实这只是取舍的第一层意思。取舍更深层的意思是，即便你知道那是精华，也要进行舍弃——就像你不可能把所有面膜同时敷在脸上一样。在股市和现实中，很多人并不明白这个道理，总想着通吃所有"精华"，效果往往适得其反。

　　这部分内容似乎可以用机会成本来描述，但是仔细品一品，会发现用"机会成本"这个冰冷的名词来描述取舍的境界，确实很失韵味。

　　想起《金瓶梅》里的一句话："一己精神有限，天下色欲无穷。"这也是在劝人做取舍，不要所有的都不舍——尽管都很美好，都能勾起你的欲望。

　　在千千万万的读者读后感中，之所以选取这两个分享给大家，是因为我觉得它们抓住了本质：一龙三脉和取舍。

特别是，天才的读者用《金瓶梅》中的句子来诠释取舍，更是妙不可言。

龙头战法每过一段时间都会遭到质疑，但是质疑的原因，如果你仔细去读，无非两点：

把非龙头当成龙头来批判，凡是打板失败、追高失败，都说成是龙头失败。事实上，龙头战法并不能为所有的追高打板负责。真正的龙头是四维五破，是一龙三脉。

任何时候，任何条件，全天候作战，事后把原因归咎于龙头战法。事实上，龙头战法最讲取舍。不谈取舍就做龙头，就像《金瓶梅》里的话一样，天下色欲无穷。

15. 史诗

练得身形似鹤形，
千株松下两函经。
我来问道无馀说，
云在青天水在瓶。
这是一首鲜为人知的诗，但我却很喜欢。

小时候比较讨厌背诗，总感觉有背不完的诗。但到后来，突然觉得好诗不多了。我挖空心思地想找到一些好诗，却总是难以如愿，特别是那种让我眼前一亮的诗，真的是很少很少。

当然，这可能是被李白、杜甫、王维、王之涣害的，谁让他们的诗写得那么好呢。读惯了他们的诗，再看其他人的诗，总觉得索然无味。

文学和史学里面，偶尔也能搜刮出几首好诗来，但不够清净。还好，我们有道教、佛教。我发现从佛道人物那里，经常能看到让我眼前一亮的诗，其境界和韵味，毫不差于李杜王白。

但时间久了，惊喜也会慢慢平淡，因为好诗都挖光了。

今天，再让我突然找一首好诗，真的很难。这并不是说我博览群书，而是说好诗已经被摘录在我们的课本上以及常见的文学作品里了。

如果哪一天我能再找到一首好诗，一定会欣喜若狂的，但是这种感觉很久没有了。

今天为什么要写我的这种心境，其实也是与股票有关。

我看到很多人，每天都在罗列着好股，罗列着明天的龙头，看着他们我真的很羡慕。因为我好多天没有看到那种让我欣喜若狂的股票了。

我渴望终极赛道的疫苗，目前还在静静等待，看不到具体成果出来，也无法大展身手。其他级别的股票和赛道，总觉得还差那么一些。

当然，你也许说那谁谁谁不是几个板吗？但那是结果。

如果从逻辑上来看，让我心潮澎湃的股票，并不是很多。

什么样的股票才能让我心动？就像读到一首好诗让我心动一样的股票。

在我心中，李白、杜甫、王之涣、白居易的诗是好诗；东方通信、浙江龙盛、九鼎新材、道恩股份算好股。

大家能从我的对比中发现，我渴望的好股，其实是旷世的，或者叫史诗级别的，它稀缺、光芒万丈。

就像之前，我愿意用 10 余篇文章去写的口罩股；愿意用 4 篇文章去写的网红类股票星期六；愿意用 N 篇文章去写的呼吸机股。

而现在的股票，总觉得无法给我大的惊喜，因为我无法将它定义为史诗。

有时候我想，能不能等到这种史诗级别的股票到来时再去重仓交易，如果它们不到来，就一直小打小闹，或者一直走马观花，如何？

我的这个想法得到好几个私募大佬的认可，跟他们交流后，都比较赞成。

知音不孤。

其实，对于我们很多人来说，最难的就是做到这一点。我认识很多人，都有交易强迫症，好像没有交易，就错过几个亿似的。

可是事后看，真的错过了吗？

有时候朋友问我买哪个？

我也会回答下，但是我总是觉得辜负了人家，因为明明没有看到史诗级别的股票出现嘛。

所以，我总是跟一句话：仓位不要太重。

我估计很多人不会留意我后面这句话，但却是我由衷而发的。没有史诗级的股票，值得去重仓吗？

如果对待投资机会像对待诗歌一样，没有神作就不要欣喜，那么我们的交易次数该控制得多好呀。

这就是为什么我把今天文章的标题取名为"史诗"。

现在，你看到史诗一样的股票了吗？

我倒是看到了一首好诗，分享给大家：

手把青秧插满田，低头便见水中天。

六根清净方为道，退步原来是向前。

16. 什么叫"史诗级别的机会"

昨天写到"史诗",很多人在后台留言,讨论什么是史诗级别的机会。我的观点是:

(1)让人尖叫的机会,不用太多的知识和逻辑,就能闻到味道的机会。如果掘地三尺挖掘和研究才能找到的机会,不是史诗级别的机会。

(2)一旦错过,让人遗憾无穷。那种感觉就像是 2007 年错过买房。

(3)同期雷不多,也就是说:不是暴涨的股票都叫史诗级别的机会,它还要求——

同期没有特别多的暴跌股票;

同逻辑和思路下没有巨大回撤的股票;

不能出现幸存者偏差,不能是一将功成万骨枯式的机会,必须是大面积的机会。

(4)逻辑对、结果对,而不仅仅是结果对。

那么哪些机会符合史诗级别的呢?我心目中的史诗级别机会有:

2020 年的口罩股、

2019 年的猪肉股、

2019 年夏天的稀土股、

2019 年的芯片产业链上的股、

2017 年的钢铁产业链上的股、

2017 年的新能源产业链上的股。

那么哪些具体的股票符合史诗级别的股票呢?

道恩股份、

牧原股份、

正邦科技、

金力永磁、

星期六、

东方通信、

浙江龙盛、

寒锐钴业、

方大炭素。

如果，我们只在等到这类的机会才重仓，平时小打小闹，那我们就是自己心中的史诗级别人物。

都说红尘修心，其实股市才是最大的红尘，在股市中炒股，最是磨练人性。

衷心希望每个人在股市的修行中，修成自己的史诗！

第四章

心法：破心中贼

1. 破心中贼

1.1 破心中贼（一）：心念

我在《龙头信仰》这本书里，提出一个非常重要的观念，叫"四维五破"。这个概念几乎是该书的命门。可惜，深挖此内涵者很少。

五破之中，有一个破很重要，那就是：破技术分析之执。

破技术分析并非完全不要技术分析，因为不看 K 线和形态的话，你怎么知道股票怎么样？一个做龙头的人，不能离开 K 线而单独存在。

我这里说的破技术分析之执，是说不要被技术分析绑住，不要把技术分析作为最高指南。

那什么是最高指南呢？

一个字：心。

两个字：心念，或叫"一念"。

你内心对某只股票的"一念"才重要。

这一念：可能来自你对大盘的认知，也可能来自你看问题的逻辑，更有可能来自你对题材的判断，还有可能来自你情绪如何，比如，上一只股票是大赚还是大亏，进而影响到你的勇敢。

"一念"的刹那，其实就决定了你买还是不买，你是卖还是不卖。所谓的技术分析，只是服务这一念的。

我之所以说要破除技术分析之执，是说技术分析是"两面派"，是"滑头"：你看多，技术分析能给你找到看多的理由；你看空，技术分析能给你找到看空的证据。

技术分析，在某种情况下，是任你打扮的小姑娘。

诸位读者，如果你还在执着于技术分析，想一想，你所学过的那些技术分析是不是如此。

可以说，技术分析越多，可能越不"客观"，因为所有的技术分析，都是"因你而变"。

因你的什么而变？

你的心念，是你对某只股票的"起心动念"。

这个起心动念，也许是你刚刚看了份权威人士的看多报告，也有可能是你刚刚跟某个高手微信交流之后的激动，更有可能是你突然的"灵光一闪"，然后，才是你的交易。

而所谓的交易，并不是键盘敲一下，而是你之前所有"一念"的落实。

有人会说：技术如果走坏，我会纠偏自己的。

事实上，你不会！

因为心念已在，你会视而不见。

下跌，你会认为是洗盘；冲高，你会认为是证明你的判断；然后再跌，你会觉得自己得有"格局"，多拿一会。

技术分析得出的结论并不是市场事实，而是呈现"你想要的结论"，它天生是服务你的心念的，"你认为"会让你放弃技术分析发出的反向信号。

所以，本文叫"破心中贼"！

王阳明最初的这句话是十个字："破山中贼易，破心中贼难。"

技术分析不难学，山中贼易破，心念做到"破除"难。我希望有缘人看到本文后，放弃对技术分析的穷追猛打，转而加强在"心念"上下功夫。

很多时候，并不是你的技术分析知识不够，而是你的技术分析知识过多。

那应该做到什么样的心念，才能真实地看待市场呢？

——过往不念，当下不杂，未来不迎。

懂的人，自然懂；不懂的人，希望能慢慢懂。

文章不在长，而在能"捅心窝子"。希望本文能"捅到某些人的心窝子"！

如果还没有捅到心窝子，我用毕加索的故事，再补一刀。

毕加索早年学习技法，炉火纯青，后来却后悔，为什么呢？听听毕加索的原话：

我 14 岁就能画得像拉斐尔一样好，之后我用一生去学习像小孩子那样画画。

1.2 破心中贼（二）：最后一个包子

有这么一个故事。

一个人饥饿至极。一连买了 6 个包子吃，但都没有吃饱。于是买了第 7 个包子，刚吃了一半就觉得饱了。于是，很后悔地说：

早知道最后这个包子能饱，就不用买前面 6 个包子了，那 6 个白吃了，都浪费了。

这个故事不同的人有不同的解读。故事中的人物看起来很愚蠢，但我们身边的很多人，何尝不是他呢？

很多人希望在股市里找到一个方法或者一本书，使用后，马上"立地成佛"，变成股市高手。如果不能，则斥之为"没用"或者"骗子"，接着去寻找下一个。

这和上面的"吃包子"有什么不一样？总希望吃最后一个，吃到后就"饱"，如果不"饱"，就说"白吃了""浪费了"。

我认为，市场上不存在一个方法，或者一本书，你使用后，就一下子"饱了"，马上会做股票了。所有的方法和书，都是一个过程，都是前面那 6 个"包子"。

所有的方法和书，都是解决你局部问题的、阶段性问题的，而不是解决你所有问题的，不是"包你吃饱"的。

投资之难，投资体系之庞大和复杂，没有一本书能详尽，没有一个方法能一招制敌。

所有你能从外界获得的方法和书，能在某一方面解决你的问题，就已经很不错了。凡是奢望看到一本书，或者学一个方法就能解决自己所有问题的想法，都是最懒的思想。

为什么？

因为你把本来应该属于你的那一部分，也希望别人给你解决了。

这也是为什么很多好的投资方法，照抄起来就没有用，因为你没有加入自己的东西。你希望它是最后一个"包子"，能够一劳永逸地解决你投资中的所有问题。

同样，这也是为什么那些宣称能够让你稳赚不赔的方法，那些宣传为万能的投资大师，一定都是假的，因为他们把自己包装成了最后一个"包子"。

而事实上，这个世界没有最后一个"包子"。

如果非要说有，那一定不是别的东西，而是你"自己"！

所以，我经常在不同的场合说：投资中，最难的一段路，必须你一个人独自走过。

注：本文写作时间：2020 年 3 月 2 日。

经常有人问我，我读了很多书好像也没有突破，我学了很多方法也没有成功过，是不是这些书和方法都是错的，都没有用？我不知道该怎么回答。

如果说有用，为什么解决不了很多人的问题？如果说没有用，为什么几乎每个高手都爱学习和求知？

后来我看到了吃包子这个故事，我知道该怎么回答这个问题了。

很多人对读书和学习常抱着两个错误的认识倾向：

一个是知识无用论，因为他学了还不成功；

一个是知识万能论，学了后，马上"立地成佛"。

其实这两种认识倾向都是错的。

知识是帮我们解决局部问题、阶段性问题的，而不是帮我们解决所有问题的。我们每个人存在的最大意义就在于，我们自己整合这些知识，然后用于实践，如此才能成功。

我们每个人的成长路上，既要吃前面的 6 个"包子"，也要吃最后一个"包子"。前面的 6 个"包子"是别人的经验和总结，最后一个"包子"是自己实际的领会与思考。

不吃前面的 6 个"包子"，不懂得借助别人的成果，容易流入反智主义；不吃自己这最后一个"包子"，不懂得化别人的为自己的，终无出头之日。

各位读者，知否，知否？

希望我这篇文章能够帮助很多朋友解决一些前进途中的心魔。

1.3 破心中贼（三）：牛顿第一定律

无论再过多少年，我都无法理解一种现象：

明明一只股票一直在涨，但总有人天天去寻找它要下跌的证据，为它的下跌找理由。

比如：

哪个新闻又不利于它啦，

上涨途中又遇到哪个阻力啦，

哪个大佬又发了看空观点啦，

等等。

与此相反，明明一只股票一直在跌，却天天去寻找它止跌反弹的证据。

比如：

有基本面支持啦，

又出利空公告啦，

政府又救市啦，

等等。

如果你是左侧交易者，是长期价值投资者，这种做法可以理解。但如果你是短线趋势选手，这种做法就很难理解。

事实上，抱着这种思维的人，大多数还真的不是长线价投者，而是彻头彻尾的短线交易者。

这就很难想通了：你是做短线的，为什么总是自己吓自己？

当然，我们都明白，任何一只上涨的股票总有结束的时候，所以注意风险是对的，但一只股票在上涨途中，其趋势的力量是很强大的。股票更容易延续其趋势，而不是突然逆转。

也就是说，一只上涨的股票，去继续看涨比突然做空它更正义。一只一直下跌的股票，继续看跌它比突然做多它更智慧。

这也是牛顿第一定律的道理吧。

也许你会说，我有忧患意识。

没错，有忧患意识是对的，但总要市场给你忧患的信号吧？

当市场没有明确的忧患信号，不要自己给自己制造信号。

事实上，很多股票见顶的时候，都有明确的见顶信号，市场至少会给你 1 ～ 2 天的时间让你撤退。当市场没有给的时候，享受趋势，岂不是投资的最大乐趣？

特别是当一只股票成为龙头的时候，人为地预测高度，远没有让利润奔跑更快意恩仇。

写到这里，我突然想到某位股神的一句名言：

别人贪婪时，我更贪婪。别人恐慌时，我更恐慌。

如果我没有记错，说这句话的人就是炒股养家老师。

　　注：本文写作时间：2020 年 3 月 3 日。我见到过太多的人，在股票上涨的时候，天天找下跌的理由，结果看到股票一路上涨，一路错过。等到股票见顶后，还没有跌两天，突然重仓"抄底"，好像捡了个大便宜。

　　我不知道该怎么去讲透这背后的道理，今天想了很久才动笔，写下上述文章。如果你也有类似思维，希望看了这篇文章，能够破你心中之贼！

1.4 破心中贼（四）：银行家

我有一些朋友是银行行长，吃茶饮酒之际，我就爱挤对他们：

你们银行家最现实，人家不缺钱的时候，你拼命地贷给他们；当缺钱的时候，你一个豆都不给；万一有点风吹草动，你们催债像黑社会似的。

行长们私下也乐于承认：没有办法，我们银行风控严。

其实，普天下的银行放款都一样：在你不缺钱的时候贷款给你，等到你缺钱的时候，或者感觉到你财务有问题的时候，立即就来催款。

用一个形象的比喻就是：晴天把伞借给你，下雨天把伞收回来。

很多人都会说银行势利，我以前也这么觉得。但自从我做龙头战法之后，就不这么觉得了，相反，我突然觉得银行家的逻辑跟龙头战法很相似。

很多人买了龙头股后，一不小心就卖了，然后看着龙头股一路腾飞。

还有一些人买了龙头股，卖晚了，然后赚的钱又吐回去了，甚至倒亏。

怎么解决这两个问题？

很多人在后台也问我，我思考了很久，找不到一个恰当的回答。这几天突然之间，我想到了银行家的逻辑，恰好能够回答龙头股的买与卖的问题。

龙头股怎么买？

跟银行放款一样，天晴的时候，对方不需要钱的时候，放款给他。龙头股不需要钱的时候，成为市场热点的时候，我们要有胆量拿钱买它。

龙头股怎么卖？

跟银行一样，下雨的时候，一旦感觉到有财务危机，立即催款。只要龙头股有危险的苗头，立即把钱收回来。

当然，其中的火候拿捏和细节尺寸，需要经验积累，但根本逻辑和思维，毫无二致。

很多人常有两个认识误区：

其一，某只股票刚刚走好，气势正在加强，结果你被吓跑了，不敢买了。怎么就不像银行家呢？这个时候应该大胆地拿钱给他呀。

其二，某只股票明显走坏，出问题了，结果你迟迟无动于衷，舍不得卖。怎么不像银行家呢？这个时候应该把"伞"收走呀。

当然，投资分长期和短期，长期投资的逻辑与银行家相反，恰恰需要逆周期，用雪中送炭的方式投资。短线投资呢，则完全与银行家一样，顺周期而为，宁愿锦上添花，也不雪中送炭。

银行这种残酷的风控，让银行成为比较稳健的金融机构。如果我们能把银行家这种思维注入我们龙头战法中来，就能把龙头战法运用得妙到毫巅。

其实，有时候缺的并不是术，而是换个想法。

想法一变，心中贼即破。

2. 破执

2.1 破执（一）：卖飞、错过好股怎么办

事情得从李泽楷谈起。

李泽楷曾经重仓腾讯，而且是以风险投资的形式进去，但是后来李泽楷把腾讯卖了。虽然赚了很多倍，但李泽楷后悔一辈子。

因为李泽楷如果不卖腾讯，他可以赚更多、更多，甚至可能成为世界首富。

后来，李泽楷经常表达他的后悔之意。

但是，我却认为李泽楷没有资格后悔。

为什么？卖掉了还可以买回来呀？

腾讯还有几轮融资呢。再说，腾讯在香港刚上市的时候才几块钱，如果李泽楷真的懂腾讯，可以在二级市场买回来嘛。事实上，张磊、但斌，都是在腾讯上市后买的，也不影响大赚。李泽楷在香港，腾讯也在香港上市，但他从来没有考虑在二级市场买一股腾讯股票，天天说自己卖了腾讯后悔。他没有资格后悔。他根本就没有搞明白腾讯的巨大价值。当初投资腾讯，也是运气而已。这说明：投资的本质是认知，而不是运气。

腾讯当时在香港刚上市才 3 块多钱，价格很低。李泽楷身在香港，从来都没有想到再买回来，其实他自始至终都不懂腾讯。

所以，卖飞不可怕，不懂它才可怕。

李泽楷如此，我们身边很多朋友也是如此。

我曾经认识一个大游资，因为某一天忘记买东方通信，结果东方通

信暴涨，后来他就像祥林嫂一样到处说，在很多群里唠叨：

东方通信是我模式内的股票呀，就是因为那一天我错过了，没有买到，结果……

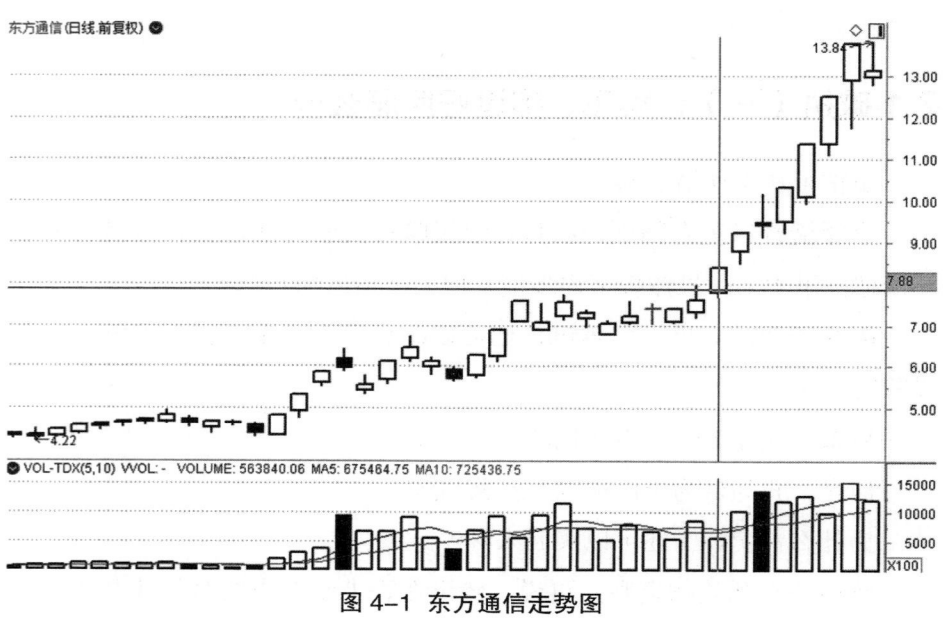

图 4-1 东方通信走势图

图 4-1 中十字星的地方，他忘记买东方通信，后面天天唠叨，从来没有想到买回来。

后来我实在受不了他，就私信给他：错过了你可以再买回来呀。

如果因为某一天错过了，你失去了某只牛股，说明你根本就没有看懂这只股票。难道一只好股的买点只有一天吗？

如果你的买点只有一天，说明你很短视，即使这一天你买了，也可能在第二天或者第三天洗盘的时候，给卖了，那你也吃不到那么高的利润。因为你根本没有看懂这只股。

我们有多少人都是这样的，因为错过了某只股，或者卖飞了，就彻底跟这只股绝缘了，就彻底失去这只股了。

有的干脆，再也不看这只股了。

这怎么可以。

卖错，卖飞，忘记买，没有买，很正常。只要我们理解了股票的级别和性质，可以第二天再买回嘛，或者当天再买回来。

为什么总是耿耿于怀错过或者卖飞呢？

那些为卖飞遗憾的人，也许遗憾的不是卖飞，而是没有搞懂这只股是怎么一回事。

提高认识，是解决这个问题唯一的出路。

你说呢？

2.2 破执（二）：你怕盘子大吗

昨天晚上，跟一个朋友聊天，问道：

如果明天要做反包，或者低吸核按钮，你会做哪一个？

对方说了好几只股票，唯独没有说君正集团，于是我追问道：

为什么不低吸君正集团？

对方说：

我低吸个鬼，那么大的盘子，我才不去低吸它，把它拉起来得多少钱？

原来，是怕盘子大。

很多朋友都有这个看法：盘子大的股票，不好做。或者说，盘子大的，拉不动。

曾经有一个顶级的大 V，2020 年 5 月 14 日对省广集团也发表过相同的看法，大致意思是：明天谁都可能反包，就是省广集团反包不了。因为盘子太大，反包需要很多钱。

其实，这种观点存在误区，具体说来如下：

（1）无论反包还是主升浪，核心都在于逻辑，而不在于盘子大小。用盘子大小来约束自己的逻辑，说明其对股市的认知不够彻底，偏于相。

（2）可以反过来想，也许盘子大是优点，因为现在游资体量很大，君不见溧阳路动辄十几个亿出现在龙虎榜，赵老哥也是动辄很多个亿，这些资金就喜欢盘子大，如果盘子小，反而不适合。像君正集团这样的，本来就是孙、赵喜欢的品种。

（3）从现实来看，大盘股疯起来，更可怕，比如中国中免、紫光国微、光大证券、沪硅产业，等等。只要人气到，大小都不是问题。

有人可能会说：那你是喜欢大盘股不喜欢小盘股。

非也。

我的喜欢与大盘小盘无关，谁的逻辑硬，谁的人气足，我就喜欢谁。

一句话：对股票的认知达到臻境之后，应该不执着于表象。

这就是破执。

另，本文增加一点对股票新的感悟。

其实，我们看股票，主要有两个角度：

（1）自己给出答案，就是自己按照自己的标准、价值观、信息研究，选出股票。

（2）市场给出答案。就是市场按照它的喜好和价值观，给出答案。

不同投资风格，在二者之间盘旋和妥协的度不一样。

我本人更认可市场的选择，就是市场给的答案。按照市场给的答案做有几个好处：

（1）没有意淫，一切以客观为标准。

（2）不需勾兑和内幕消息，不需要四处打探信息，只要解读市场信息。

（3）盈亏的最终结果，市场是最终裁判。

市场给的答案也有缺点：

（1）略微的滞后性，市场告诉你的时候，往往股价已经有点高，此时此刻就需要你判断市场的级别和性质。

（2）杀伐果断，对人性要求高，不要对股票有感情，对错市场说了算，市场给出答案后，必须立即无条件执行市场的选择。

从龙头战法的角度，股权龙头往往更在乎自己给的答案，需要守候。黑马龙头更在乎市场给的答案，市场选择谁是龙头，就跟随谁。

2.3 破执（三）：你怕股价高吗

股价高就是每股单价高，也叫高价股。最典型的就是贵州茅台，1600 多块一股。

与之相对应的就是低价股，比如每股 2 块、3 块多的股票。

不知道何时起，A 股流行低价股崇拜，记得在有些圈子里，大家可以荐股，但有一个不成文的要求：股价不要超过 30 块。意思就是说，30块以上的股票股价太高了，有让别人当接盘侠的嫌疑。

以前我也有这种思想。在《股市极客思考录》里，我也写过，低价股更容易成为龙头。

后来随着认识的加深，我发现这是一个误区，或者说是一种偏见，必须破执之。

（1）最铁证如山的理由是现实

疫苗股起来的时候，我的很多朋友都带着一个执念，说价格便宜的优先，结果疫苗股涨幅最疯狂的却是价格贵的西藏药业。

我们排序下，按照 2020 年 8 月 6 日的价格

西藏药业 145

智飞生物 162

沃森生物 83

复星医药 73

万泰生物 147

华兰生物 65

康华生物 807

以上是几个核心疫苗股的价格，涨幅最妖的西藏药业是高价股，涨幅次妖的更是高价股康华生物，万泰生物也是价格贵得吓人，而其中价

格最低的华兰生物，反而涨幅是最小的。

科技股也是如此，紫光国微是这一轮科技股中比较妖的，它的股价目前是 145 块。

上一轮科技股最猛的是卓胜微和诚迈科技，股价疯狂的时候都是 300 ～ 500 元，都是名副其实的高价股。

再看看前段时间最猛的免税概念股，其中的核心是中国中免和王府井，前者是 200 多元一股，后者是 60 ～ 70 元一股，也都是高价股。

再看看前段时间最疯狂的证券股，涨幅最疯狂的是光大证券，它的股价在所有券商股股价中的排序是第 5 位，后面还有 42 个证券股股价比它低，反而它是涨得最好的，那些所谓的低价证券股都不如它。

白酒股就更不用举例子了，有茅台和五粮液的股价在那里呢。

事实证明，高价股涨幅并不差。

（2）龙头思想在闪烁光芒

很多年前，低价股确实曾经占优势，大家喜欢炒低价股。但是，随着注册制的来临，股票数量大大增多，股票的质量就比它的价格高低重要很多。特别是随着投资思路的转变，好股票就是贵，差股票就是低。越来越多的游资和机构宁愿出高价钱去买高价股，也不愿意再去炒垃圾股了。所以，高价股就有了市场。

其实，这是龙头思想在慢慢起作用，炒好的，炒贵的，炒头部的企业。而好的、头部的企业，通常股价都不便宜。

（3）游资和机构的价值观变化

随着游资队伍壮大，特别是顶部游资加速成长，有的游资体量已经达到惊人的程度。而游资和机构的投资风格也在逐步碰撞和融合。这个过程中，大家害怕的再也不是股价贵、盘子大，而是害怕黑天鹅、退市、垃圾股。

　　于是，投资圈逐步抛弃了以前那种以价格高低为标准的选股观，进入了以质和特色为标准的选股观。

　　也就是说，逻辑逐渐取代了外表，而股价高低就是一只股票最大的外表。

　　也许有人反问：那是开始高价股崇拜了吗？

　　非也！

　　所谓破执，不是说走到问题的反面，而是不要纠结于它。

　　股票的好坏，应该与股价高低没有关系，而是与股票质地有关。我写本文最大的目的是希望，如果你下次发现一只好股票，不要再因为它的价格高而吓自己。

　　如此，方是破执。

　　应无所住而生其心。

2.4 破执（四）：做股票时，你恐高吗

今天给大家分享一个心法，那就是高，恐高。

很多人看盘的时候，股票软件是打满整个屏幕的，一眼看去，有的股票低，有的股票高。

这里面有一个很大的误区，就是框架效应。

什么叫框架效应呢？我们来看图4-2。

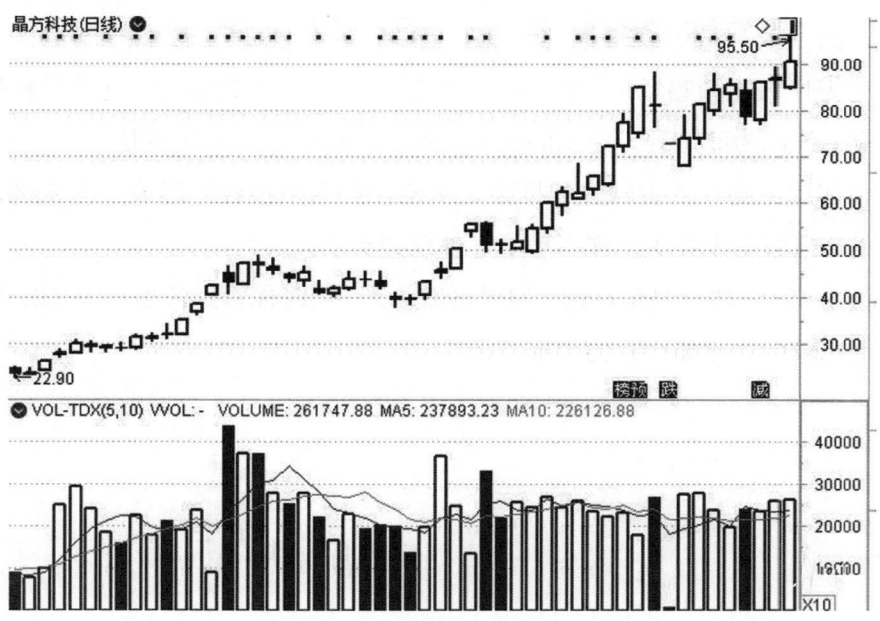

图 4-2 晶方科技走势图（局部）

假如图4-2是今天的收盘，很多人会有一种误解，就是该股顶住天花板了，顶到自己的电脑右上角了，好像涨不动了。

是不是这样？不是的，我们来看图4-3。

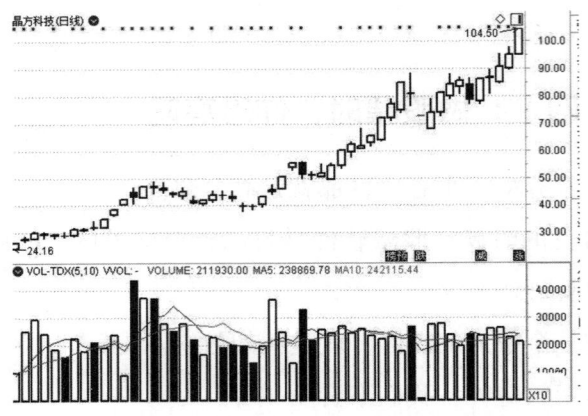

图 4-3 晶方科技适度延长的走势图（局部）

第二天，它又往上顶一顶。

为什么昨天感觉顶到电脑屏幕的顶了，今天还能顶呢？这就是框架效应，你以为股价到了电脑的顶了，就是股价的顶，其实不是。

你用电脑，或者软件的框架，来框住股票，很容易形成一个误区，就是这只股票太高了，涨不动了，都顶到头了。

事实上，股价是运动的，如果再涨几天，当时你看到的顶，会被踏平，变得比较低。比如，我们再推一天。

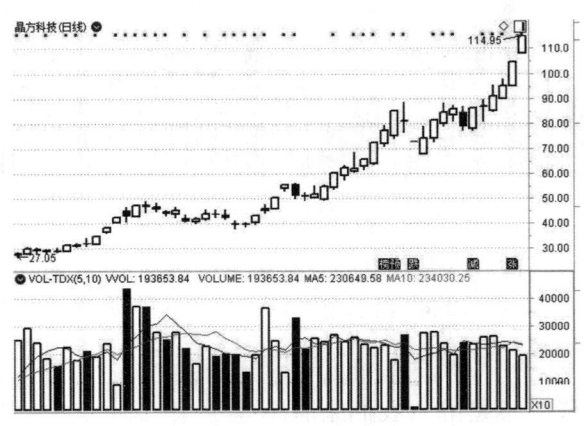

图 4-4 晶方科技再延长的走势图（局部）

我们看看图 4-4，是不是当初那个图的顶，就变成低的了。

我们可以再来举例子，看看美锦能源，先看图 4-5。

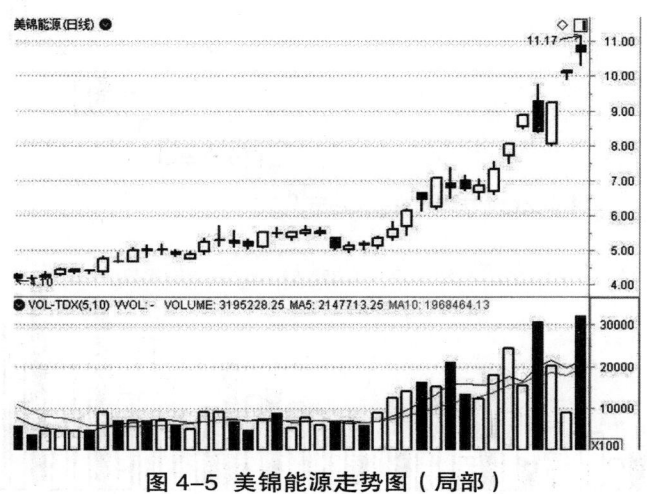

图 4-5　美锦能源走势图（局部）

是不是感觉是一个影线、十字星类似的玩意，且量很大，顶住了电脑的右上角？很多人都觉得涨不动了。然后我们再看看后面几天：

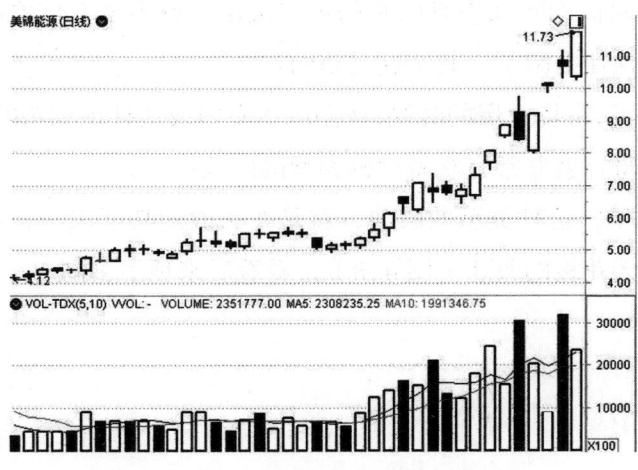

图 4-6　美锦能源放大的走势图（局部）

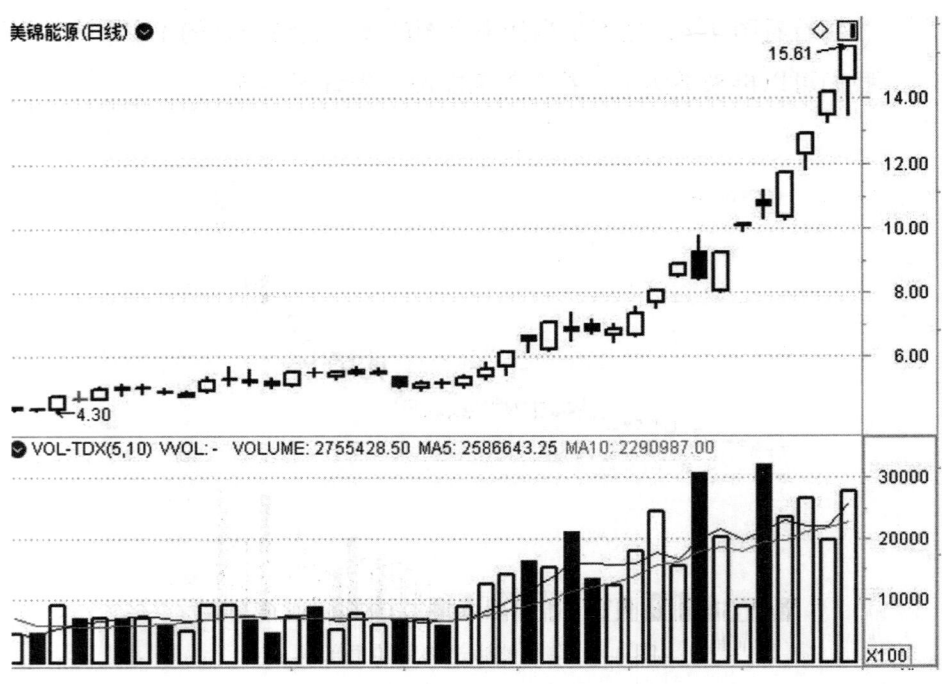

图 4-7　美锦能源主升浪大图（局部）

特别是看图 4-7 看上的十字星位置，是不是感觉那才只半山腰。

为什么会这样？其实是框架效应在起作用，用电脑屏幕来框定自己。

很多人对高的定义不是由它的定位决定，也不是看估值和空间，而是感觉股价顶住电脑了。其实这是错的。

一般来说，市场火爆的时候，我们应该专门找这种顶到头的股票来做，你看看赵老哥，就非常喜欢做这种类型的股票。

很多时候，这种类型的股票，就是龙头股的特征之一，不信，再给你看个顶住天花板的股票（图 4-8），看看后来顶了多高。

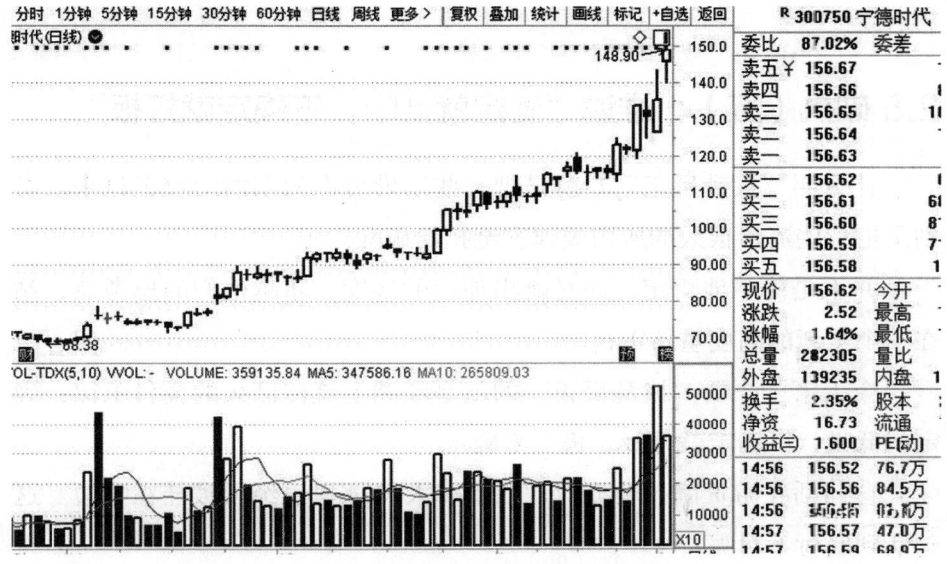

图 4-8 宁德时代走势图（局部）

这个看起来够高吧，但就是这个高，作手新一、机构买了很多。

有时候，高才是好，高才是龙头的特点。

希望大家摆脱框架效应，拥抱强势，拥抱龙头。

2.5 破执（五）：谁说"确定就低吸，不确定就打板"

什么叫"拨乱反正"？就是把一些以讹传讹的东西给校正过来，特别是把一些流传很久的所谓规律和绝招给破除。

并不是简单地否定，而是跳出他们的维度，超越他们的思考点，站在一个全新的高度重新审视。

今天第一个要"拨乱反正"的就是江湖上流传已久的金科玉律：确定就低吸，不确定就打板，板上来确定。

这句话在游资圈比较流行，在很多大 V 那里也经常被挂在嘴边。这句话到底对不对呢？

我们先来看图 4-9。

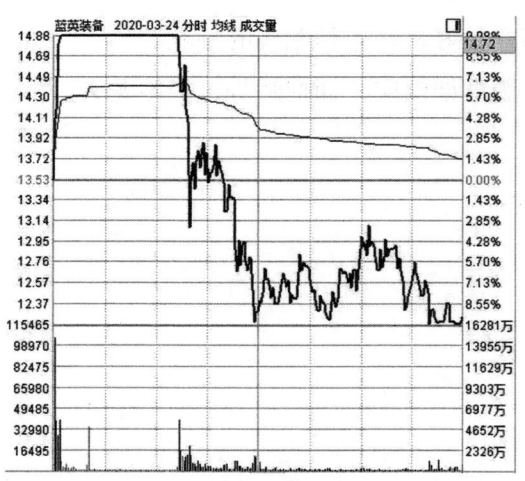

图 4-9 蓝英装备成交量图

这是 2020 年 3 月 24 日的蓝英装备，是该股 4 进 5 的时候，请问这一天到板上确定了吗？也许你会说这只股票位置太高，那我们再来看一只位置低的股票（图 4-10）。

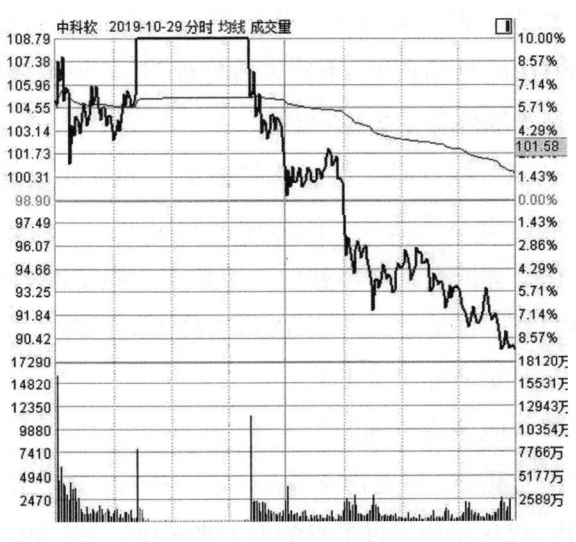

图 4-10 中科软成交量图

　　这个是中科软 1 进 2 的时候，够低吧，请问这一天板上确定了吗？

　　"不确定就打板，让板上来确定。"这是害人的话，涨停板什么时候能为"确定"担保？如果板上能确定的话，谁还冒着风险点火、半路以及低吸？直接在板上等不就可以了吗？

　　要知道，股市最可贵的，就是"确定"二字。

　　是，涨停板在某种程度是资金强势围攻的结果，它代表资金的意图和态度，但涨停了并不代表安全了呀，涨停之后它还可以开嘛。

　　认为板了、涨停了就可以确定了，是思维的严重缺陷，这种思维只看到了多头和买方，而忽略了卖方和空头。虽然涨停板了，但是别人可以砸呀。涨停板了并不代表万事大吉了。

　　这个道理就像战争，你占领了敌人的壕沟，敌人也可以抢回去，不是说你占领了就万事大吉了。

　　让涨停板来为确定性担保，是放纵风险，鼓励大家打板。这里面有个很大的风险，就是核按钮。

核按钮虽然少，但只要发生一次，就有可能是三十个点的回撤。事实上，核按钮的存在，恰恰说明"不确定就打板"是一句多么不负责任的话，因为核按钮就是等涨停板了再砸给你。

"确定就低吸"同样是一句正确的废话。如果能确定，最好的买法是集合竞价就买，而不是低吸。因为你都确定了，为什么不第一时间占有它呢？万一它没有低点，你不就白白浪费了"确定性的机会"了吗？

不确定就打板，确定就低吸，这句话最大的问题不在于它本身存在错误，而在于它把安全寄于买点上。

我认为，安全应该寄于选股上。

当然，买点也重要，但是物有本末，事有先后。选股是本，买点是后。如果不在本上求，仅仅希望通过买点的努力来解决选股问题，那是南辕北辙。

所谓战术上的努力来掩盖战略上的懒惰，指的就是这个意思。

我常说：有道无术，术尚可求。有术无道，止于术。

用买点来寻求安全，无论是低吸还是打板，都属于术。这种术看似眼花缭乱，其实是花拳绣腿。

诸位，你们吃过的核按钮，你们亏过的股票，难道就是因为不会低吸或者不会打板吗？

所以，板上确定、低吸确定之类的观点，都是在皮毛上求。

我们应该把这种思维扭转过来，先在选股上求。

怎么求呢？我以前写的赛道与主线，主要矛盾，供求变化，不正是解决选股问题的吗？

我的文章，应该前后结合来看。这篇文章，其主要用意就是破除买点中心论，让大家对所谓的板上确定、低吸确定不要陷入太深。

真正的安全，来自供求关系、主线以及前文所讲的时间价值，也就是在有价值的时间做有价值的事儿。

2.6 破执（六）：好公司不等于好股票

随着圈子的扩大，接触的公募和民间大佬越来越多，接触的企业家也越来越多，大家谈起股票来，大多有一个共同的逻辑：

这个公司很好，放心买吧。

其实，我觉得这是一个很大的认识误区。

原因如下：

（1）好公司，其实是从实业角度来定义的，通常是说这个公司在产业中的地位以及竞争力。但好的股票要从资本市场来定义，那就是投资回报比以及弹性。

如果一个公司很好，但是它的弹性没有了，比如太大，或者发展空间到极点了，那么它就不是一只好的股票。

（2）投资的本质一定要看安全边际，即市场价格和估值价格之间的差距，有的公司是很好，但是估值很高，泡沫很严重，那么它就不是一只好的股票。这种情况在现在的科创板股上非常常见。

（3）市场有周期，大盘有牛熊。投资最害怕的是在市场顶端，牛市末期迷恋价值，不讲周期轮回。君不见，茅台曾经高位套人很多年，何况普通的股票？

为什么讲这么一段话，是因为最近发生很多事情，让我不得不说。

比如，有一次，在杭州的一场局上，有个朋友说：中芯国际只要上市，无论什么价格，我一定会在开盘的集合竞价中买入。

我问对方理由，对方说：这是一个伟大的公司，云云。

我一听，无奈，笑而不语。

无独有偶，有次在上海，有位仁兄也说，寒武纪在我的定义里，只有买入没有卖出，无论什么价格。

我问为什么，答案依然是这个公司很性感，很伟大。

还有很多类似的情景，说者不乏资深投资人、业内高手。

我就很纳闷，投资本来是一看标的，二看价格，为什么很多人只看标的，不看价格呢？

公司再好，我们也要看看怎么个估值吧？

好公司并不一定就有好的股票。

知否，知否？

3. 色即是空

3.1 色即是空（一）：撕标签

每当一只股刚冒出来，稍微拉几个板，就会有无数人给它贴标签。

比如：第二个×××，某某题材里的×××。

甚至还有无数个公众号会在当天晚上帮着你解读它为什么涨停，它的基本面好在哪里。其实，这也是在给它贴标签——贴上基本面过硬的标签。

总之，就是往一只股票身上贴一个符号：

老乡，这只股很好！

老乡，这只股是龙头！

这样好不好？

分情况。

如果是基于深厚的逻辑分析和大量的细节求证，来提醒别人或者帮着别人去看清楚某只股，这当然好。

如果是基于喊口号，特别是基于自己已经买了某只股，急于让别人来接盘，然后把某只股票活生生地贴上某某标签，这当然不好。

事实上，这二者有时候很难区分，以至于大家喜欢根据结果来论。比如某某股最后成为龙头了，涨幅巨大，就是前者，否则都是后者。

不过，我更喜欢以"心"而论。如果是基于发现好东西分享给别人，我认为就是好的；或者，虽然持有某股，但起心动念依然是继续看好该股，并计划持续加仓，也是好的。

但如果是为了让别人接盘，故意找来一堆"基本面"和"信息面"的理由，故意给某只股贴上 ××× 的标签，并随时准备砸盘出货，这就是不好的。

但问题是，知人知面不知心呀！

所以，我们在很多时候对贴标签根本没有办法。

事实上，还有很多标签是被乌合之众和无知的群众贴上去的。他们贴标签的时候，自己手里根本没有筹码，他们甚至没有任何目的，他们这样做的唯一解释就是从众——大家都说好，我也跟着叫好。如果别人叫好，我不跟着叫，说明我水平低。

但这样有一个可怕的影响，叫：一犬吠形，百犬吠声。

可能某个人是出于某个目的给股票贴标签，但是某些群众接受后，会把这个标签用扩音器的形式散播，形成群体性标签。

一旦标签贴完，股票就会在无数股民心中站队：

这个是龙一，

那个是那个板块龙一，

这个是当下人气龙，

那个是身段龙，

等等。

这样其实是很可怕的。为什么？

股票本来应该是千股千面，但标签却让股票迅速在股民中千篇一律。

很多普通股民的独立思考能力会迅速被一些大 V 和超级财经媒体"绑架"。

锚定效应。如果不是水平很高，独立思考能力很强的人，只要他看十几篇复盘文章，在几个群"交流"过，他的思想就会迅速被当天的"主流"贴上标签，第二天很容易被标签"绑架"，对盘口的新变化进行选择性忽视。

我们常说思维定式，其实更可怕的是标签定式。明明某只股被游资砸成核按钮，为什么还有那么多"韭菜"去接飞刀？就是因为他们的脑袋刚刚被贴上标签。

这就是贴标签最坏的地方。

贴标签其实就是带节奏，就是让那些还没有那样想的人都往那个地方去想。

所以，我很反对一些朋友"不辞辛劳"地大量去看一些所谓的复盘公众号，看得越多往往被贴得越深。我比较倡导多看新闻类的媒体和公众号，最好是裸观点，尽量只呈现公告和事实的公众号。

即使如此，我们也不能保证自己看到的是没有被贴标签的观点。

那怎么办？

撕标签！

要具备撕标签的能力。

什么是撕标签？就是用自己的批判能力、分析能力，去撕掉别人带节奏的部分，只看其原生态的部分。

更重要的是，树立一种至高无上的思想：只有市场可以给股票贴标签，其他任何人贴的标签都要服从市场的标签。

我见过很多人，前一天晚上听几个大V一吹票，一堆豪华龙虎榜一上，第二天不管市场如何，开盘就往里面冲。也不看看市场是否承认这些标签，就是往里冲。这是典型的没有撕标签能力。

撕标签并不是说不能给某些股票贴上龙一龙二，而是说第二天一开盘，各路明星股一亮相，迅速根据市场的表现，重新看待股票。

千万不要把昨天晚上的标签当成第二天的累赘。

当然，这种思维主要是短线，长线不能这样。长线靠守，短线靠走。

如果要做短线的明星股，必须时时刻刻随机应变，必要时甚至反戈一击，买变成卖。不信大家看看豪华龙虎榜，经常上午还在买，下午就砸。不是他想变，而是市场在变，他必须立刻改变。

也就是说，我们有时候连自己贴的标签都撕，何况别人贴的呢？

而那些靠看别人的公众号、别人贴的标签来做盘者，怎能不让人为他们捏一把汗？

我相信，很多人经过努力的学习，都具有复盘能力、给股票归类的能力、筛选出龙一龙二的能力，也就是贴标签的能力，但要达到最高层，还必须具有随时撕标签的能力。

也就是随时"背叛"自己的能力，随时背叛"共识"的能力。

这其实是反人性的，而股市天生就是反人性的。

注：如果没有撕标签能力的，就不要轻易给股票贴上标签，更不要碰别人乱贴标签的股票。其实，市场是最好的答案，做市场选择出的股票，就是最好的撕标签方法。

3.2 色即是空（二）：反忽悠、反侦察能力

上篇文章写到撕标签，其本质就是反忽悠，但是总觉得没有挠到狠处，所以本文再补一刀。

为了警示，本文特别强调反忽悠，反洗脑。

每当一只股票需要吹的时候，总有无数个研究员、无数个媒体、无数篇研究报告连篇累牍地告诉你某只股票有多好，值多少钱。

为了让你相信，他们会给这只股票贴上无数个标签：

高科技、

成长性、

未来、

政府支持、

大基金投资、

稀缺性筹码、

战略筹码、

外资抢筹、

社保配置……

而事实上，A股值得长期持有的价值股，不超过5%，大多数股票都是炒作的工具，爆炒过后，都是一地鸡毛。

君不见，一个月前，甚至两周前还被研究员爆吹的某些科技股和科创板，今天有很多都腰斩了。

就这么十多天，价值都去哪了？

吹这些股票的还不仅仅是研究员，还有很多中字头的媒体，还有很多超级大V，我不相信他们都是"水平"不够，我更相信他们中的很大一部分就是在忽悠，原因如下：

手里有筹码，需要接盘；为了背后的利益集团，需要吹；配合股价

和市值管理；思维惯性，用名气代替研究。

也就是说：

我们看到的很多所谓的"研究成果"和"专家观点"，是刻意带着某种忽悠成分的。

我们看到很多所谓的"权威"和"独立"的报道，也是带着忽悠的任务。

故此，为了还原事物的本来面目，我们必须反着理解一些事情。也就是说，我们必须练就一种反忽悠、反侦察的能力。

很多年前，我的一个朋友，看了一篇 VR 的报道，曾经冲动得想卖房去买 VR 类的股票。其实，他不知道，那个时候 VR 只是一个概念，VR 类型的股票只是蹭个概念，没有什么真正的 VR 股。

同样，很多年后，还是这个朋友，在高位重仓了疫苗股，问其原因，只说一句话：基本面超级硬核。

我不知道他是从哪里知道基本面超级硬核的。

当然，某些疫苗股基本面确实超级硬核，但是任何股票总有一个估值，当它估值到了的时候，超级硬核就不构成其买入的理由了。

所有的故事，都是早信的人赚钱，晚信的人买单。

超级硬核的基本面同样也是只属于那种出手早、处于上升通道的投资者，而不是所有的投资者都能享受。

并不是说基本面、研究成果，甚至标签本身是错，而是说我们要看在什么阶段、什么趋势、什么周期状态下。

我在上一篇文章里写过：如果没有撕标签的能力，就不要轻易给股票贴上标签。

同样，今天我提醒大家：如果没有反忽悠能力、反侦察能力，就不要去读那些鼓吹基本面硬核的研究文章。我见过的所有"研究成果"——你没有看错，是"所有"——都裹挟私货。

如果你不能剔除其私货部分，"研究成果"对你是害大于利。

那么，怎么做到反忽悠呢？

一切以市场为准绳，市场最终的选择高于一切。给自己一个标准，给自己一条底线，给自己一个止损和认错的位置，一旦股价坏到某种程度，无论谁来吹，也不要听。

所有的戏，都有曲终人散的时候。当戏没有散场之前，所有的研究成果、所有的基本面、所有的标签，都是正向的，它会增加你持股的信心。但当戏散场的时候，如果你才相信这些东西，越信得深，伤害得越深。不信，大家去看看2015年4月份的研究报告，多少看好互联网＋的研究报告，多少看好一带一路的权威研究成果，到今天，相关股价跌成渣，有的已经退市，比如乐视网。

我们当下看到的一些所谓的基本面好股，难道跟那个时候"基本面"好的股有区别吗？

必须记住，基本面和研究成果也是"势利"的，它们只帮助趋势向上的股票，只在上升周期管用，一旦周期逆转，一旦故事讲完，它们路归路，桥归桥。

反忽悠的本质，是独立思考，是回归常识，是破除权威崇拜，是增加自己的定力。

最后，送一句《倚天屠龙记》里张无忌所练的九阳真经的口诀给大家：

它强由它强，清风拂山岗；

它横由它横，明月照大江；

它自狠来它自恶，我自一口真气足！

3.3 色即是空（三）：第三者

同一个市场，为什么有人看到的是牛市的前夜，而有人看到的是熊市的崩盘和各种绞杀？

这个问题我于 2020 年 9 月 12 日曾讨论过，当时讨论的标题是：现在是牛市还是熊市？

今天是 2020 年 10 月 23 日，距我们上次讨论这个问题已经过去一个半月。这一个半月，可谓各种杀：

杀估值、

杀白马、

杀猪肉、

杀酱油、

杀科技股、

杀医药股……

即使看好是牛市的，也不再相信是"前夜"了。至于是牛市前的多少个"夜"，没有人知道。

我感兴趣的其实不是对牛市还是熊市的预测和猜想，而是明明市场就在那里，为什么那么多人视而不见？

当然，对于长期投资者而言，可以不理会市场，按照估值来做。问题的关键是，如果真是价值信仰者，也不可能在高位去买呀？股灾的时候去哪了？

对于趋势投资者和热点事件博弈者，更应该坚守——市场主义。当市场明确无误地在杀科技股、杀医药、杀消费，就应该相信市场本身。

问题是，道理好像谁都懂，为什么临阵就变了呢？

一个很重要的原因就是从众，被一些超级"权威"洗脑。关于这一点，我曾经特意写过一篇文章《撕标签》来分析这种情况。

该文中，我提出：只有具备撕标签能力，才能去接受别人的观点和研究成果。因为别人所有的——我是说所有——研究成果，都是带节奏的，如果不能识别其中的"别有用心"的节奏部分，那么别人的观点几乎都是有害的。

我相信，如果没有"权威"和股神的观点，很多人能够明显地感觉到市场的强弱，能够听懂市场在说什么话，能够直接跟市场对话。

坏就坏在互联网时代，观点包围了我们，而市场在被观点强暴。

所以，我一直倡导：永远独立思考，永远以市场为中心。

你和市场之间，就像恋人，不应该有第三者。

注：昨天打开股票一看，很多所谓的价值股跌幅惊人。想起一个月前我在自己的公众号上发表的对牛熊和撕标签的思考，有感而发，写出本文。希望能够启发到更多人。

第五章

心法：立心中规矩
与拷问关键细节

1. 正法

1.1 我的"正法"模型

国庆长假一直在忙，很久没跟大家分享了。为了弥补，今天就跟大家分享一个猛的：我的模型。

这个模型不是以技术为中心，而是以逻辑为中心。

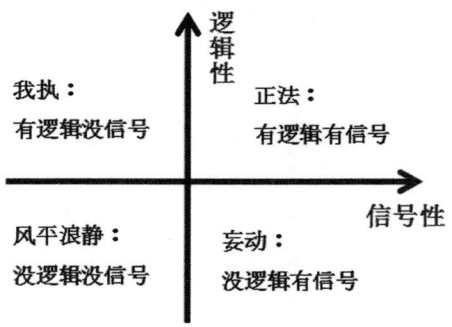

该模型只有两维度，分别是：逻辑性和信号性。

所谓逻辑性是指两方面：

一是客观上，该股符不符合逻辑，上涨有没有扎实的动力体系；

二是主观上，自己懂不懂，是不是在自己的理解力范围内。

所谓信号性，主要是指股价本身，是否已经真实地在涨，在进攻。请注意，这里说的是"已经"，而不是"意淫"。必须看到股价本身真实的动。

　　该模型最容易理解的是第三象限——风平浪静：没逻辑没信号。此时此刻，大多数人都能控制住，不会乱买，不会赚钱，也不会亏钱。该象限其实是理想中的。因为股价永远有乱动的冲动，哪怕没有任何逻辑也会乱动，而很多人连乱动也不想错过。这就让市场不会风平浪静，从而产生第四象限：妄动。

　　该象限是绝大多数人亏钱的主要原因，也就是说，很多人根本忍受不了信号乱动，忍受不了分时图和股价的波动。如果股价异动是有逻辑的，那么这种异动就价值千金。但很多时候，根本没有逻辑，或者说也理解不了，但是眼红，管不住手，就想动一动。这个象限就成了绝大多数人的灾难。

　　理论上，最好的是有逻辑有信号，也就是第一象限。该象限我称之为"正法"，就是正道的意思。正法要求我们，只买有逻辑的上涨，放弃一切没有逻辑或者没有信号的操作。我们所有的努力和奋斗，都应该在第一象限活动，打有章法的仗。以该象限来约束自己，成就自己。

　　最后轮到第二象限：我执。该象限是有逻辑没信号。这个时候，很多人往往会押宝，会抢跑，或者潜伏，或者死扛，或者杠上了。怎么看这种情况？

　　如果是超级大佬，能够左右市场，或者自身功底极其深厚，可以在这象限动手。为什么？因为大佬的逻辑和理解力，往往就是市场的方向。或者说，大佬不用等到信号很"白"的时候才出手。

　　但对于其他绝大多数人，99.99%的人，不可臆想自己是大佬，不可以在此象限轻举妄动。为什么？因为该象限最容易产生意淫的情况。我见过很多人，自以为自己的逻辑牛，结果被套在一只股票上，一套就是几年。这些人包括：那些买四川长虹的、那些买海虹控股的、那些买乐视网的，以及前段时间上市就买中芯国际和康希诺维的。

　　我之所以把这一象限称为"我执"，就是强调：逻辑虽然重要，但是这个逻辑是市场的逻辑才好。如果是自己的逻辑，而自己的功力又不到，那么很容易出大问题。

这个象限比第一象限缺少了信号性。所谓正法就是用信号来弥补逻辑的孤独，或者用信号来验证逻辑。如果信号没有验证逻辑，或者说没有信号仅仅依靠逻辑，就是我执；如果逻辑得到信号的呼应，就是正法。

以上，就是我对这个模型的分享，它其实是一个思维模型。

该文，它梳理了交易者大脑里的一些大是大非问题。希望大家重视。

2. 股市的究竟

2.1 股市的究竟（一）："交易惯性"与"惯性交易"

交易惯性，是买卖成瘾，一天不买卖股票就难受，把交易当成一种惯性。

惯性交易，就是按照一个套路打下来，保持一个习惯去买卖，比如追高，就一直追高，低吸就一直低吸。

这两种是短线最常见的毛病，其本质都是对交易认识得不够彻底。

（1）交易惯性

把"交易"变成一种惯性，本身就是一种错。

短线并非高频，更非要时时刻刻交易。交易惯性最大的问题在于认识不到资本市场的周期性和波动性，特别是 A 股。

对于周期下降，就应该不去交易，这是短线的基本素质。

记得我看过一个顶级基金经理的文章，他介绍过自己的一个理念，我可以分享给大家，大意是：

我所有的研究，都是在努力降低自己的交易频次。更多的研究，只为更少的频次。

这句话太经典了。经典到我几乎每次开盘前都默念。

股市其实是反人性的，现实社会的逻辑是多劳多得，勤劳致富，而股市往往是低频和不要太勤劳才能致富。

越是在股市里高频的（除了计算机量化），往往越事与愿违。

就拿顶级游资来说，最近有一个上海溧阳路的席位，根据席位我们可以感觉到他有 30 亿～ 50 亿元的资金，但他除了最近有点高频外，其他时间一直很低频，估计是最近符合他的模式，他才高频的。而其他很多时间，他却耐得住寂寞，只有很少的钱在开娱乐仓位。

再比如金田路，也是顶级高手，其出手的股票数量和频次，也不是特别高。

反观一些散户，几乎每天都搞很多只股票。还好钱不多，如果给他几十个亿，那不把 A 股买个遍才怪呢。

当然，我在这里并不是说越低频越好，而是看周期。特别是短线，本身就比中长线高频，如果去跟长线比低频，肯定比错了地方。

短线的频率关键在周期，如果周期很火，肯定要高频，来回在核心龙头上切换。但是如果周期退潮，应该立即停手。

频次，应该由周期和超级龙头股的出没决定，而不是由习惯决定。

（2）惯性交易

惯性交易就是按照一个套路，特别是按照表面的套路去做。

比如，我认识一位仁君，他在王府井上大赚，然后突然觉得"悟道"，然后再看股票，好像任何一只股都是王府井，于是他就按照王府井的套路去做下一只股票，结果……

他以为其他股票也会按照王府井的惯性来，结果其他股票不学习王府井的惯性。

很典型，这是没有理解到龙头的究竟，喜欢按照某种模型或者套路来。殊不知，模型和套路只是在特定的周期、特定的环境下是对的，换个背景，模型就是害人的东西。

一个人有固有的习惯，你按照他的习惯来，也就是说，你顺着他的"惯性"，能够很好地跟他相处。但是股票不一样，股票善变，昨天和今天可能完全不同，更遑论一个月？

我在《香象渡河》里写过一个成语，叫"见路不走"，最初出在《天幕红尘》。我是想用这个成语表达一个观点：没有任何两只龙头股是按照同一个套路来的。比如，王府井是那个走法，光大证券又是这个走法，换成君正集团却又成了这个套路。

你不能把王府井的走势给模式化，去套下一只龙头股。也就是说你不能按照上一只龙头股的惯性去交易下一只龙头股。

事实上，这一点很有难度，一个人刚刚在上一只龙头股上赚过大钱，上一只龙头股的模样会对他造成巨大的心理刺激，让他产生无限的信任和心理安全感，然后再看任何一只龙头股，都会联想起上一只龙头股的模型。

这就是人性。

而交易恰恰就是要反这个人性。

交易之难，就是难在主动解构这种惯性，思考其本质而不是表象，按照本质出发，而不是按照外表和模型去"惯性"交易下一只龙头股。

这，其实很难！

为什么很多去年的私募冠军第二年反而收益不高？因为交易的是惯性，而市场不再惯性。

当然，人若没有惯性，人就会发疯，一个人无论怎样伟大，都会沿着一定的惯性交易。

但"惯性"有深浅，有表里。

仅仅按照分时图、盘口和模型的惯性来交易，是浅层的、表面的惯性，这个层面其实是最害人的，因为股市变化最大的就是这个层面的东西。每天的盘口都不一样，每只牛股的分时图也不一样，每个龙头的模型也不一样。如果对股市的理解，坚守的"惯性"仅仅是这个层面，那么这种惯性是最害人的。

如果深入逻辑、周期和基本面，按照更大一层的惯性来交易，虽然也会受到伤害，但好很多。因为底层框架和底层逻辑的变，没有那么反复无常。

虽然龙头战法偏于短线，但是它的逻辑一定要往深处沉淀，沉淀到变化因子不大的层面，如此，才能克服每天盘面眼花缭乱的变化。

每个人都要躬身自问：我的"惯性"是建立在易变层面还是建立在不易变层面。

如果是前者，那你的投资会非常痛苦。

如果是后者，你迟早会大成！

2.2 股市的究竟（二）：大概率与小概率

任何一只股，一旦成为龙头了，其K线走势大抵差不多：无非是连板，顶多中间加个断板或者阴线。

这是大概率。

而当初很多长得很像龙头的股票，特别是那些三连板、四连板的股票，多如牛毛，而最终能够成为龙头的，却很少很少。100个龙头的苗子里，最终能成为君正集团、王府井、省广集团那样的龙头，也就是五六个，甚至一两个。

也就是说，最终能成为龙头的，其实是小概率。

事后看，每个龙头都那样，这是大概率。

事前看，都那样的龙头苗子，能成为龙头者注定是小概率。

这是不容置疑的事实。但在事实面前，每个人心中关于龙头的认知和念想却不一样。有人看到了大概率，有人看到了小概率。

我常听人这样说龙头：

龙头就是有三必有五，有五必有七；

龙头就是人气最旺的股票；

龙头就是连板；

龙头就是两市的王者；

龙头就是冲天炮；

龙头就是涨幅最高的股票；

龙头就是最能涨的股票；

龙头就是身段最高股。

其实，如果对龙头的认知只是这些，那只能说他只了解一些大概率的东西，或者说只了解龙头成为龙头之后，一些共性的东西。

他的认识和对龙头的念想，只是一些概念和共性的集合。

可问题是，为什么当初同样都是长得差不多的股票，偏偏某只股票成了龙头？也就是说，为什么成为龙头这个小概率的东西落在某只特定的股票身上？它具有什么与众不同的独特性？

小概率的东西，凭什么走成了大概率的样子？偶然性的东西，为什么变成了必然性的东西？

这才是要命的东西。

每天我们把一板、二板、三板、四板、五板的股票排列出来，每天我们把有可能成为龙头的股票放在自选股里，每天我们都准备着下一个龙头，可是，在这无数个备胎里，最终成为龙头者凤毛麟角。那些被淘汰者、那些半途而废者，并非不具备龙头的"模样"，而是它们没有成为那个独特的小概率的王者。

而一旦某只股票成为那个王者，成为众人眼中的龙头的时候，大家又给它贴上标签，比如：

人气最旺的股票、

最能涨的股票、

涨幅最高的股票……

其实，这是又重新回到了大概率的共性集合，而没有去深刻思考某只股作为小概率是怎么走出来的。或者，小概率落在它头上，它有什么与众不同的地方。

这，才是龙头的究竟！

我想启发大家把对龙头的思考从大概率的标签转移到小概率的个性上来。或者说，把思考的重心从龙头的大概率特征转移到小概率的细节上。

这话有点烧脑。

我要表达的意思是，如果从大概率上去看龙头作为龙头的结果和模样，也许你根本看不到龙头的本质。

是的，所有的龙头确实都是人气王，都是涨幅最高，也都很简单、很干净，但这不是龙头的究竟法门，是什么原因让某只股票从诸多备胎中脱颖而出成为那唯一的龙头股，才是龙头的究竟法门。

这种思考问题的方式，这种看待龙头的心念，才应该是龙头的正法。

我现在思考龙头，不是看已经成为龙头有哪些大家给其贴上共性标签的东西，而是看龙头还没有成为龙头——即将成为龙头——羽化登仙的一刹那，发生了什么。

是什么唯一性的东西，让某只股从诸多备胎中一跃而起。深入分析每一只龙头股背后的唯一性，成了我最重要的工作。

既然是唯一性，一定不是以下的东西：

（1）板数量。很多人喜欢看三板、四板、五板，从晋级和博弈的角度去看龙性，我觉得这个角度不具备唯一性，有一定的偶然性和运气性，没有抓住唯一性。

（2）形态。很多人喜欢从形态上看龙头，比如创新高，比如 W 形，比如 N 形，这个也没有把握住唯一性，为什么那么多创新高、W 形的股票却没有成为龙头呢？

（3）指标。也有一些人喜欢从技术指标，比如量，比如 MACD，比如 KDJ，比如布林线，等等，来看龙头，这些更不唯一。

（4）题材。题材也不够究竟，同样具有某个题材的股票也很多，为什么它成了，其他却没有成？

所谓唯一性，就是我有、你没有的东西。

那么这个东西有哪些呢？下次再跟大家交流。

另外，跟大家说一下：提出问题，有时候比回答问题更重要。我今天提出的这个大概率和小概率的问题，提出的唯一性的角度，大家可以先思考，也许你们思考的过程，比我要分享给你们的内容，更有价值。

2.3 股市的究竟（三）：大概率与小概率的大讨论

前文我开启了龙头从小概率走向大概率的讨论之后，也就是启发关于龙头唯一性的讨论之后，收到很多人的留言和私信，大家讨论的角度非常多也很广，个别留言还非常深刻。

我就把比较有意义的讨论分享给大家。

下面，每个人的发言都是单独成一段，有人的发言长，有人的发言短。我个人以为，发言质量与发言长短没有关系，关键是思维和思路。

具体发言如下：

（1）在我看来，尤其是今年以来，很多走出龙头的股票都有一个唯一性：基于股票基本面发生反转的巨大预期。

（2）我觉得是基本面、情绪面、技术面的共振。

（3）一是天时，二是带动性，天时最重要，市场需要龙头的时候，龙头就会应运而生，所谓时势造英雄！

（4）唯一性就是超预期，让你大吃一惊！

（5）周期，最题材，人气。

（6）龙头唯一性 = 地位优越 + 人心思涨。

（7）不要有标准，龙头就是龙头，实事求是，走势涵盖了一切盘面语言。

（8）我认为这个唯一性就是庄家的筹码充足，货都在他兜里，自然想大干一场。

（9）发现细节，找出小概率的亮点。强弱是对比出来的。从盘口的价格跳动中，觉知强者和弱者，是判断的一个维度吧。至于如何对比，就有学问了，比如之前老师说的缺缺口，就是一个亮点。

（10）龙头需要基本面，市场氛围及资金共振。基本面指题材级别，想象力，市场氛围决定超短资金的做多意愿。彭总说龙头不会独涨，会领涨，也是说明龙头激活了整个板块情绪，板块流动性充足，"水深"才出龙。而多数人按龙头共性来找龙，往往是滞后的，就像技术指标一样，因此会强势股与龙头不分。简而言之，就是彭总书中所说龙头须天时地利人和。

（11)形、神、势加当下的G点情绪发酵,刚好处在某个周期的节点上,具有或然性，不具有必然性。就如打仗，由很多因素组成，打胜仗是结果，但在开打之前或过程中，也有发生或然性的时候。

（12）龙头股也叫领头羊股票，它的唯一性就是领涨，在和其他股票的对比中领先上涨。领涨又会自身强化。群体认知模式沉淀后，又发展出一个先于龙的盲追概念，即在一个事件驱动型行情中，有相关股票提前于事件本身抢跑涨停，就被群体追为领头羊。相生相克，生态循环。

（13）大家去思考下这个问题，在一片树林里，同品种的树，长得最高最大的那一棵树，相对比其他树，它的根本原因是什么？

（14）我认为对于龙头个股，仅仅从一个维度分析是不够的，多个维度唯一性才是最小概率，股市是动态的，有些现在总结出来唯一性到后面市场就不一定认可，而这个唯一性就要重新定义，做龙头也是在做小概率事件，能够在小概率事件中做出大概率就不愧为龙头战法。

（15）"唯一性"可以有：

公司受到主流媒体的关注（泰达）；

公司产品占据市场最大份额（沈化、金发）；

公司具有行业的特权（英特）；

公司产品与炒作核心最接近（省广）；

公司具有多重热点（道恩、省广）；

公司具有或关联独特产品（以岭、赛升、省广、东安）；

公司涉及产业链的痛点（凯龙）。

（16）龙头的背后是板块，板块的背后是资金，资金的背后是人心，人心难测，所以龙头可遇不可求。

（17）老师的问题提得太好了，暂时我觉得有两点：一个是时机，另一个是独特性。具体展开我还真说不清楚，可能是语言表达能力太差，或者这东西太难表达。比如独特性，有时候几只同题材的股一起涨起来，谁成为龙头要看题材的真实收益情况或者说正宗度，有时看谁的走势最凌厉、最有气势，或者说背后有实力资金推动。

（18）龙头高度，时也、命也、运也。

（19）逻辑很重要，没有无缘无故上涨的股票。但是，会不会有这种可能：题材和热点点火后，因为各种各样的因素，天时地利，情绪周期大盘位置，赚钱效应人气知名度……最终各种因素的合力刚好造就了某龙头，而逻辑也只是其中的一个因素而已。所以，龙头的诞生，永远只能部分可预测性分析和跟随，小概率的那个因子，永远在变，或者甚至只是我们箭射出去之后画的靶子？

（20）天时地利人和，恰逢其时，逻辑正宗，人气最旺，就能成为龙头妖股，其他价格成交形态不是最重要的，但也会影响龙头的走势，这些综合影响造就了一字龙、换手龙、趋势龙、反包龙，等等。

（21）我所理解的唯一性，穿越出来的龙头都是具有巨大争议的，出其不意，开始都不被看好，主流估值定价都是否定偏空，甚至走完了反过来看估值都无法用经典理论解释。

（22）所谓的唯一性，大概就是每只妖股都有它独特的 G 点，不同于别的股的，我们要找到这个 G 点，然后看这只股打破了我们的哪些常识和认知，然后以此赚钱，比如前一段时间的王府井、中国中免之后，市值百亿以上的连板股也增多了。

（23）我所理解的是，成为龙头的小概率事件有它的偶然性，在100 多只涨停的股票里面，一开始有很多符合龙头气质的苗子，但随着时间的推移，绝大部分都被淘汰了，龙头是 100 多只涨停股里面走出来的，它的每一步都正好踏在了市场合力的点上面，包括当时的市场环境、资金级别、做多情绪、个股题材的多样性等。我认为，"事后看每个龙头都那样的大概率"与"事前看大部分龙头苗子成不了龙头"最大的区别，在于市场是否承认。所以，龙头并不能提前预测，只能跟随。但是，通过"龙头都那样的大概率"，我们可以找到龙头的共性，提高捕捉龙头的概率。

（24）龙头形态上干净利索，在特定的位置突破，集热点概念利好于一身，可以这样理解吗？

（25）我记得老师说过龙头分为白马龙头、黑马龙头和股权龙头。君正等主要属于黑马龙头。黑马龙头主要有以下几点可能：第一题材够大，比如 5G 造就了东方通信，稀土造就了金力永磁，特斯拉造就了模塑科技。第二题材够多，比如星期六一开始可能炒的是业绩预增，后来炒的是网红经济，足够多的热点题材给龙头续命。第三是题材够新，比如炒作 Tik Tok 也有几波，但是后期无论是哪只股涨幅都没超过省广。

（26）老师的意思是说，龙头不应该在板数、形态等这些共性的特点里面找，而应该在唯一性里面找，也许是周期，也许是……但是按照见路不走的意思，根本就不会有唯一性，都应该根据条件而发生的。如果一定要找到一个，那我觉得是"势"。老师说过：孤芳自赏是美德，众人皆醉我独醒是境界。在股市，趋炎附势才是生存王道。炎，指的是行情好，题材好，周期刚起步，这是条件。势，就是顺势而为，借势而进，造势而起，乘势而上，随势而退。

（27）龙头的大概率应该是各种因子因缘和合的共振，这个可总结为第一性原理。具体表现为基于本体与客体的双向最强预期差。

（28）回顾这次君正，它的起步前三板是它因为蚂蚁金服概念的唯一性，唯一与余额宝有实质关联的公司。而第二次唯一性的体现是在 28 日那天，其他股都还在兑现。而它是唯一且是第一个跑出来领涨的个股。与此同时，君正还有生物疫苗概念，刚好这一波行情是生物医药行情，而君正又是高度空间标的，又是它唯一性的表现。多个因素的共振，促使君正一步步走妖。

（29）龙头潜质，一或是根正苗红嫡系部队，二或是草根布衣脱胎换骨，当机遇风起，万众瞩目，一呼百应。

（30）随着一些炒作手法的普及（自媒体时代，速度越来越快），随着机构话语权的逐步增强以及游资等对基本面的日益重视，龙头的基因之一，就是逻辑。

这只股被爆炒，背后的逻辑到底是什么，值得资金拼命去怼它。前几年那种无脑怼空间板的玩法，可能越来越少见，毫无逻辑支撑的单靠资金去数板的妖股，很容易一地鸡毛。

比如药瓶，开始我纳闷，就是个玻璃瓶，疯了吗？后来才看到，疫苗瓶子需要中硼硅玻璃，而这个产能目前远不能满足大规模生产疫苗的需求。

想起《股市极客思考录》里一句话，资金运行有一定的随机性，但不会盲目去炒一只股。

逻辑，再叠加赚钱效应的情绪周期，龙头的诞生概率确定性就更高了。

（31）我认为主要的切入点逻辑和顺序如下：

它依托当下某个最新颖，反映社会最大矛盾或最大价值的热点，最强的热点出最强的股。

它有板块共振，无论是遥相呼应还是绝对相似的个股走势，至少有两只以上的股共振，就是俗称的龙头和跟风。

最具价值的板块中锁定三类股，再从三类股里面找出最大公约数，也就是满足点最多的那只股。三类分别是热点最先走出来的那只股（开国皇帝），当下绝对涨幅或者说近期最大涨幅的那只股（龙头转换或博弈淘汰），K线走势紧凑、蓄势最足和量配合最完美的那只股。找出这三点都满足或者满足至少两点的，概率很大。这是我自己的操作要点，借鉴彭总很多真知灼见。

（32）我认为龙头股的唯一性可能诞生在市场比较矛盾的时候，市场在面临方向选择，市场情绪由强转弱，行情比较鸡肋，原龙头连板开始人气衰退，一板比较多，但大多是前期龙头或者是之前不活跃的第一板，而能在第二板再次封板的却非常少。市场需要一只龙头股来激活市场人气，作为人气标杆，而此时某只个股正好是被人遗弃的有故事的，此时随着它的崛起，概念股纷纷跟涨。

（33）也许可以从动因、静因、外因、内因角度去辩证探寻该板块中该龙头股的筹码是供过于求或供不应求。里面既包含自身筹码供需博弈，也包含与外在筹码供需博弈。思路虽然有了，但是细化到具体参数，也只能通过统计数据来取一个平均值作为衡量标准，因此每更新一个参数，其实标准是会有所变化的，这样也有利于与时俱进，跟随市场总的筹码供需变化。但是细节决定成败，差之毫厘失之千里。一个参数一旦判错，市场就会无情地惩罚我。所以不能主观臆断系统的有效性，要用客观利润来验证系统的有效性，否则重仓主观臆断的系统有效性，容易倒在细节决定成败的路上。试仓加码策略是相对安全的战略保障。

（34）几千只股里面总会有不少在形态和基本面上趋近相同，那么多的机构游资也肯定有共识和分歧。共识就是，最近出现的龙头初形都有相似性，这时候就会迷惑到底哪个才是真龙？而分歧就是各人选做的股不同，这时候就要拼谁才能笑到最后。这个是既需要符合当下的政策环境和产业方向，又要有足够的资本去做支撑，还需要有足够的人脉资源一起呼应。而这些，可以是突发的机遇相合走出的乱世英雄，也可以是早就暗中准备经营很久的伏兵，这种伏兵力量一旦起涨必定是做足了准备，展现的就是前期波澜不惊的平稳和起涨冲杀时的凶狠。

就如每个朝代中的皇子帝位之争，诸多权臣各选皇子竞争真龙，有的从幼年开始就潜心布局积蓄力量，有的趁乱象四起时突然出手。就如历史上的隋炀帝杨广或者清朝雍正皇帝胤禛一样，多年来一直沉稳不惊收积力量布下网络，在机遇到来时即心狠手辣雷霆一击，短时间就狂扫一切奠定基位，走出势头后让众生看到自己的位置已定，然后才可一呼百应清扫余党，此时才是真龙出现。其他竞争的初生之龙就将全部闷杀。

所以，我们去判断谁是真龙时，首先需要去寻找已具真龙雏形的个股，然后去看它的底细如何，看它的气象、看它的准备、看它的资本。如果没有突发事件，必定是那种既符合关键要素又长时间隐忍做足了准备的个股最具真龙概率，这种形态就像君正集团、西藏药业、省广集团那样有一条长长龙迹的隐伏线。而如果出现突发事件，就要看谁准备充分，也要看谁最为凶狠、最先出位，这时候最先出位的才可能是真龙，所谓乱世出英雄，它的机遇到了就必须承认它的崛起。

我的思考与总结：

参与讨论的人很多，讨论内容也几乎涵盖方方面面。

其实，我觉得思考本身有时候比思考得出的结果更重要。很多问题也许永远没有终极答案，但是对真理的追求过程却是最珍贵的。

我本人对这个问题的思考，很多也都被刚才别人的发言所包括。

不过，我特别强调一下我的龙头思想，我心中的龙头是必然性和偶然性的统一。

所谓必然性，就是宿命性，是这只股身上必然的基因必然让它成为那个板块的龙头。比如，贵州茅台、沪硅产业、中国中免一定是行业的白马龙头。只要炒那条赛道，它们必然是龙头，不存在运气成分，不存在偶然性。

但龙头有时候又具有偶然性，特别是黑马龙头，处于三进四、四进五的时候，如果有周期支持、情绪加持，很容易成为龙头，但是如果处于周期杀，很可能功亏一篑。

虽然龙头是偶然性和必然性的统一，但必然性多一些。就拿君正集团，我认为历次炒作，蚂蚁金服都是一马当先，这次炒它也不例外。至于君正集团炒几个板、炒多高，确实又具有偶然性。这就是偶然性和必然性的统一。

还有，超级大龙头，一般都是具有必然性的，或者说，我喜欢从必然性的角度去看超级大龙头，比如东方通信、贵州燃气、振德医疗、英科医疗、王府井、省广集团，它们在我心中是必然性的产物。它们身上具有一些明显的唯一性，或者说是无与伦比的优越性。

龙头偶然性最突出的地方就是突然事件，比如联环药业和道恩股份，与疫情就具有十分巨大的关系，疫情的级别和持续报道的新闻，是其偶然性的根源。如果没有国内疫情以及海外疫情的扩散，我不认为会有这两个龙头，这就是偶然性因素。

龙头偶然性还有一个地方就是情绪周期，特别是一只股票进入50%高度左右，情绪加持对其影响非常大。而情绪本身也会受到政策和国家队的引导。

即使如此，我依然认为，某个事件一旦发生，龙头就具有很大的必然性，或者说龙头在某只股身上附体就具有很大的必然性。

比如，韩国和伊朗的疫情暴发，道恩股份成为龙头几乎就是必然；美国和欧洲缺乏呼吸机，航天长峰成为龙头就是必然；钟南山的论文发表，以岭药业成为龙头就是必然；抖音海外版下载量第一的消息传来，省广集团走出龙头二波和三波就是必然。

　　这里面还有很多逻辑需要展开，其实我在这里最想要表达的不是还有哪些逻辑，而是想表达一种思维：我们要从"都一样"的模样里，寻找不一样的差异点。如果仅仅看到了都是某某题材，都是第几板，都是什么形态，而不去看里面细致入微的差异点，不去深究那同性中的个性，可能你眼里的龙头都是偶然的，都是运气形成的，都是巧合或者概率，而不是必然性、规律性的。

　　从人人都看到的东西中，看到人人都看不到的东西，这才是功夫！

3. 核按钮

3.1 核按钮的秘密（一）：为什么有的股票核按钮后能成妖，有的股票核按钮后则成狗

本专题我就写个核按钮专题，分析一下核按钮的成因和对策。

今天，我先引导大家思考一个问题：为什么有的股票核按钮后，股价能够起来，甚至暴涨得更厉害，而有的股票核按钮后一蹶不振？

我们先来看几个例子吧。

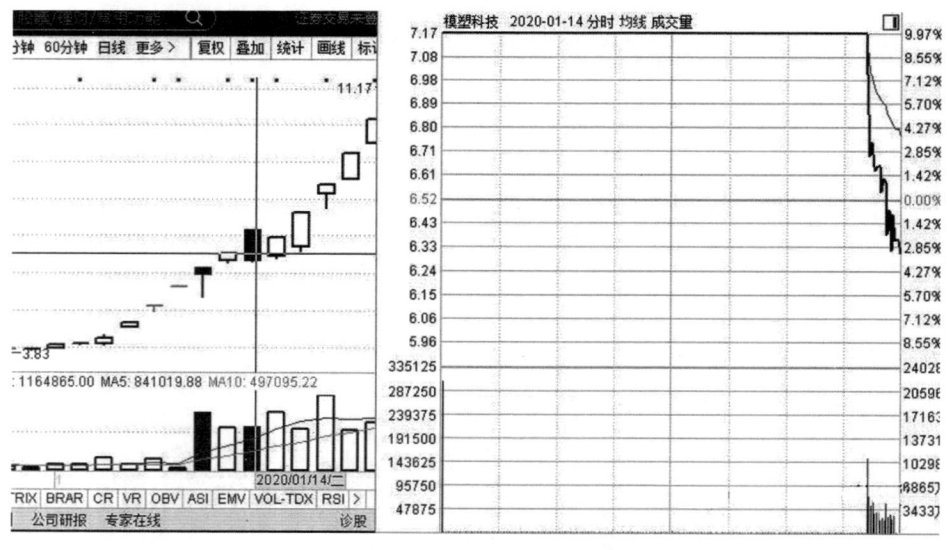

图 5-1 模塑科技走势图与分时图

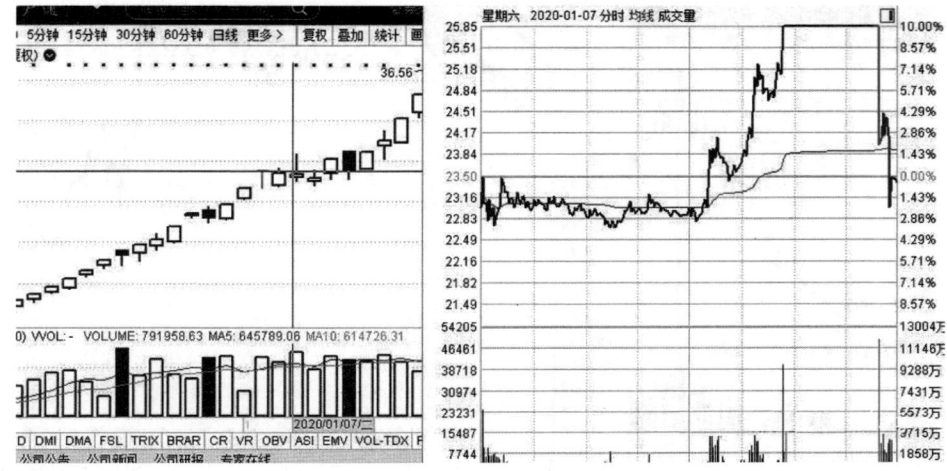

图 5-2 星期六走势图与分时图

　　图 5-1 和图 5-2 是模塑科技和星期六，核按钮后，它们不但没有被
摁死，反而迎来更多的人气，妖性更足。

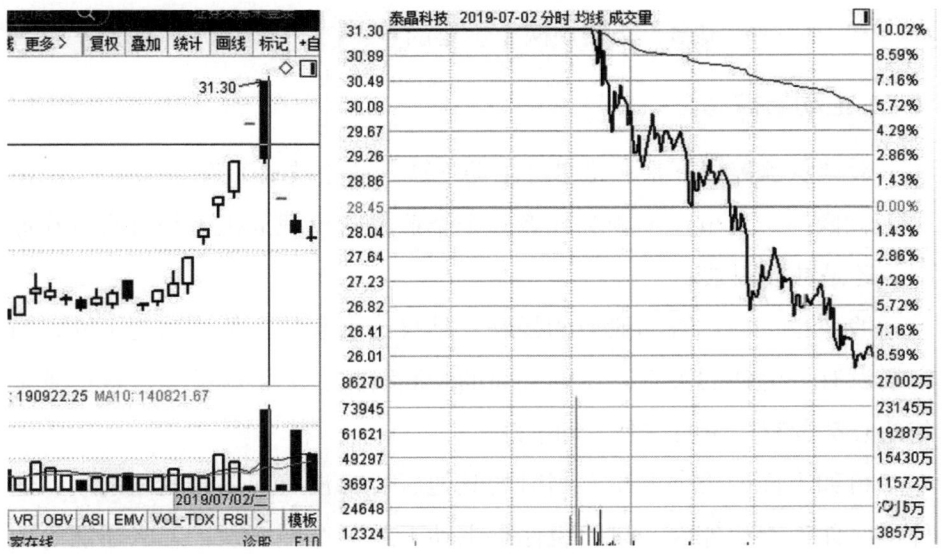

图 5-3 泰晶科技走势图与分时图

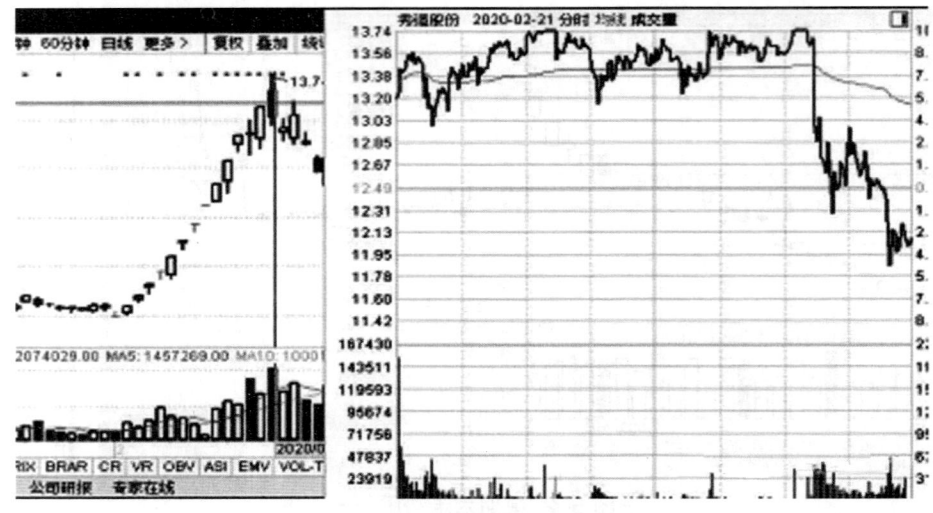

图 5-4 秀强股份走势图与分时图

图 5-3 和图 5-4 是泰晶科技和秀强股份，它们被核按钮后，好几天起不来，甚至从此衰落，无人问津。

为什么？

其中的逻辑很多，今天谈两个主要的点：

（1）主动与被动

股票从涨停板下来，是自己主动下跌，还是被动下跌。

就像一个人事业不顺利或者一个企业经营出现危机，是自身内在原因，还是社会因素。

股票也一样。有的股票的暴跌，是自己引起的，是主动的下跌，与市场没有一毛钱的关系。比如上面的泰晶科技，上午就破了，连撑到下午的心都没有，说明它是主动下跌。

再如上面的秀强股份，当时的其他妖股都没有问题，就它崩溃，这种情况你不能找外因，只能说你是主动下跌。这种下跌，怎么还能盼望它绝地反击呢？

与此相反，有一种核按钮是被动的，就是它自己根本不想跌，里面的资金也不想出货，而是被大盘或者其他妖股的下跌给拖累下来了。

其表现形式最简单，就是坚持抵抗到最后，周边"战友"全部都投降了，战至一兵一卒，弹尽粮绝，被迫缴枪。

这种核按钮，虽核犹勇。

模塑科技就是典型的代表。当时的大盘一浪低于一浪，特斯拉类的股票早就崩溃了，模塑科技实在没有办法，才顺势核按钮。

图 5-5　模塑科技被按核按钮当天，大盘压倒性下跌图

再看图 5-6：

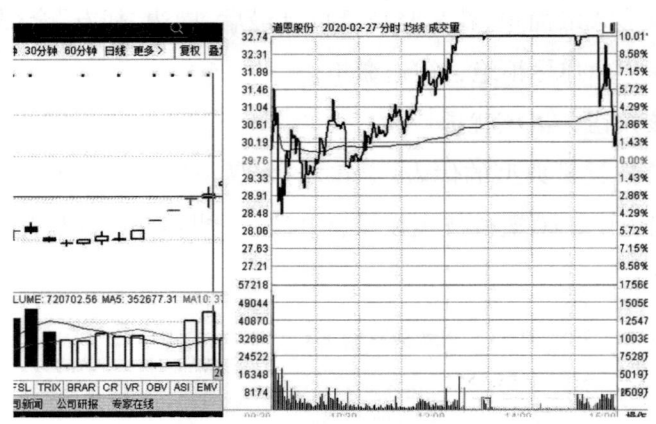

图 5-6　道恩股份走势图与分时图

2020 年 2 月 27 日，口罩股几乎都悬，特别是泰达股份尾盘暴跌，猪一样的战友，把道恩股份拖累，尾盘被摁，但第二天道恩股份却更加勇敢。我们再看下面的案例。

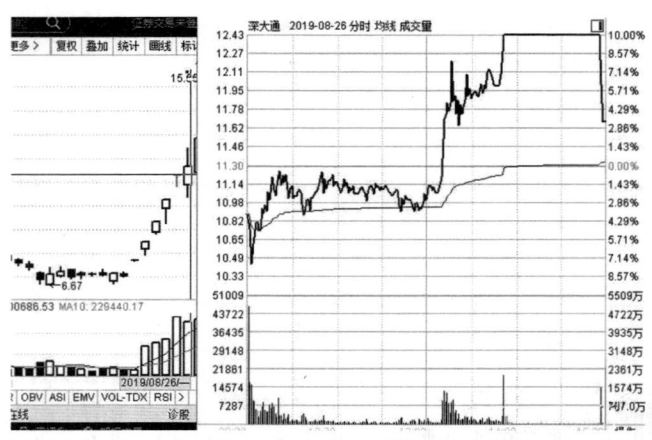

图 5-7　深大通走势图与分时图

这个是深大通，尾盘也是被摁，如果单独看跌，确实害怕，但是看看当天的大盘，你就会明白，它是战斗到尾盘才摁，属于独木难支。

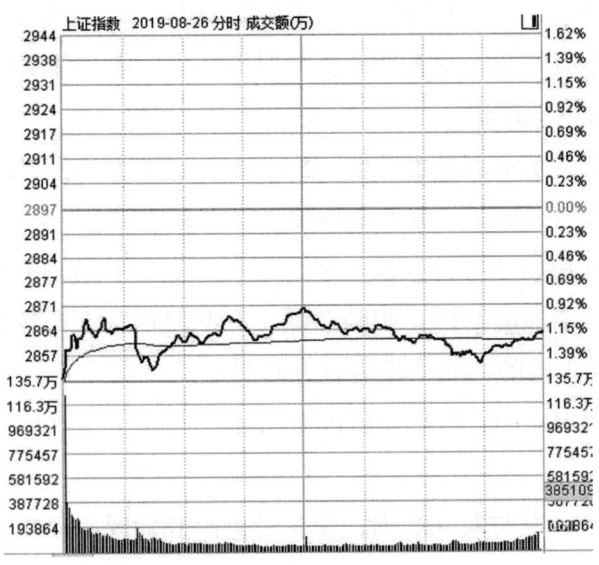

图 5-8 深大通分时图

8 月 26 日，深大通被摁核按钮当天，大盘是全天水下，恐慌至极。深大通尾盘跳水，可以说完全是外因导致。

此类的例子，还有很多，我就不一一举例了。

我们做个总结：核按钮只在一种时刻下，才值得你去挽留，那就是它发生在至暗时刻，它是在人心惶惶的时候来按，因为主力也是人。

但如果市场没有问题，其他股票没有问题，你自己摁核按钮，活该你死。因为你不战而败。

（2）逻辑与实锤

另外还有一层道理，股票不能只局限在看图，特别是看分时图。

如果股票逻辑好、故事好，是实锤，即使它一字跌停，照样不影响它未来的走势。如果股票逻辑不好，哪怕它一字涨停板，该炸板还是炸。

我一直试图引导大家跳出分时图，跳出K线图，看逻辑。

这个道理我在《龙头信仰》一书中也写得很清楚：破技术分析之执。

核按钮本身就是一个K线或者分时图结构，它本身没有任何可怕的，可怕的是其背后的逻辑。

如果股票的基本面发生质变，逻辑上是实锤，人气和气势没有终结，其分时图无论怎么折腾，也不影响股票的未来。

大家打开星期六，打开模塑科技，打开道恩股份，看看其中每一天的分时图，可谓涨涨跌跌，阴晴圆缺，有些时候甚至心惊肉跳。但好在股价是沿着逻辑走的，而不是沿着分时图走。

那有人肯定要问：核按钮就没有问题了吗？

非也。

核按钮至少说明人气受损，至少是提醒我们要重新审视股票逻辑有没有问题。

但我们不应该被核按钮本身吓着，我们应该要分析核按钮背后的原因：

（1）是主动溃败，还是至暗时刻的无奈之举；

（2）根本逻辑变化了吗？

事实上，即使如此，也未必能说明股票一定没有问题，因为1和2只能保证大多数情况下没有问题，但不能保证每次都没有问题。股票之难就在于它不是1+2=3的线性逻辑，而是多维共振。

因为市场瞬息万变，影响股票的因素非常多，人力在某种情况下很难穷尽所有可能，特别是短线波动。

3.2 核按钮的秘密（二）：谁走谁留

核按钮可怕吗？

如果你了解它的原理和逻辑，一点都不可怕。如果你不了解它的逻辑和原理，当然觉得可怕，一天干掉十几个点，甚至二十个点，谁不害怕？

但比起核按钮，更可怕的是无知。只要我们搞明白核按钮的一些逻辑，不但可以避开核按钮，还可以利用核按钮。

昨天分析了核按钮的两个核心点：主动还是被动，逻辑是实锤还是胡扯。

今天，再给大家分享一个核心点，那就是：谁核的谁？也就是谁走谁留。

如果按核按钮的是主力，留守的是群众，那股票就废了。

如果按核按钮的是群众，留守的是主力，那一点问题都没有。

换句话说，大佬被群众给核了，没有问题；群众被大佬给核了，彻底完蛋。

有人可能会问：群众怎么可能把大佬给核了呢？

其实，情绪来了，什么事情都有可能发生。大佬被核的情况也很常见，大佬也是人，也有反应迟钝的时候。而且，有时候大佬也乐见股票暴跌，趁机洗盘，借力打力。

还有一种更特殊的情况，大佬互怼，就是一个大佬按另外一个大佬的核按钮，这种情况怎么算？

答：只要有大佬在里面，就有救。

其实，纯粹散户核大佬的可能性不大，大多数情况下，都是大佬互相核按钮。这种情况怎么办？

看强弱。

如果实力弱的大佬核了实力强的，没事；如果实力强的核了实力弱的，比较麻烦。

这个道理跟散户和大佬博弈的逻辑一样。

总之，记住一句话：强的被弱的按，没有问题；弱的被强的按，问题很大。

关键是，我们怎么区分是主力按的核按钮还是散户按的核按钮呢？是强的按弱的还是弱的按强的？

这正是本文的核心。

（1）看龙虎榜

最简单的方法就是看收盘后的龙虎榜，看看当天出逃的到底是谁。

【龙虎榜】 中国软件　8月30日成交明细

来源：同花顺资讯中心 2019-08-30 16:12:17　　　🐟 A⁺A⁻

2019年08月30日，同花顺数据中心显示，中国软件（600536）报收74.10元，涨幅7.89%，成交量5177.07万股。

上榜类型1：连续三个交易日内，涨幅偏离值累计达20%的证券

排序	营业部名称	买入金额（万）	卖出金额（万）	净额（万）
买入金额最大的前5名	买入总计 90135.33 万元，占总成交比例 10.93%			
1	沪股通专用	25881.50	0.00	25881.50
2	国泰君安证券股份有限公司南京太平南路证券营业部	18472.00	0.00	18472.00
3	机构专用	15691.60	0.00	15691.60
4	中信证券股份有限公司上海分公司	15050.40	0.00	15050.40
5	机构专用	15039.80	0.00	15039.80
卖出金额最大的前5名	卖出总计 69286.07万元，占总成交比例 8.40%			
1	沪股通专用	0.00	22888.00	-22888.00
2	兴业证券股份有限公司陕西分公司	0.00	13781.30	-13781.30
3	华泰证券股份有限公司常熟金沙江路证券营业部	0.00	12878.70	-12878.70
4	南京证券股份有限公司南京大钟亭证券营业部	0.00	10483.20	-10483.20
5	中国银河证券股份有限公司绍兴证券营业部	0.00	9254.75	-9254.75

图 5-9　中国软件的龙虎榜

中国软件在 2019 年 8 月 30 日，曾经被按一次，不过没有按死。当天的龙虎榜如图 5-9，我们可以清楚地看到机构被一帮游资给按了，结果什么问题都没有，该股第二天接着上涨。

【龙虎榜】 星期六 1月 9日成交明细

来源：同花顺资讯中心 2020-01-09 16:24:31 🛒 A⁺A⁻

2020年01月09日，同花顺数据中心显示，星期六（002291）报收25.22元，涨幅9.99%，成交量7461.78万股。

上榜类型1：日涨幅偏离值达7%的证券			前往数据中心＞＞
排序 营业部名称	买入金额（万）	卖出金额（万）	净额（万）
买入金额最大的前5名　买入总计 19972.94 万元，占总成交比例 **10.99%**			
1　机构专用	4069.20	0.00	4069.20
2　中信证券股份有限公司上海分公司	3996.40	2109.63	1886.77
3　华鑫证券有限责任公司杭州飞云江路证券营业部	3569.76	89.63	3480.13
4　国泰君安证券股份有限公司上海江苏路证券营业部	2650.12	40.91	2609.21
5　光大证券股份有限公司宁波中山西路证券营业部	2605.79	60.58	2545.21
卖出金额最大的前5名　卖出总计 19771.93万元，占总成交比例 **10.88%**			
1　国元证券股份有限公司上海虹桥路证券营业部	6.13	7902.27	-7896.14
2　华泰证券股份有限公司浙江分公司	132.54	2626.05	-2493.51
3　中国中金财富证券有限公司哈尔滨紫园路证券营业部	0.99	2387.46	-2386.47
4　招商证券股份有限公司上海牡丹江路证券营业部	897.25	2290.41	-1393.16
5　华泰证券股份有限公司绍兴府山证券营业部	2044.76	2264.99	-220.23

图 5-10 星期六的龙虎榜

图 5-10 是星期六于 2020 年 1 月 9 日的席位，当天星期六被按，晚上龙虎榜出来，很明显，机构互核。绍兴一哥一帮人出，但机构和孙哥进。

这个龙虎榜比较特别，买卖的能量和级别旗鼓相当，类似于平衡了。此时怎么办？看人气，看盘口。

还好，星期六的盘口人气强，第二天又活了。

【龙虎榜】 深大通　8月26日成交明细

来源：同花顺资讯中心 2019-08-26 16:54:00　　　　　　　🔖 A⁺A⁻

2019年08月26日，同花顺数据中心显示，深大通（000038）报收11.68元，涨幅3.36%，成交量5131.54万股。

上榜类型1：日振幅值达15%的证券			前往数据中心>>	
排序	营业部名称	买入金额（万）	卖出金额（万）	净额（万）
买入金额最大的前5名　买入总计5102.75万元，占总成交比例8.76%				
1	光大证券股份有限公司深圳金田路证券营业部	1389.51	2.79	1386.72
2	华宝证券有限责任公司北京分公司	1261.54	0.00	1261.54
3	西藏东方财富证券股份有限公司拉萨东环路第二证券营业部	871.60	600.62	270.98
4	国金证券股份有限公司重庆聚贤街证券营业部	820.35	107.92	712.43
5	申万宏源证券有限公司厦门分公司	698.48	3.36	695.12
卖出金额最大的前5名　卖出总计5341.19万元，占总成交比例9.17%				
1	湘财证券股份有限公司台州祥和路证券营业部	0.00	1161.88	-1161.88
2	恒泰证券股份有限公司宁波甬江大道证券营业部	2.04	1068.29	-1066.25
3	华鑫证券有限责任公司杭州飞云江路证券营业部	59.23	857.93	-798.70
4	中信证券股份有限公司上海分公司	0.00	852.50	-852.50
5	东兴证券股份有限公司晋江和平路证券营业部	0.00	685.90	-685.90

图 5-11　深大通的龙虎榜

图 5-11 是深大通于 2019 年 8 月 26 日的龙虎榜。我们可以看到，游资互怼，但买一是鼎鼎大名的金田路。

懂得龙头战法的人都知道，就龙头战法而言，金田路的造诣远远高于孙赵。孙赵善于白马，而金田路善于妖王。

把金田路按了，基本上不可能。第二天，深大通接着上涨。

再说了，金田哥在深圳，深大通是深圳的公司，在主场作战，金田哥肯定是完胜。

龙虎榜就是一面镜子，我们可以清晰地看到力量对比。其实这里跟动物世界一样。

不过，问题是看到了的时候就已经收盘了，晚了一步了。有没有盘中就能看到的方法？

这里我就把压箱底的一点东西抖出来给大家吧：看盘口单子。

（2）盘口砸单

盘口砸单就是看主核一方用什么单子在砸。如果单子巨大，一般都是大佬，因为散户哪里有那么大的单子。

如果砸单比较小，基本上就是散户，或者小游资。看图 5-12：

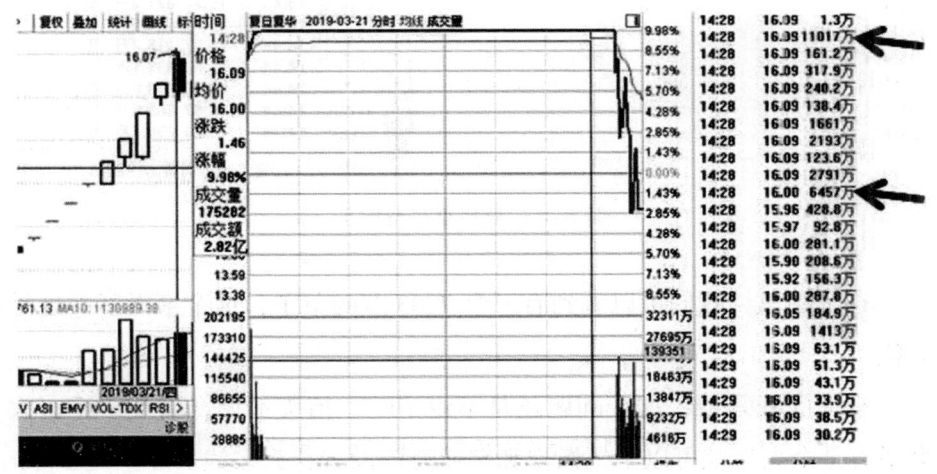

图 5-12 复旦复华分时图

这个是复旦复华在顶部被按核按钮的盘口单子。通过盘口，我们可以清晰地看到，第一笔是使用 1.18 亿的单子，这是往死里砸呀，说明是一个很大的大佬。

不几秒，又有一笔 6457 万的砸单，毫无疑问，这也是大佬。

不过这两笔没有彻底把该股砸毁。但是别急，几分钟后，又有大佬砸单了，我们看看图 5-13：

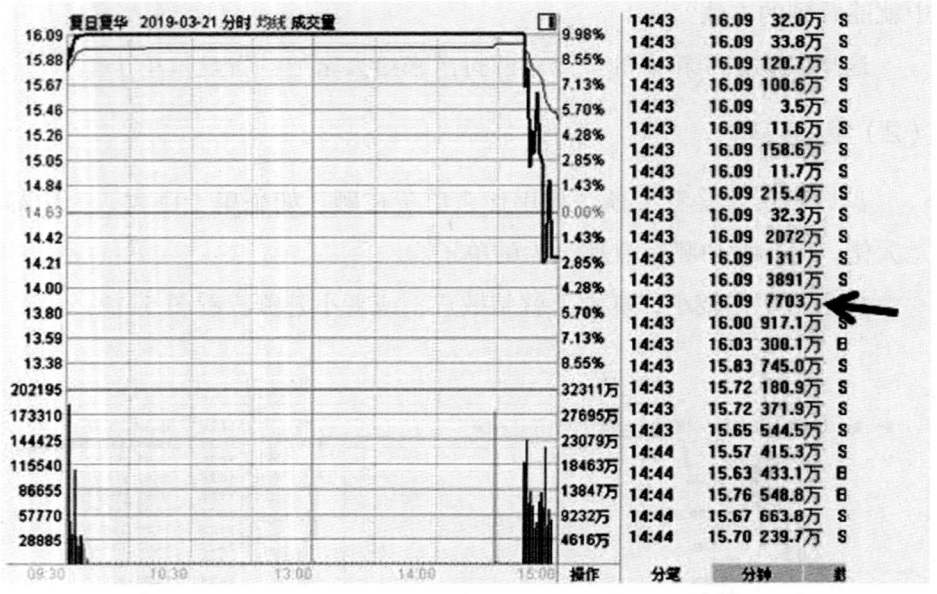

图 5-13 复旦复华分时图

这个图里，我们可以看到有一个 7703 万的单子，这个毫无疑问也是大佬。

有人问我是谁，这个问题还是不说了吧，抬头不见低头见，反正大家知道是个大佬就可以了，散户和普通游资没有这么多钱。

这一天，该股就这样被砸废，从此一蹶不振，直到今天也没有怎么嘚瑟过。

我们再来看一个例子：

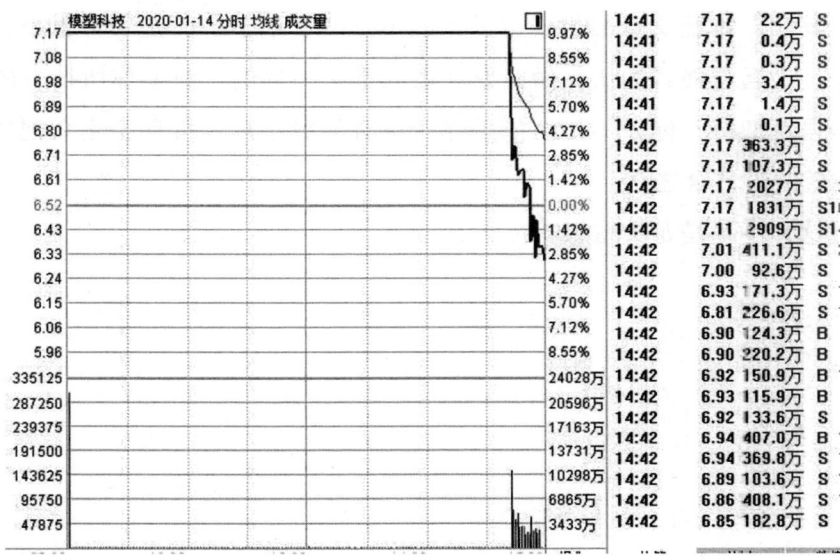

图 5-14 模塑科技分时图

这个是模塑科技核按钮当天，我们看看多大的资金在砸。见图 5-14，我们看了其中最大砸单，发现最大的也不过 2909 万，其他都是散单，说明不是什么大佬在砸。

群众走了，主力还在，怕什么？

很多人总是问细节和绝活，其实这就是。

但是，越是细节，也越容易失之狭隘，因为细节容易只见树木不见森林。核按钮后股票是否能更妖，其实不是由这些细节决定的，而是由昨天讲的那两点决定的：

主动还是被动；

逻辑是否硬核。

而今天讲的这两个细节，仅仅是雕虫小技。但即使如此，我相信这点细节对很多人会很有用。

关键时刻，能让你识别出谁走谁留。

　　其实，本篇文章最想告诉大家的不是两个细节，而是一种思想，那就是：永远与强者为伍，做股票和做人都是一样的。只要你所持有的股票是强者把持，你就不怕。如果你所持有的股票是一批乌合之众把持，那你就成了乌合之众。

　　这，不正是龙头思想吗？

3.3 核按钮的秘密（三）：空中蘑菇云

有的核按钮能救，有的不能救。

其中最难救的就是空中蘑菇云，也叫空中跳伞。

什么是空中跳伞？

就是若干个没有换手的涨停板，然后某一天突然开跳。

我们看下面的例子：

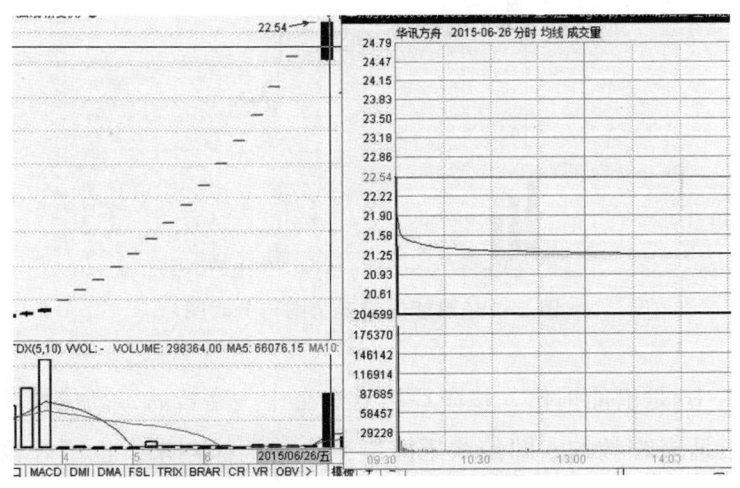

图 5-15 华讯方舟走势图与分时图

这只股票是华讯方舟，它走了 15 个一字板后，突然在第 16 天早上往下跳。此种跳法，就决定它命运的终结。

有人会问，这种股有救吗？

有救，比如第二天直接再来个地天板，或者当天尾盘就翘板来个天地板。但这种情况属于奇迹，非常少，大概率是这种股就彻底完蛋。

为什么空中跳伞容易彻底死亡？

原因有以下几点：

（1）获利盘太丰厚，大家都想着出，没有谁再捣腾了。

（2）没有换手，中间筹码断层，导致高位容易一致性逃跑。

（3）物极必反，空着上去，也容易空着下来。

我们下面多看几个案例：

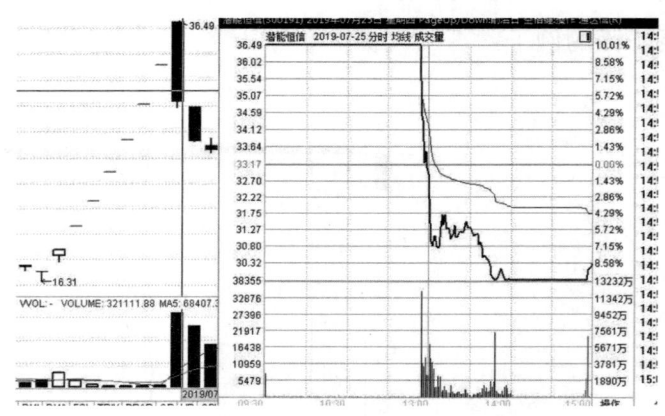

图 5-16　潜能恒信走势图与分时图

图 5-16 是潜能恒信，该图经历 6 个空中一字板后，高位核按钮。这种核按钮是最难救的。即使欢乐海岸来，甚至徐翔来，也不好救。这是最伤人气的。

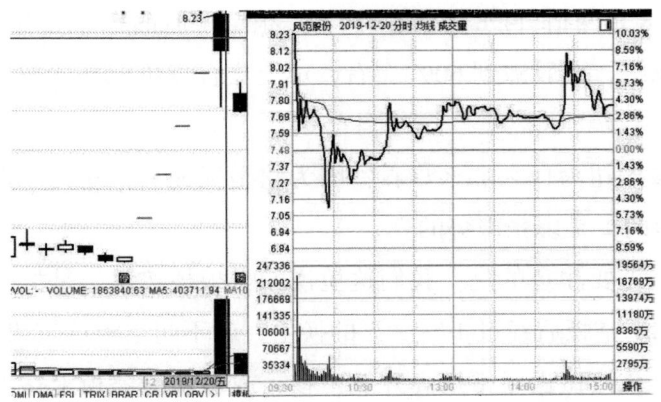

图 5-17 风范股份走势图与分时图

图 5-17 是风范股份，与图 5-16 类似，但没有图 5-16 夸张。当天的分时图也没有深按。理论上，这种核按钮还是能救的，但是第二天再大幅低开，就宣告该股死亡。因为第二天的极端低开，相当于宣判了该股进行第二次核按钮。

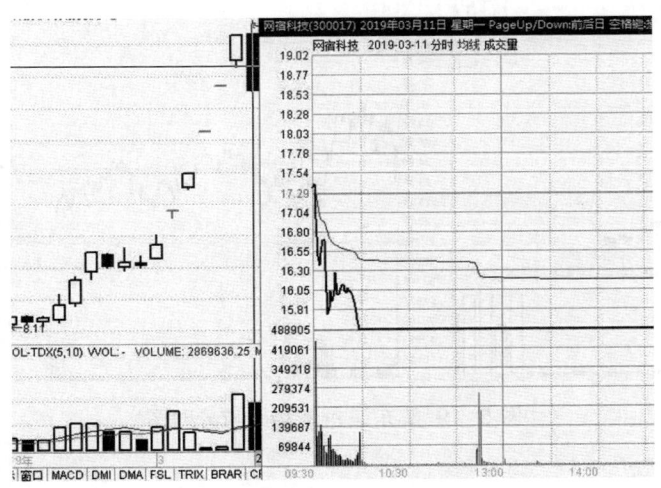

图 5-18 网宿科技走势图与分时图

图 5-18 是网宿科技，该股虽然不是很空，但也基本上不是真正意义上的换手龙头。该股涨到 60% 左右，早上集合竞价就开始按核按钮，结果崩溃。

空板核按钮为什么那么难救？因为它是反证法，它突然宣告了以前的空板是假的，是虚张声势的。

不过，需要注意的是，我们这里说的空板核按钮，是指空板后直接核按钮。如果空板后经过 1 ～ 2 天的换手，就不叫空板核按钮。

另外，核按钮也通常指高开往下核，或者从涨停板上往下砸。如果没有从高处下砸，不是严格意义上的核按钮。比如图 5-18 的网宿科技，不是严格意义上的核按钮。但是我们举这个例子，是为了让大家看到空板的可怕。

再看图 5-19：

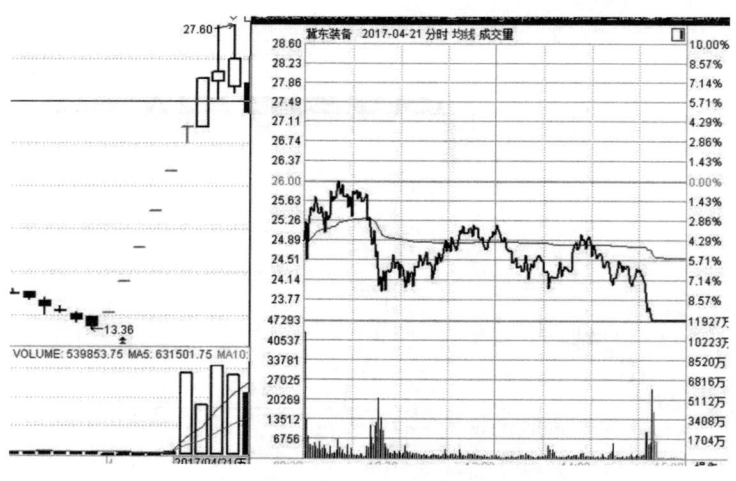

图 5-19 冀东装备走势图与分时图

这个是冀东装备，虽然它前面是一堆空板，但是它的跌停不是空中蘑菇云。

因为：

（1）它中间经过 3 天的换手。

（2）跌停是阶梯下跌，并不是从涨停板上垂直砸下。

核按钮内部还有很多细节，我们要把每一个细节讲透。虽然这些细节不一定能让大家完全避免核按钮，但是多掌握一个细节，总会让我们少吃亏上当。

勿以善小而不为，勿以恶小而为之！

也许今天这篇文章就能帮到你在这个方面少踩雷。

3.4 核按钮的秘密（四）：你核过别人吗

大家有没有反过来想想：为什么别人会按核按钮？

或者说，那么好的股票，为什么非要核它？留到明天再卖不行吗？

每当出现核按钮，大多数人就会骂那个按核按钮的人没有格局，喜好砸盘。但有时候我会转念一想：

为什么他会核？

为什么他那么急着卖？

为什么他不能再多等一天？

这些问题我先不回答，我先来说说有几次我核别人的想法，听完了，大家也许就会有自己的答案了。

案例一：新野纺织

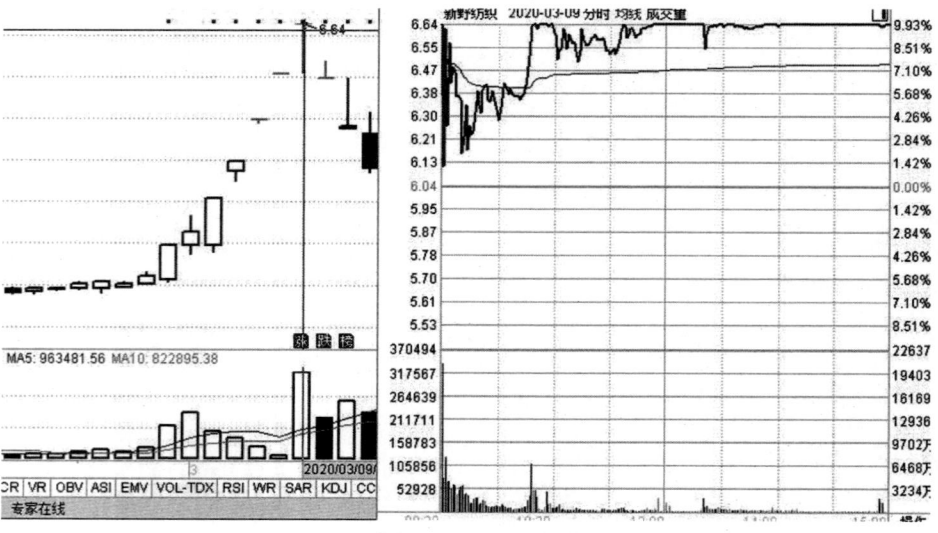

图 5-20 新野纺织 3 月 9 日 K 线图与分时图

新野纺织我是第二板点火进去的，吃了三个多板。等到（2020年）3月9日，当时是星期一，该股在涨停板上反复出现烂板。

此刻我反复思考一个问题：按还是不按？

简单回顾下，3月9日是周一，它之前的周末，恰好是3月7日和3月8日，海外疫情的报道几乎达到高峰，意大利、法国、德国、美国，疫情的盖子都被揭开。更丑恶的是，德国居然拦截其他国家的口罩。

此种新闻，一定会让口罩股达到高潮。

而高潮中，作为补涨的后期口罩股主要有三只：搜于特、克劳斯、新野纺织。

这三只股的周期起点、补涨性质差不多，区别是，克劳斯走换手，而其他两个走加速。

就在这一天，口罩的新闻达到高潮之时，这三只股居然集体衰弱。我们来看看当天克劳斯和搜于特的分时图：

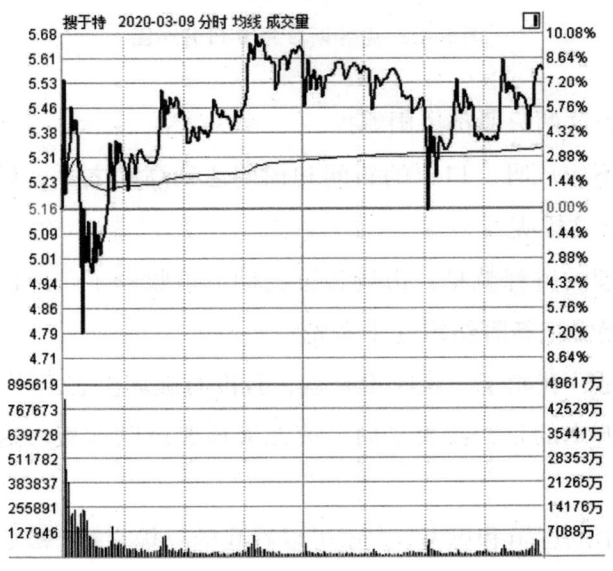

图5-21 搜于特3月9日分时图

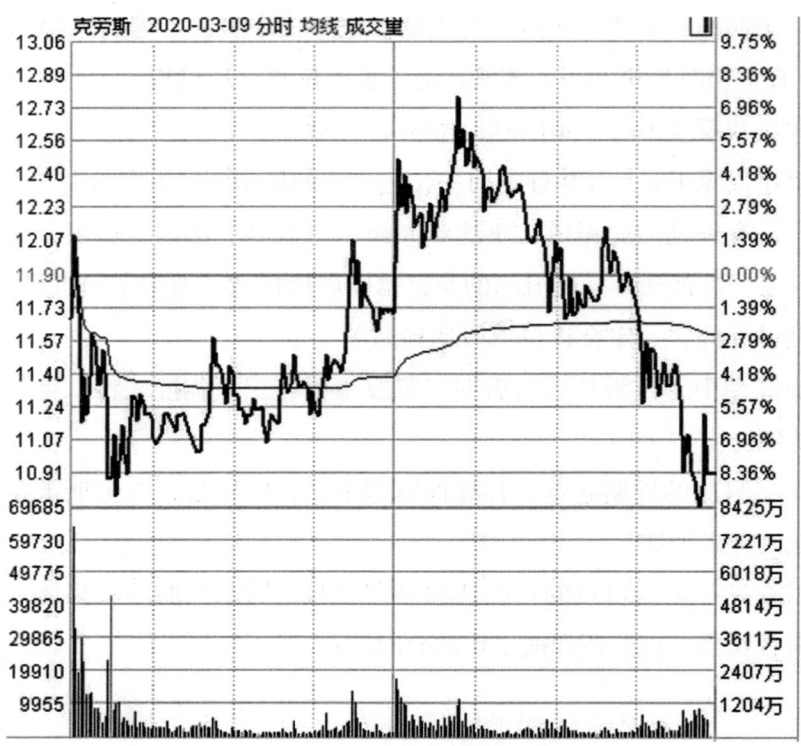

图 5-22 克劳斯 3 月 9 日分时图

很明显，这两只股都风雨飘摇。

按理说不应该呀。口罩的新闻和预期达到高潮之际，后期三只补涨核心股怎么会这样呢？

唯一合理的解释就是：市场告诉我们，该收伞了。所以，当天我在涨停板上，慢慢把新野纺织逐步卖光。

万幸的是，我卖了，该股没有跌，我没有破坏生态。

另一个万幸的是，我卖了后，第二天该股就跌停板。这次的伞收得很漂亮。

关于收伞的逻辑和思考，大家可以看我的一篇文章《破心中贼（四）：银行家》，里面有详细介绍，这里不再赘述。

案例二：秀强股份

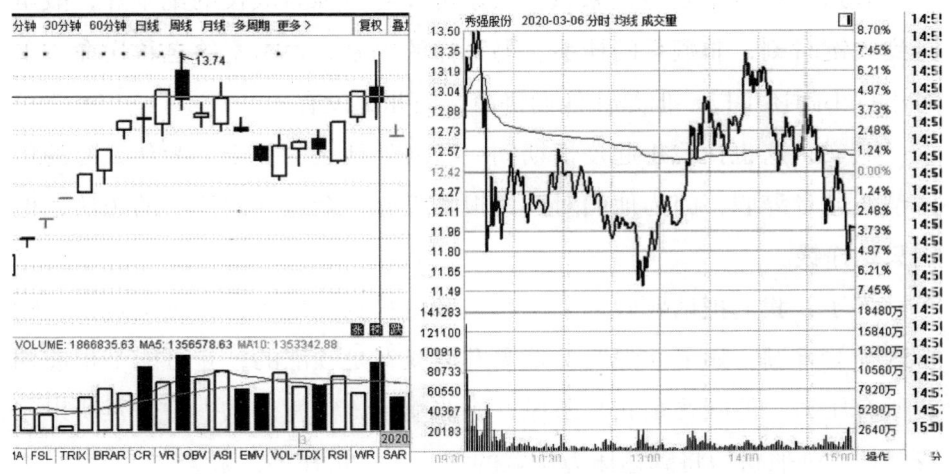

图 5-23　秀强股份 K 线图与分时图

2020 年 3 月 6 日早上，秀强股份冲高，当天我在 7 个点左右卖光，旋即该股就崩溃，第二天一字跌停。

为什么在分时图冲锋的时候就卖它？我的分析是这样的：

秀强股份为什么上涨？谁能告诉我秀强股份为什么起第二波？

单独从秀强股份本身找答案，无非是量如何、指标如何，以及 K 线如何，云云。事实上，这些答案都不是本质。

本质的答案是：秀强股份的上涨是被星期六带的，它是星期六的跟风。

每一次市场反弹，前期老妖股都会兴风作浪，那个周期老妖股的核心是星期六，星期六是（2020 年）3 月 2 日启动，3 月 3 日二连板，3 月 4 日三连板，而秀强股份在 3 月 4 日星期六三连板的时候，才去涨停，典型的跟风星期六。

既然是跟风，所以根本没有意志去突破前期的压力位置。这个道理就像打仗，进攻到关键时刻，那些非嫡系的部队根本没有拼命的担当。

因为他们是跟风。

我这个理解不是空穴来风，大家可以看看淮海战役的纪录片，战争打到关键时刻，非嫡系的桂系、冯玉祥的冯系，根本不给老蒋卖命。平时小打小闹还可以，但是让他们拼命，门儿都没有。

其实，这也让我想起疫情期间一些海外地区的护士，为什么有的集体请假或者辞职，因为他们对国民根本没有"命运共同体"的想法，他们只是挣钱。

好了，我们把话题收回来，秀强股份打到前期压力位置附近，我觉得这个关难过。如果秀强股份是主升浪或者是领涨的，它可能不怕前期的所有压力，但问题是它是跟风，是非嫡系，它凭什么去拼命？所以，我就在秀强股份即将到达压力位置的那一天，选择高位砸光。

上述两个案例中，我思考的起点都是逻辑，而不是个股本身的技术属性，当然有技术的成分，但最核心的是逻辑。

也就是说，我们按的是逻辑，而不是股票。

有没有按错的呢，当然也有。任何人都不可能把股票卖在最高点。也有很多股票，我按了后它第二天还在涨，这很正常。因为我们只能赚到自己理解力范围内的钱，超过理解力，那不是我们该赚的。

正如一句话：真理在大炮的射程之内。股市上，利润也在理解力的射程之内。

3.5 核按钮的秘密（五）：20cm 以及 10cm

首先明白什么是核按钮。

股市里所说的核按钮不是打仗用的那个核按钮，而是说股价的短线崩溃。

最初，核按钮是说，一旦买错股票，第二天早盘集合竞价以跌停板卖出。由于同质化，如果很多人同时都挂跌停板卖出，则股价很有可能以跌停板开盘，或者大幅低开开盘，形成短线剧烈的亏钱效应。其状况之恐怖，犹如核轰炸，故得名核按钮。

如图 5-24：

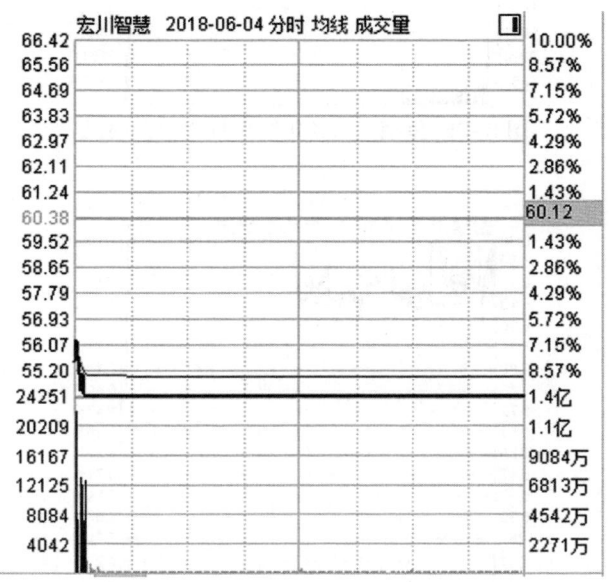

图 5-24 宏川智慧 2018 年 6 月 4 日分时图

后来，泛指所有盘中剧烈砸盘。

股价还是涨停板，突然遭到剧烈砸盘出货，甚至挂跌停板的价格出货集中持续抛售。

如图 5-25 和图 5-26：

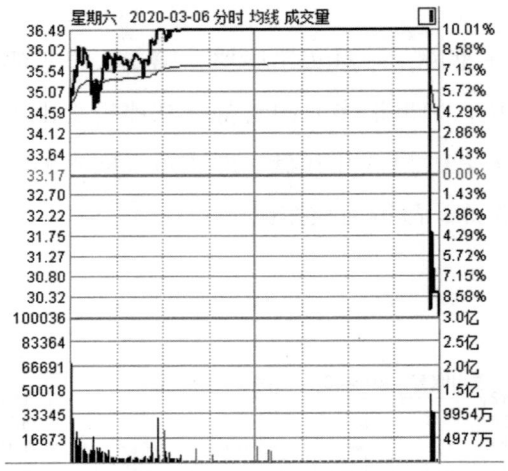

图 5-25　星期六 2020 年 3 月 6 日分时图

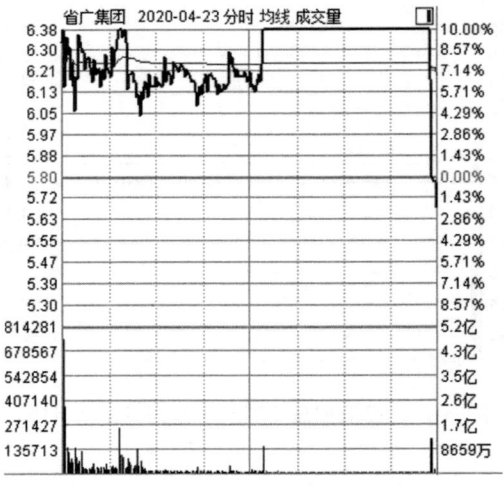

图 5-26　省广集团 2020 年 4 月 23 日分时图

图 5-25 和图 5-26 是星期六和省广集团的出货图，这种出货就是典型的集中抛售。其恶劣和恐怖程度，一点也不亚于集合竞价挂跌停的出货。这种情况，我们也称之为核按钮。

总之，集中、大幅度出货，是核按钮的主要特征。

那么，为什么会造成核按钮呢？

我们来探探其源头。

从不同角度看，核按钮的源头不一样。

如果从情绪周期来看，情绪崩溃，周期到达高潮后，突然转折的临界点容易出现核按钮。无论是大周期还是小周期，周期高位转折点，都容易出现核按钮。如图 5-27：

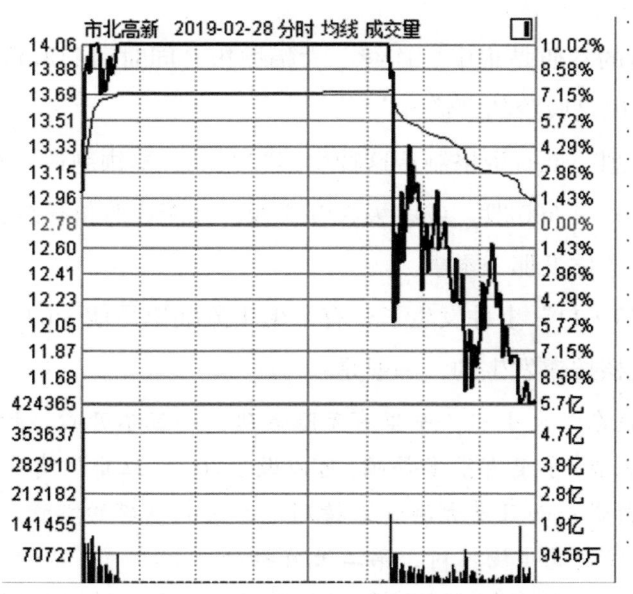

图 5-27 市北高新 2019 年 2 月 28 日分时图

如果从位置来看，短线涨幅巨大，位置太高，接盘资金都觉得再买入性价比不高，一旦有人卖，就容易引起核按钮。如图 5-28：

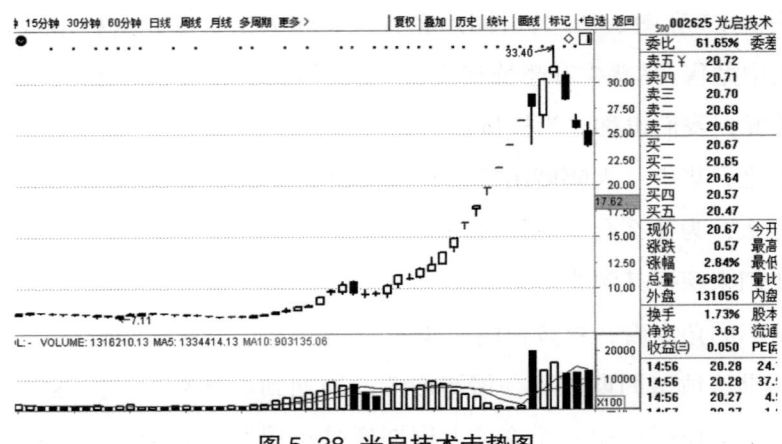

图 5-28 光启技术走势图

　　除了情绪周期和位置之外，还有一种角度观察核按钮，那就是：谁在核按钮？谁能核按钮？

　　核按钮的本质是集中、连续、大幅抛售，同时引起股价剧烈下跌。核按钮可以说是股价的"惨案"。

　　大家想想，谁有资格制造这种惨案呢？谁有本领制造这种惨案呢？

　　如果你只有 500 股，或者买 5 万块钱，你能让股价核按钮吗？

　　别闹了。你没那个本事。

　　就像"9·11"事件发生了，有个街头流氓说是他干的一样扯淡。

　　能够让核按钮发生的，一般是：

　　（1）股东，大小非，手里有无限筹码，一旦不开心，抛售给你。

　　（2）基金，手里有很多筹码，可以做 T+0，一旦市场有变，抛售给你。

　　（3）游资：而且是大游资，特别是喜欢隔日砸的游资，他们上亿地买入后，一旦发觉市场不对，第二天直接砸。

　　从买卖行为和参与主力的角度上来说，以上三种参与者是核按钮主力，也可以说是核按钮根源。

　　很多人说散户是核按钮主力，这绝对是瞎说。散户才多少钱，那点钱想按也按不了核按钮。而且，散户的买卖，通常是跟随，如果没有主力去按核按钮，散户是没有办法按的。

当然，只有一种情况，散户可能会是核按钮的主因，那就是买错了，第二天市场情绪很差，都在集合竞价按。但即使如此，散户也不一定有游资按的多，散户顶多是从犯。

分析这些有什么意义？

防止核按钮。

有些席位，我们可以通过长期的跟踪观察，发现是核按钮的常客。那他买的股票，我们就尽量不要去买。

前段时间，我们明显地看到有些席位是"丁蟹"，只要它在，第二天就容易核按钮，哪怕第二天的情绪没有崩溃，它依然是暴力下砸。遇到这种情况，就应该主动回避它。

通过本文分析，我想传达一个思维理念：

买和卖是相生相依的，没有买，就没有卖。

没有大量的买入，也就没有大量的卖出。

核按钮的本质是大量卖出，那它一定是大量买入来的。

前段时间我分析 20cm 股票今后有没有核按钮的时候就提到，创业板 20cm 一定会有核按钮的。什么时候？

等到大资金、大户、大游资集中出现在创业板的时候。

话音刚落，我就在昨天发现很多大游资集中出现在创业板的股票上，所以，今天的盘中大幅跳水和波动，正是它们的杰作。

不过，无论是游资、大户、散户，在筹码方面都远远落后于基金，特别是落后于大小非。

事实上，游资、大户和散户，三者都是核按钮的受害者，某些时候用核按钮的方法出货，也是自保。

只是这种自保有点残酷，甚至有点自残。

4. 风险认知与风险控制

4.1 资金管理：比"仓位管理"重要一百倍的东西

提起风控，只要是股市老手，都会明白一个道理：仓位管理比任何技术绝招都重要。

新手绝大多数都迷恋绝招，无论是技术分析流派还是价值分析流派新手，都是如此。但炒股炒到几年后，一旦成为老手，就会明白：仓位管理才是最重要的。

今天，我却要说：有一种东西比仓位管理还重要百倍，那就是"资金管理"。

什么是资金管理？难道仓位管理不是资金管理吗？

非也！

当然，对于某些人来说，仓位管理就是资金管理，但是，资金管理比仓位管理全面得多。

我们经常跟一些朋友交流股票，也看一些群里的高手在聊天，经常看到这样的语言：

我已经满仓了，梭哈，我仓位很轻，我重仓，仓位很重要。

如果你对号入座，动辄也全仓或者所谓的轻仓，也许你会错得离谱。为什么？因为别人在仓位管理之前有个资金管理。

请问，别人总资产有 1000 万元，放在股市里面的钱只有 100 万元，他的全仓跟你的全仓是一回事吗？

你有 50 万元资金，你全部投入股市，你买 30%，还信誓旦旦地说用仓位管理风险，请问你真的轻仓了吗？

如果不把这些东西搞明白，所谓的轻仓、重仓就是自欺欺人、人云亦云，所谓的仓位控制风险就是笑话！

资金管理，顾名思义，就是个人可支配的总资金如何管理。一般而言，我建议各位亲爱的读者做如下管理：

（1）永远不要贷款炒股，不要套信用卡炒股。这个是资金管理的第一原则。

（2）把自己的资金分为不同等级，就算股市再好，也永远不要把 100% 的资金放在股市，因为股市有黑天鹅，一定要为自己和家庭留够至少一年用的现金。不能为了炒股，连家都不要了。

（3）一旦大盘冷清，走出明显的熊市趋势，必须把自己的大部分资金从股市的证券账户转到银行账户，我建议只在股票账户保留 30% 以下的资金。这种方法是一种隔离法，源于对人性的不信任。因为只要股票账户里有资金，人总是受不了诱惑去开仓。与其如此，还不如釜底抽薪，直接把大部分钱都转走。

（4）无论市场好坏，投入股票的资金一定要分几个账户来管理，因为万一赌性来了，多账户可以做到资产分散，股票分散。一个账户出现黑天鹅，不可能几个账户都有黑天鹅。

（5）即使大盘走牛，牛市来了，也不要把自己所有的资金都拿到股市上来。假如你有 100 万元总资产，我建议最多，不要在股市投入超过 80 万元。为什么？因为，如果能赚钱，你有那个本事，根本不用投入你 100% 的资金量。我见过很多股民，请人吃饭都要提前卖股票，这样的股民的结局一定是悲惨的。

资金管理的规则还有很多，但是，如果大家把以上 5 点做到，我相信对很多股民来说就已经够了。即使仓位管理出问题，只要资金管理没出问题，依然可以在股市中翻身。

另外，不要迷恋任何术的东西，特别是在熊市。炒股必须有"道"，资金管理就是"大道"。

关于"道"，还有很多内容，都写在我的书《龙头信仰》里，希望大家能够认真地领会其中的良苦用心。

需要说明的是，《龙头信仰》一书集中写"道"，写"心法"和"理念"，很多人或许觉得没有看技术和方法过瘾，但是，如果"道"不过关，所有的方法和绝招，都只是来加速你灭亡的。

不信，你试试？

股票很残酷，熊市更残酷，关于术方面的书籍很多，但只要离开"道"，哪个走远了？

这句话背后，请各位对号入座，如人饮水，冷暖自知。

4.2 利好：到底是火上浇油，还是见光死

利好，比如：业绩预增、重组通过、拿到牌照、签署合同，等等。

有的会让股价暴涨，是一只股飙升的助推剂，类似火上浇油。

而有的则让股价不涨反跌，成了见光死。

比如：华大基因 2020 年 7 月 13 日晚上出业绩公告，业绩预增 6~7 倍，结果股价第二天跌停。见图 5-29：

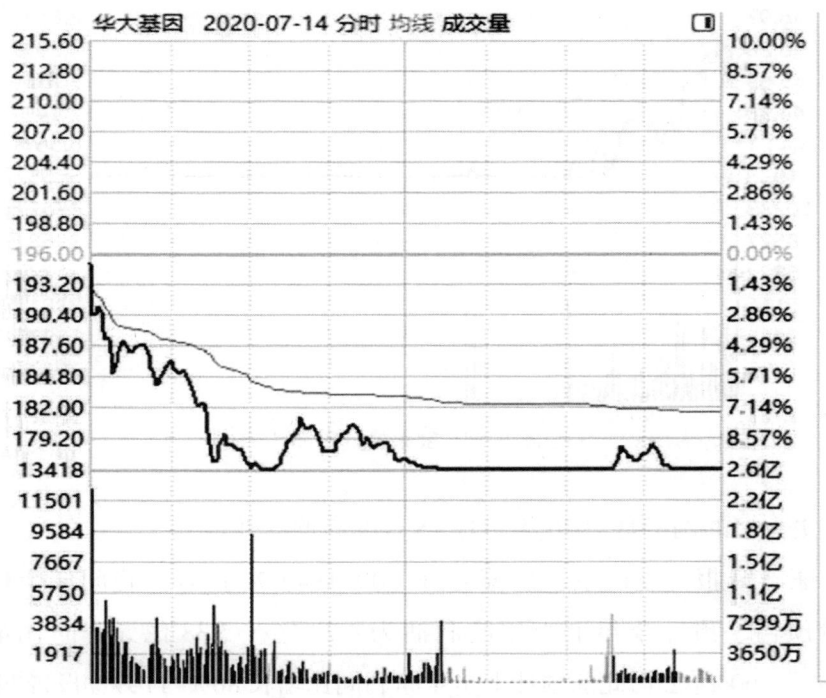

图 5-29 华大基因分时图

同样的例子还有宝莱特。

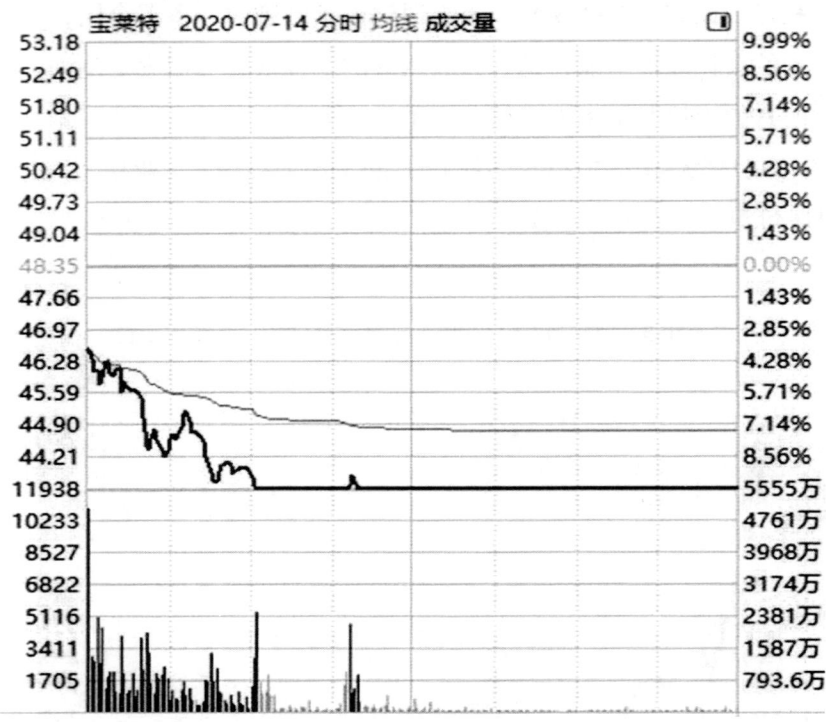

图 5-30 宝莱特分时图

更直接的例子是 2020 年 7 月 15 日的高德红外。

证券时报 e 公司讯，高德红外（002414）7 月 14 日晚间向上修正业绩预告，预计今年上半年净利润为 4.78 亿～ 5.38 亿元，同比增长 220% ～ 260%。公司此前预计上半年净利同比增长 80%~110%。报告期内，公司红外焦平面探测器、政府装备类产品、国内及海外民品销售规模增长明显。

结果股价怎么样，大家看看 7 月 15 日的走势，见图 5-31：

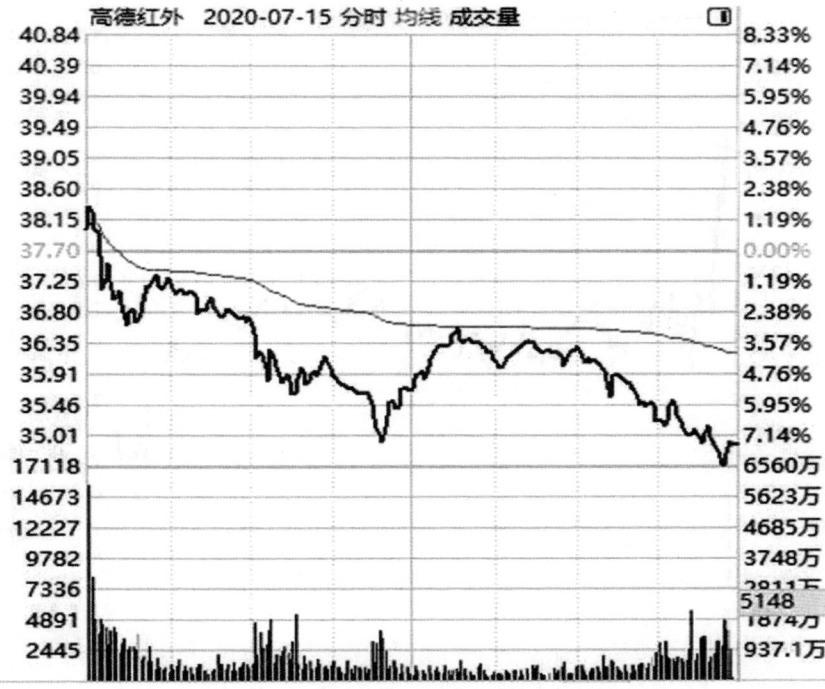

图 5-31 高德红外分时图

证券时报 e 公司讯，第一创业（002797）7 月 14 日晚间公告，预计上半年净利润为 3.97 亿～4.39 亿元，同比增长 90%～110%。公司证券经纪及信用业务、投资与交易业务等收入同比实现增长。

结果其走势如下图 5-32：

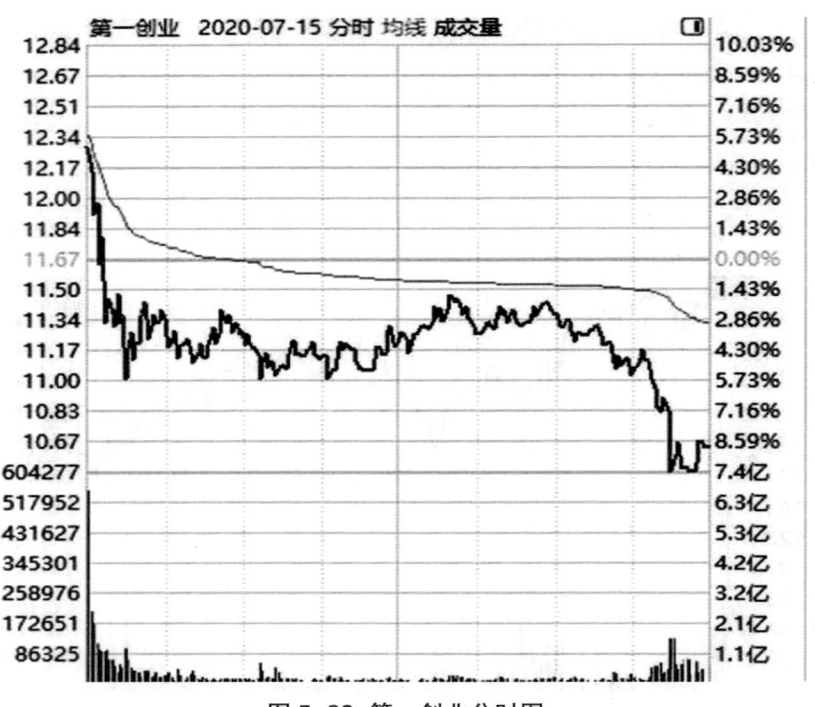

图 5-32　第一创业分时图

与此相反的是，振德医疗公告业绩公布之后，一直暴涨。

振德医疗 (603301)7 月 7 日晚披露业绩预告，公司预计 2020 年上半年度实现净利润与上年同期相比增加 9.25 亿～ 9.55 亿元；公司上年同期净利润 6010.50 万元。受疫情影响，公司防疫类防护用品（主要为口罩、防护服、隔离衣产品）销售大幅度增加，2020 年上半年防疫类防护用品实现销售 26 亿～ 7.20 亿元，较上年同期增加 25.66 亿～ 26.86 亿元。

结果第二天，股价连续暴涨 N 天，见图 5-33：

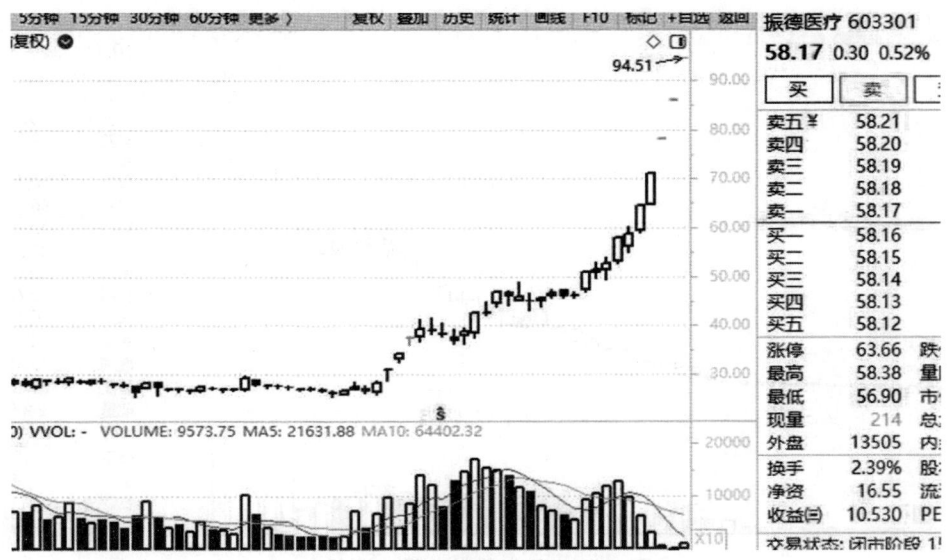

图 5-33 振德医疗走势图（局部）

最典型的还不是振德医疗，而是王府井。

王府井 6 月 9 日晚间公告称，公司收到控股股东转发的《财政部关于王府井集团股份有限公司免税品经营资质问题的通知》，授予公司免税品经营资质，允许公司经营免税品零售业务。

结果王府井从第二天开始，掀起一轮更为疯狂的暴涨，见图 5-34：

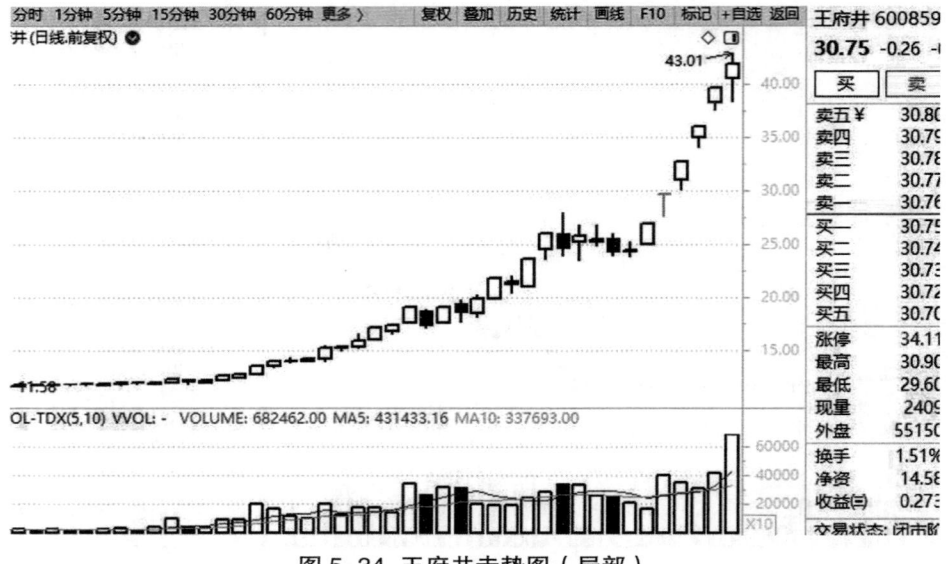

图 5-34 王府井走势图（局部）

那么问题来了：同样是利好，为什么有的股票趁着利好，股价迅速暴涨，利好等于火上浇油。而有的利好来临，股价却见光死？

或者说，利好，到底是上涨的催化剂，还是见光死的助推器？

这个问题我是这样思考的，希望我的思考能够对大家有所启发。注意了，这个问题真的是干货。

思考这个问题，其实有好几个角度，我不能面面俱到，我只选择关键的。我认为关键因素有以下几个：

（1）利好的超预期性。并不是所有的利好都超预期。有的利好，比如业绩预增，虽然是利好，但是这个利好在大家的想象之内，完全没有超预期，此时的利好虽然是好消息，但是恰恰是迷惑散户的工具，主力会接着这个利好出货。

一般而言，散户没有能力阅读研究报告，对"预期"都没有办法了解，何况"超预期"呢，主力就是用这一点反向折腾散户。

（2）对利好有争议。超预期与否，不但在主力和散户之间有差异，其实在主力之间、在机构之间也有差异。同样一个利好，不同的机构看法不同，有的机构认为是超预期，有的机构觉得未超预期。

（3）周期。如果股价在上升周期，或者大盘在上升周期，或者该板块在上升周期，任何利好，都会成为股价上涨的助推器，利好会火上浇油，比如振德医疗就是赶上市场疯狂的那段。

如果周期在下降，利好反而成了股价暴跌的助推器，大家会用利好出货。注意，这里的周期并非指大盘的趋势，而是某个板块最近的起伏和腾挪。

（4）股价状态和结构。一只股票，在某一波浪的起点，利好容易成为这一波浪起点的助推器，如果处于波浪顶点，股价则容易见光死。

当然，以上四点不能全部说明这些，但是明白了以上四点，至少可以让我们少出错。

还有一种就是预期性利好消息，比如中芯国际的上市，大家预期到它会上市，围绕它会有炒作，沪硅产业就是典型的围绕它炒作，但一旦中芯国际上市了，这类的股票就要小心。

7月15日沪硅产业跌停，就是典型的预期型利好出尽。

4.3 新题材来临的时候

当一个新热点来临的时候，会发生什么？

——会让很多人亏钱。

这个铁的现实让很多人无法接受、无法面对，但它是事实。

从雄安新区、海南岛新区到独角兽、科创板概念，再到今天深圳的中国特色社会主义先行示范区，每当一个新的热点来临的时候，我看到的不是很多人赚钱，而是很多人先亏钱。

这个现实很残酷。

这说明什么？说明一个新题材来临的时候，绝大多数人都高估了自己的能力，低估了新题材发酵和炒作的难度。

更说明，风平浪静的日子，很多人能够管住自己的内心，而一旦来个新题材的时候，反而管不住自己，对新题材寄予太多的感情和幻想。而事实上呢，新题材回馈给你的也许是亏损。

情深不寿呀。

为什么会出现这种情况？根本原因在于没有捋顺股市的本质逻辑。当然，其中还有很多细节性的原因，今天在这里我不可能 一 一 列出，但有一个原因我不得不说，那就是选择弱者。

很多人不敢买强股，而又不甘心错过新的题材，于是就买一个很符合他"技术模型"的股票，殊不知这个符合他"技术模型"的股票是弱者，弱者股票一旦遇到大盘反转或者洗盘，就容易掉头暴跌，甚至核按钮。

我把这种情况叫"技术模型杀"，也叫弱者思维下的技术陷阱。

每次新题材来临的时候，模型杀就杀掉一片人。很多人不知道其中的原因是"强弱"问题，还以为是自己的技术模型不够完美，于是继续探索和完善技术模型，结果下一次热点来了，还是杀。

这种死循环看似新题材带来的亏损，其实是他不理解题材的炒作规律造成的。

应该怎么办？

应该放弃从技术模型上找原因，跳出旧有的维度，站在一个全新高度看问题——只选市场认可的强股，不选自己喜欢的"美的"股。

这就是破执。

破除旧维度看问题的习惯，进入新的维度，进行降维攻击。

4.4 从原油宝事件看风险的本质

三月初的时候，石油出现罕见的暴跌。

有天早上，我刚刚打开微信，就收到信息，是一个朋友的，对方跟我说：有一次百年难遇的大机会！抄底石油！

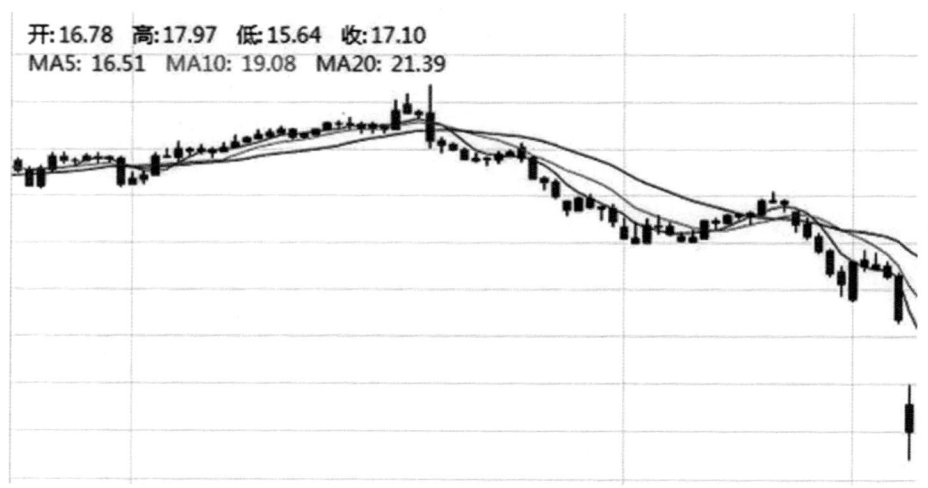

图 3-35 2020 年 4 月 28 日石油价格走势图

为了说明白这次机会，他给我解释道：石油是多么重要，美国与石油的利益是绑定得多么深，石油这样跌，能符合谁的利益？

然后，又给我看一个模型，那是他多年跟踪石油价格的模型，然后他非常确定地跟我说：目前博弈石油反弹是最确定无疑的机会，这种机会百年难遇，绝对不能放过。如果用期货的杠杆来做，一定可以赚到很多的钱。

见我不是很感兴趣，他又给我解释许久，并用很多金融大佬的案例给我讲：重大机会面前，应该放手一搏。

我跟他说：我只做股票，我不懂期货，也不懂原油。

我没有做。

我的态度，显然令他很惋惜。

好多天过去了，我再也没有收到他的信息，不知道他怎么样了。这几天突然看到中国银行石油宝的报道，突然又想起这件事情。

我想，如果他真的去抄底石油，结果应该是很可怕的。

讲这个故事并不是说他是错的，也不是说他的石油价格追踪模型是荒唐的。也许他的那个模型 90% 的概率是对的。我只是想通过这件事情反思一件事：什么才是真正的风险？

我觉得平时的亏损、回撤，都不叫风险。因为回撤和亏损本身就是交易的一部分。真正的风险不是它们。

那什么才是真正可怕的风险呢？

借用一句大师的话：

那些你确定无疑的事情，并不如你想象的那样，才是真正的风险！

4.5 有多少人，把"奇迹"当规律

给大家看只股票，是 2018 年的大妖股——恒立实业。

这只股的走势如图 5-36：

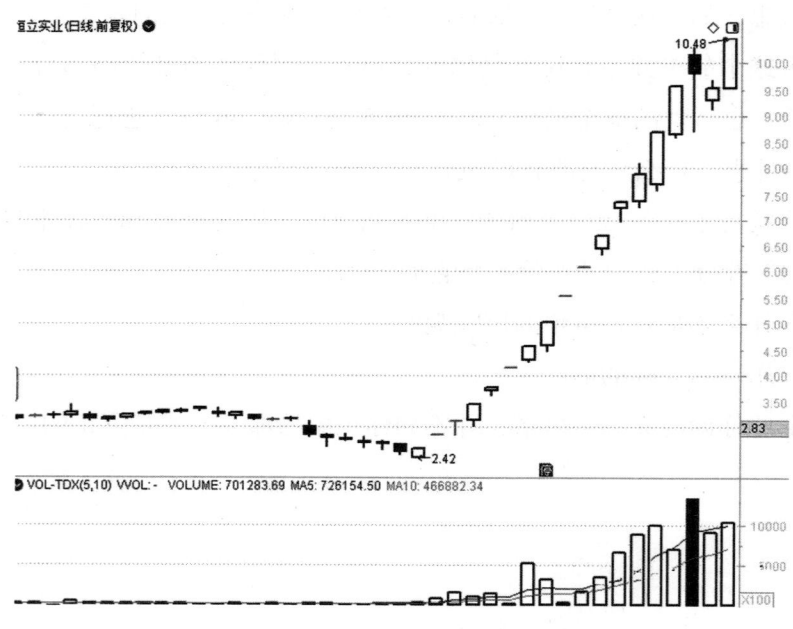

图 5-36 恒立实业走势图（2018 年下半年）

当时，很多人看到这只股以为"悟道"了。很简单嘛，龙头就是怼嘛，谁高干谁。

这个"悟道"对不对呢？

在很多人那里，也许是对的。但是在我这里，一无是处。

并不是说它没有一点合理的成分，而是这种理解龙头思维的起点是错的。

记得当时《证券市场红周刊》的工作人员跟我通电话，正好谈到这只股票，我就跟对方直言说：

恒立实业只能是现在是对的，今后这样做一定是错的。我相信很多人在恒立实业上赚的钱，一定会在其他股票上亏回去。

我不知道红周刊的工作人员能不能理解我这句话。

与此同时，我在广州的国泰君安期货搞一次活动，同样也讲到恒立实业，我当时的用词是：

只能此时，只能此股！

恒立实业短期暴涨的本质，并不是形态的胜利，也不是空间板的胜利，更不是分歧转一致的胜利，而是"特殊性"的胜利，是在特殊情况下的小概率事情。

简而言之，恒立实业之所以能连续翻3倍多，是在行情否极泰来的刹那的独特风景。它有很大的偶然性。

其中，最大的偶然性就是那个时候行情特殊。

特殊1：2018年一路走熊，资金憋了很久，需要一个发泄口。

特殊2：当时有壳资源题材，恒立实业就是壳资源活口。

特殊3：壳资源题材结束之后，汽车股又暴涨续命。

特殊4：即将死亡之际，科创板题材又来了。

特殊5：那个时候，炒作模式还没有高度一致性，也就是说，炒作空间板还没有成为公众号和各路大V的"共识"。

这5个特殊性，也许永远无法复制。但很多人却把它当规律。每次行情来了，就记住要炒最高板。其实，这只是从形态和外在上寻找逻辑，而不是从龙头本身找逻辑。

这不，最近这几天，大家又想按照恒立实业这个逻辑去炒鲁商发展。结果呢？请看图5-37：

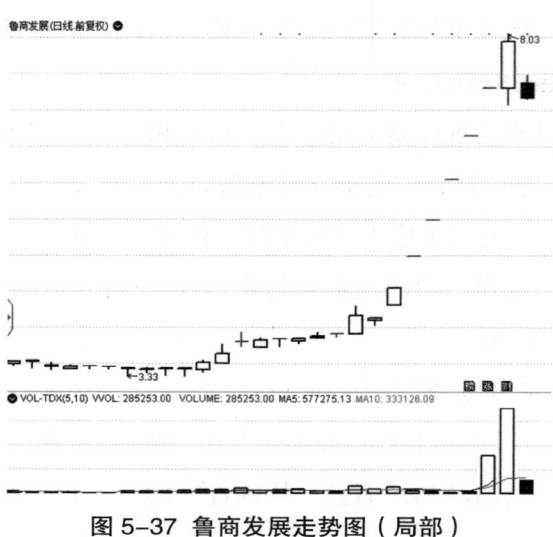

图 5-37 鲁商发展走势图（局部）

为什么鲁商发展没有复制恒立实业的逻辑，因为它没有那么多"特殊性"汇集。还有人更奇葩，昨天看了鲁商发展去 YY 宝鼎科技，其理由是形态甚至是分时图都很像。

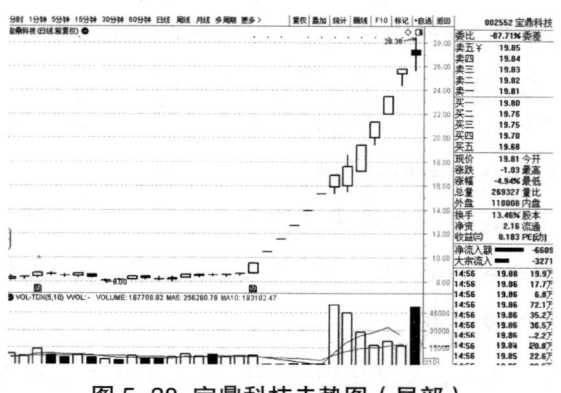

图 5-38 宝鼎科技走势图（局部）

确实有点像，可是炒股不能看"像"呀，应该看逻辑。

如果逻辑不对，所谓的像，也许是把奇迹当规律来看。

第六章

功夫在诗外

1. 比尔·盖茨与投资智慧

有一次我躺在床上看一本书，突然一句话触动了我：

人们总是高估新技术出现的第一个五年，低估第二个五年。

说这句话的是人比尔·盖茨。

这句话触动我的原因是它与我投资中的一个重要哲学是相通的。这个哲学是：

人们总是过于看好一个新题材热点的第一波，但往往会忽视和低估第二波。

比如，互联网刚刚来到人间，第一波大家非常兴奋，纳斯达克产生了超级大泡沫，A股那个时候也流行炒作互联网，有一个叫海虹控股的公司，与互联网沾边就炒上天。香港有个叫李泽楷的人，搞个数码港，炒疯了。

但第一波互联网泡沫破灭，产生了巨大的恐慌。

恐慌之后，很多人不信互联网了。比如，香港就是因为李泽楷搞了个互联网局，谈互联网色变，从而错过了整个互联网第二波，至今香港都没有大的互联网公司。

不只是香港，全世界的大多数人都是过于看好互联网的第一波，但忽视互联网的第二波。

而真正厉害的，就是敢炒互联网第二波的那批人。

比如，阿里、腾讯、亚马逊、谷歌，第二波才是真正的赚大钱的机会。凡是能够抓住第二波的，才是真正的互联网赢家。

比如，段永平重仓网易，张磊重仓腾讯，徐新重仓京东。

其实，何止是互联网，很多赛道都是，大多数人看好第一波，但第一波容易伤人，只有极少数人看好第二波，而第二波往往精彩。

特斯拉是这样的。

我们前段时间炒口罩也是这样的。

口罩第一波能赚大钱的，可能是靠敏锐，但第二波能赚大钱的，往往是靠智慧。

大家看看道恩股份，看看振德医疗，是不是真正疯狂的在第二波？

前段时间炒作光大证券也是，很多人第一波进去了，但一洗盘就下去了，当真正第二波赚钱机会来临时，又不敢来了。

这种现象与比尔·盖茨说的那句话有共通的哲学。

第一波或第一个 5 年，往往流于概念和名词，泥沙俱下，狂风走石，但过后往往一地鸡毛，也给参与者留下阴影和恐慌。但第二波或者说第二个 5 年，才是一个新事物真正发力的时候，才是它的质变。喧闹退去，洗尽铅华，才是真正值得投资的时候。而这个时候因为前一段的疯狂和泡沫的破灭让人心有余悸，大多数人往往不敢去参与，所谓"一朝被蛇咬，十年怕井绳"，从而低估和错过了它。但真正大的行情和赚钱机会，往往就存在于第二波和第二个 5 年。

当我们明白上述道理后，就可以跳出大多人的盲区，获得一种真正的投资智慧。

2. 为"马后炮"正名

高三的第一堂课，是数学老师给我们讲当年的高考题。

我清晰地记得，上一届高考结束没多久，我们就进入了高三的补习课堂。第一堂课是数学，老师拿着当年的高考题给我们讲怎么解。

如果能穿越回去，我想恶作剧地问老师一句话：

老师，讲讲明年的高考题呗。你现在讲的都是考过的，这不是马后炮吗？

我想，我的话一定会引来哄堂大笑。

这不是荒诞吗，谁知道明年的高考题！

这种荒诞显而易见：把去年的高考题讲清楚，提高智力和解题能力，这才是应对明年高考题的最好办法，而不是押注明年的高考题。这个逻辑估计连孩子都懂。

但在股市里，这种荒诞的事情天天发生。我每天都能看到无数人给我留言：

——能不能不要马后炮？

——搞点马前炮可以吗？

——股票都涨了你才说，之前干吗了？

——马后炮有意义吗？

——股价都涨了，说它还有什么意思？

这是怎么啦？为什么换一个领域，反智和荒诞就可以堂而皇之且理直气壮？

不得不说这是股市文化的悲哀，大多数人最想要的不是提高认知股市的能力，而是想直接得到结果。

可事实呢，谁靠别人给的马前炮发财了？

据我所知：一个都没有。

既然一个都没有，那我们就应该树立正确的股市价值观：

提高认知和理解股市的能力才是我们最高的圣杯！

那这种圣杯从哪里来？

只能从无数的反思、总结、实战，以及借鉴比自己水平高的人的反思、总结、实战中来。舍此，绝无他路。

可是这种价值观居然不是 A 股文化的主流，可悲可叹。我在很多个平台上都分享过我对股市的思考，我发现这些媒体受众的主流文化就是：

要股票，不要智慧。

要代码，不要方法。

当然，我写的文章至少有 70% 的内容都是讲方法、思路和智慧的，直接讲股票本身的，并不是非常多。即使讲股票本身，也是为了传达资讯和逻辑。我能够得到大多数读者的认可和厚爱，说明我个人的读者还是以提高认知和理解力为主，主流是支持我的，谢谢诸位了。

人以类聚，物以群分！

我们的主流是有正念的人！

但即使如此，依然有很多人误解我、苛求我，按照他们的意思，我只能写：

没有上涨的股票。

明天马上涨停的股票。

不能回顾和分析任何过往的股票。

每天对股票的涨跌进行判断：明天它们会怎么样？

一句话：他们要马前炮。

我不知道 A 股什么时候开始兴起马前炮文化的，是不是一开始就是马前炮文化。但据我所知，除了股票，其他领域很少这么热衷马前炮文化。

比如围棋，两个九段围棋高手下完棋后，无论谁输谁赢，他们都有复盘的职业习惯。

复盘也称复局，就是下完棋输赢已定之后，双方把刚才的棋再复一遍，碰撞一下，讲讲刚才下棋时各自是怎么想的，互相指点迷津。

按照股票圈的说法，这不就是马后炮。

对！

就是马后炮。

输赢都定了，你再在那里指点江山，还有意思吗？

有！

非常有！

复局对围棋水平的贡献甚至超过实战本身。我问过一些围棋高手，他们说围棋水平达到一定程度之后，要想再进步，只有跟高手下完棋后，从复局中来进步。

有些棋手平时大多数的时间并不是在和别人搏杀，而是把大量的时间用在复盘和打谱上。

在围棋圈，非常尊重复盘文化。一个围棋高手，哪怕天才如吴清源、李昌镐和柯洁，都不敢懈怠复盘，也都尊重对手的复盘。

也就是说，围棋领域最重视的不是马前炮，而是马后炮。

围棋被认为是人类智力最高的游戏，它的文化，理应是最正的文化。它的价值观，理应是最正的价值观。

围棋文化告诉我们，马后炮才是正道，才是主流文化。

何止围棋，其他领域也几乎都是围绕这马后炮来转。

比如战争，谁能给你一个马前炮？所有的将领不都是在总结马后炮的过程中成长起来的吗？

比如商战，哪个企业家是因为得到马前炮而成功的？哪个商学院不是天天在研究马后炮的东西？

再比如艺术，如书法、绘画、音乐，哪个不是在无数前人成果马后炮的熏陶下成长起来的？

围棋、军事、商战以及艺术，这些代表人类最高博弈智慧和最高才情的领域，都是把马后炮放在第一位的。想要在这些领域取得成果，没有一个是通过马前炮的捷径来实现的。

其实再推而广之，几乎所有的领域都把对过去已经发生的事实的研究，也就是马后炮作为主流文化和价值观。

医学院学的是马后炮的治病方案。

法学院学的是马后炮的法律案例。

商学院读的是马后炮的商业案例。

艺术学院临摹的是马后炮的大师作品。

这些都是天经地义的。怎么放在股市里很多人就不明白呢？

事实上，人类文明的进步，都是通过对马后炮的追问来实现的。人类的智慧，都是从马后炮中提炼而得到的。人类文明血脉的传承，也都是传承马后炮的东西。

马后炮水平的提升，才是人类文明进步的标志。

别小看了马后炮，我认为人和人之间的差距，主要表现在马后炮上。对已经发生的事情的不同认知和解读，才是衡量人与人之间差距的标志。

比如，一只股票突然涨停了，如果站在马前炮的思维上看，能在涨停之前就知道它会涨停的人，厉害。但是在我看来，涨停之后能够搞明白它为什么涨停的人，更厉害。

为什么？

因为如果你不明白它为什么涨停，你所谓的在它涨停之前就知道它涨停，纯粹是瞎胡扯。

没有马后炮的马前炮，不是神棍就是骗子。

我主动交的股神朋友，我主动加他们的微信，从来不是看他们马前炮的水平有多高，而是看一只股票涨起来了、一个热点和题材来临了、一个事实已经发生了，他怎么看，他怎么解读。

是不是顶级的股票高手，我从来不看他是不是提前预测了哪只股能涨，而是看他的马后炮水平。

每天都有很多牛股，每天都有很多涨停，我经常会看到一些人说：

这只股不能再追呀，你看都涨那么高了。

这只股完蛋了，你看它都出澄清公告了。

这就是个垃圾公司，这只股票完了。

我每天都会收到不同的留言，记得我做口罩股那会，很多好心人提醒我，其中有几个是这样留言的：

非常感谢你的文章，顺便提醒你一下，口罩股不能再做了，涨得太高了。

能不能别再写口罩股了，主力资金不认可。

口罩类企业被国家管制了，口罩股没有上涨的基础。

金健米业不种大米，明天要跌停了。

这些朋友都是为了我好，他们也是坦诚地提醒我，我很感谢。但天行有常，天地不仁，对已经发生的事情存在明显的错误归因，我怎么能信服他们接下来的观点呢？

谁告诉你金健米业是因为种大米而涨？

谁告诉你被国家管制的企业股价不能涨？

谁告诉你股价高了就不能涨了？

谁告诉你出澄清公告就一定会被核按钮？

别小看了马后炮，很多人是马后不炮，马后错炮。

我再强调一下，马前炮水平的高低取决于马后炮水平的高低。你不会马后炮，就不会马前炮。

马后炮其实是一个人全部能力的展现。马后炮反映了一个人看问题的思维、角度、深度和广度。

同样一个事实，不同的人得出的马后炮完全不一样。

每天晚上，都有很多的复盘软件，也包括很多大 V 的公众号复盘，他们会告诉你，这只股票涨停的原因是什么，这只股票成为龙头的理由是什么，等等。

说实话，我现在看着这些都想笑，因为根本不是那个原因。

后来我认识这些软件公司的人才知道，很多标注和解释涨停原因的都是一些炒股没有几年的小年轻总结的，有的甚至是实习生，他们哪里知道这只股是为什么涨停。

所谓的涨停原因，只是贴个标签而已。

说实话，现在市场上，还没有一个真正好的能够分析股市马后炮的软件。我曾经跟某社的老总建议过，组建一个团队来把这一块做好。

真正搞明白一只股票涨停的原因，那是非常了不起的，也是非常耗工夫的。我们常常见到这种情况：

一只股票连续涨停。

有的人说，它的基本面很好。

结果晚上出公告，业绩很差，但继续涨停。

于是又说它有什么新技术和新产品。

结果再来一个公告，否认什么新技术和新产品，但继续涨停。

于是又说它有个什么概念。

结果又出一个公告，否定了该概念，但继续涨停。

于是傻了，干脆给一个不想再找原因的原因蒙混过关。

——散户说你有，你就有！

到最后都没有搞清楚股价为什么涨。如果遇到几个"较真"的人去认真反复思考和追问，然后把自己的研究成果写出来，得到的往往是冷嘲热讽：

马后炮！有本事你提前说。

总有那么一些人，他们从来不关心真正的原因，他们在乎的是你告诉他下一个。

我恰恰相反，无论"较真"出来的原因是对还是错，我总喜欢花功夫去深究一下原因，我认为这比猜测下一个重要一万倍。

注意，我在乎的并不是你最终找到的那个原因是不是真理，而是在乎对原因的探索和深究不放。

也许你找到的原因并非终极原因，但是探索一只股票为什么上涨的过程中，你会得到很多思维上的升华和意想不到的收获。你的"打破砂锅问到底"的精神将永远把你和那些马马虎虎的人区分开来。这些东西将是你继续前进、进而大有才华的根本。

不想在马后炮上下功夫，将永远没有马前炮的能力。

说实话，我现在对任何人的马前炮都不感兴趣。他们明天看好什么对我一点意义都没有。有时候恰恰相反，看到太多的明日观点，我会害怕。因为只要是观点，无论你是赞成还是反对，它都会污染你的判断，让你不再清净。

我现在最在乎的一点不是马前炮，而是看马后炮。

言归正传。

那么到底有没有所谓的马前炮呢？

如果非要说有，我认为资讯才是真正的马前炮。那些刚刚发生的新闻，那些你还不知道的资讯，那些本来是连在一起的逻辑，但它们实际藏在分裂的片段的证据后面，这些东西才是马前炮。

或者这样说：

一切该你知道的并已经公开的新闻和事实，才是马前炮。

一切本来是有逻辑关系的证据但它们支离破碎，需要你去梳理和打通的东西，才是马前炮。

而哪只股票要涨，哪只股票要跌，明天看好哪只股票，从来都不是马前炮！

行文至此，不得不感慨，马前炮和马后炮本来是很简单的东西，我居然花费那么多笔墨去写清楚它们。

对马后炮文化的重视、对已经发生事实的追问和研究，本来应该是在所有领域都毫无疑义高度重视的东西，居然在股市里被人轻视甚至嘲讽。

A股文化怎么了？

在一个以挣钱为目的的领域，难道就可以急功近利到放弃对智慧的追求吗？如果没有对规律的总结和对历史的拷问，我们就能拥有智慧吗？

从有A股开始，仿佛就形成了对预测、押宝、马前炮的追捧，不得不说这是一种不好的股市文化。很多股民炒股二三十年，炒股水平毫无上进，与这种文化有很大的关系。

有人说活着是一种修行，我觉得在股市活着是修行中的修行。

因为从来没有一个领域像股市这样离钱那么近，离得失那么近。

近得很多人根本顾不上积累智慧，就想直接拥有结果。可事实上，没有任何一个领域像股市这样更需要智慧。

而获得智慧的唯一途径就是对马后炮的追问。

我们来股市是来挣钱的，但钱仿佛喜欢尊重它的人。

尊重钱最好的方式就是超越钱，尊重它的规律。

而规律就藏在过往的股票里。

3. 看股票书对炒股有帮助吗

看股票书对炒股有帮助吗？

或者这样问：炒股需要看书吗？

当然需要！

不过，关于这个问题并不是没有争论。我曾经推荐一些书给一些股友，没有想到对方这样回答：

看书有什么用？炒股靠的是练习，是实战。书上写的都是过去的事情，股市是最新的情况，看那些没用的东西干啥。

真的没有想到，这种思想居然代表相当多人的想法。

看书对炒股的好处还用说吗？据我所知道的投资大家，几乎没有一个不是看书狂人的。

总舵主徐翔的老婆透露，徐翔非常爱看金融书。我们看看徐翔老婆的原话：

他从那个时候就立志要做证券这一行。我以前是在证券公司任职，后来离职随徐翔来了上海。平时没事儿也看看书、追追剧，时间宽裕了，喜欢逛逛各种博物馆。我一直都很清楚，我个人没有什么能力，只是普普通通的家庭妇女。

以前徐翔老说我总看那些乱七八糟的书，都是些没用的书。但徐翔爱看的书，我一般都不看，都是一些金融、经济相关的书报。我帮他订阅了《证券市场周刊》《财经》、证券三大报等。每次报亭固定时间会送来，打包起来五六厘米厚。他会翻一翻，对感兴趣的篇章才会认真看。

他阅读量很大，看书也很快，每天还要看大量的研究报告。他晚上基本上深夜1点左右睡觉，早上是8点左右起床，8点多到公司开晨会，是典型的交易员生活习惯。

他也有投资失败的时候，仓位重的股票浮亏了，也会有压力，甚至影响到睡眠。在一些重大投资交易结束后，他会有一些总结，大多数都是投资失败的案例。

搬家的时候，我的书有好几箱子，现在装满了两个大书柜。他的书更多，大概是我的两倍，我给他放在其他地方了。

芒格和巴菲特不但爱看书，而且还跳出金融的局限，看其他领域的书。我们经常能够在巴菲特致股东的信中，看到妙语连珠，有的直接引用世界名著中的原话。

也有人说，那个谁谁谁就不是看书看成高手的，是实战出来的。

我不否认这个世界上有天才，无师自通，不读书照样可以成为顶级投资家。但这种路，常人走不得。

即使是在今天 A 股中封神级别的人物，大多数也都是喜欢读书的。或者说，读书是他们成长路径的一部分。

当然，他们成功还有一个原因，就是他们有个顶级的圈子或者顶级的师父，虽然他们自己没有天天读书，但是天天跟着这些顶级人物，就等于天天读活书。

如果你身边没有这种顶级人才，那你只有读书才能获得顶级人物的智慧。

一群大妈阿姨天天围着你，和一圈封神的股神天天围着你，能一样吗？

这让我想起马云，马云曾公开地说，他不是很喜欢读书，还发表过读书如何如何的言论，有个企业家当场就怼马云：

马老板比别人高明的地方是，他不读书都能找到高大上的理由。

其实马云不是不读书，而是马云身边有一批高人，全球顶级精英就在马云身边，马云天天跟他们在一起，就等于读天下最高水平的书。

事实上，读书"救"过马云。

马云曾经高考落榜，后来去打工，去肯德基应聘，没有应聘上。后来蹬三轮在火车站送东西，偶然间在火车站附近捡到一本路遥的《人生》，看完之后突然醒悟到，不读书不行，于是又回去复读，考上了杭州师范，这才有了后来的阿里巴巴。

所以，一点也不夸张地说，没有路遥的《人生》这本书，就没有今天的马云。

为什么我这么强调读书，因为读书对培养品格至关重要。

白岩松说：我年轻的时候有幸读到一套写曾国藩的书，时隔多年后，我重新再读，发现很多情节忘得差不多了，但里面的价值观，早已经变成我的了，成为我品格的一部分。

书的神奇，就在于它可以化为你无形的养料。

作为一个投资人，一方面需要投资专业书，一方面还需要读杂书。为什么杂书也要读呢？因为股市本来就是杂的，目的性太强，太功利，反而不适合股市。我当初写《龙头信仰》的时候，编辑拿到稿子，一看就觉得"不对劲"，因为书上的内容很多与股票"没有关系"，太杂。在编辑的观念里，股票书应该写股票，但在我的观念里，股票书和其他杂书的边界是没有那么清晰的。

也许有人会问，读微信公众号，读大 V 的微博，读网上的炒股帖子，能不能代替读书？

肯定不能。

为什么？

因为那些都是浅阅读、零碎阅读，你读的时候没有系统，对方写的时候也没有系统。

凡是没有系统的阅读，都难以引起质变，难以让自己脱胎换骨。

当然，也有人问：市场是最新的，书上写的都是过去，读书对炒股有意义吗？

此言更是差矣！

股市的表面是新的，但深层逻辑是旧的。太阳底下没有新鲜的事物。如果你觉得股票都是新的，那说明你没有思考到本质。

网上的帖子和微博，绝对很新鲜，但都是流于表面。深层价值观的建立，必须靠读书。

还有人问：股市靠练习，靠实战，读书岂不是纸上谈兵？

同样是错。

我搞不清楚，为什么其他很多领域，看书和实践不矛盾，而股票领域，很多人认为看书和炒股矛盾？

哪个名将不读兵法，难道读兵法就等于不行军打仗了吗？哪个大艺术家不读书，难道读书就不创作艺术了吗？

股票是一样，看书和炒股实践，从来不是矛盾的关系，而是相得益彰。有炒股实践，经常练习，才知道什么是好书，才知道怎么读书，读哪些内容；而能读到好书的人，才能更好地深度思考股市。

更有人说：股票书都是不炒股的人写的，真正的高手没有人写书，所以读书没有啥用。

这个误区更需要澄清。

A股文化中有个很不好的现象，确实很多股票书都不是炒股的人写的，有的人专门以写书为能事。记得国内有个出版社当初跟我谈稿子，一开始就跟我说，我们社签约的作者都是很厉害的人物。我问编辑怎么个厉害法。编辑说：一年能出三本书。

天哪。

我炒股近二十年，才能写出三本书，对方居然一年写三本。

这反映了国内股市文化很奇葩的一面。

但即使如此，我依然能看到很多好书，我们国内的新华书店里有很多是实战高手写的好书。虽然有的书不能面面俱到解决我们投资中的所有问题，但是那些书思考的深度以及观察问题的角度，绝对值得我们读一读。

也许那个作者水平不咋的，但他其中的几个看股市的角度，确实能帮到我们。

我看书从来都不是要对的答案和观点，而是发现新的角度和思维过程。所以，如果从这个角度上去看，而不是希望从书上找到"独孤九剑"，那么国内有很多好书。

如果因为作者的水平不如我们而不看书，那么巴菲特、徐翔岂不是没有书可以读了？

徐翔就说过："我学习股票，看书，听券商培训，也看国外投资方法。三人行必有我师，对宏观经济，也懂一点。"

三人行，必有我师。这句话太对了。

总之，读书其实意义无穷。

读书能拓宽、拓深我们对这个世界的理解，神交古人，神交能人。

如果你身边没有顶级人物，想要发生"质变"，唯有读书。

否则，你的价值观、你的炒股水平，就只能由你身边的那帮大妈阿姨决定，再顶多，也不过是由你的朋友圈来决定。

注：本人就是一个爱读书，也曾写过三本书的人。在这个过程中，本人更加深刻地理解到书的意义，也理解好书创作之难。当一个人呕心沥血而写出一本书的时候，无论是花一天，还是花一个小时来读读，赚的都是你。

因为你是站在他的肩膀上前进的。

4. 最残酷的事儿：小有才华

无论再过多少年，我都难以忘记一个人：

她叫王彩玲。

故事得从一部电影说起，这部电影叫《立春》。其主角正是王彩玲，扮演者是蒋雯丽。现在距第一次看这部电影已经过去十余年，但整部电影的故事和画面，依然让我难忘。

20 世纪；

80 年代；

一个小县城；

一个有歌剧才华的人；

这个人长着比较丑的脸。

这些元素聚焦在女主角王彩玲身上，似乎暗示着什么。

因为有才华，她不甘寂寞。因为在小县城，小地方的人欣赏不来她的才华。

好像那个时代有很多这样的人，我在上中学的时候，就见到很多。

要么会写诗，

要么会音乐，

要么会书法，

要么会画画。

我有一个很好的高中同学，其初中的语文老师就是这个类型的人，好像至今还在我们县里的初中教语文。他的才华是写诗，风格还是苏联式的，好像还会拉手风琴。

王彩玲跟这种人一样，属于县级的艺术人才。但她总觉得在县城委屈了她，一方面群众不懂艺术，也没有艺术氛围，另一方面她也看不起群众。

孤芳自赏。没有同类。

王彩玲在这样的县城有多孤独，大家可以想象。

但就是这样的一个人，她还看不起别人，都是给才华害的。

有一个不错的青年追王彩玲，王彩玲连正眼都不看他一下：他也配？

像王彩玲这样的艺术女青年，至少得懂得艺术的才能来追她吧。

正好，她所在的县城也有一个艺术男青年，是一个有绘画才华的帅哥，叫黄四宝，他在当地也比较郁闷，因为小县城同样也理解不了他的艺术，他的梦想就是想考中央美术学院，但家里人都反对他画画，认为他是败家子。

恰好他遇到王彩玲，王彩玲理解他的艺术梦想，两个人在精神世界里成了朋友。

但他不喜欢王彩玲，因为王彩玲长着一张很丑的脸。

不过，他要利用王彩玲，他要离开这个小县城，想靠着王彩玲去北京。王彩玲误会了他的意思，以为他要和自己私奔。

于是，王彩玲就带着他来到北京，在一个醉酒的夜晚，王彩玲睡了他。

他醒来后觉得被侮辱，跑到王彩玲的工作单位，当众羞辱王彩玲。王彩玲万念俱灰，选择了自杀。

命运好像捉弄王彩玲，她自杀没有死掉，于是开始了悲剧人物的一生。

她想在北京表演歌剧，但是北京人才济济，哪里缺一个小县城级别的歌剧人才呀？

她想去中央歌剧院，可是中央歌剧院连个打杂的工作都不给她。

她不得不重新回到小县城。

她的艺术梦想破灭了，而且周围的人好像理解不了她的歌剧艺术。偶有能理解她的艺术的人，都不是为了欣赏她的才华而欣赏她，而是为了利用她：

有人想利用她去北京，

有人想利用她假结婚，

有人想利用她参加青年歌手比赛获奖……

总之，没有人在乎她的艺术，没有人理解她对歌剧的爱，而她又不忍放弃艺术。

而此时，社会正在经历巨大变化，改革开放席卷全国，商品经济的大潮势不可挡。当年那些爱好艺术的人纷纷放弃了艺术，就连被她睡过的帅哥画家黄四宝，也早就成了倒买倒卖、坑蒙拐骗、被警察四处追赶的人，完全走向艺术的反面。

社会的变化也影响了王彩玲，她的征婚条件不再是一个能理解她艺术的人，她降低了自己的标准：

科员人员或 医生。

但没有找到。于是她决定一个人过，去福利院领养一个孩子，然后重新选择一份工作：

去菜市场卖肉！

你没看错，她不从事艺术了，改行去卖羊肉。

多么大的反差。

我还清晰地记得，当我看到她剁肉的镜头时内心的感受：

百感交集、五味杂陈。

导演，你有必要这么残忍吗？

不是，不是导演残忍，是生活残忍，是天道残忍。

很多人把这部电影当成一部小资的思考电影，也有很多人从文艺病的角度来解读这部电影。

我都不反对，但我有自己的理解。

剧中女主角王彩玲悲苦的一生，不在于她长得不漂亮，这个世上长得不美但生活幸福的人多着呢。

王彩玲经历这么多悲苦，以及被人利用，甚至一生没有爱情，我认为最大的原因在于四个字：

小有才华！

什么叫小有才华？就是有点才华，但这个才华又不是大才，不足以让业内人士侧目。如果是大才，是行业翘楚，能艺压群芳，长得丑没有关系，反而可以成为艺术风格。

但小有才华就不行。

小有才华后，王彩玲就看不起同在县城的其他人，她总是觉得自己应该属于北京，她在小县城的学校教音乐时，嘴边总是挂着这样一句话：

中央歌剧院正在调我呢。

为了圆这个面子，她四处花钱，到处找关系，想搞个北京户口，想去歌剧院哪怕当个杂工。

她的才华让她觉得小县城配不上她，但她的才华又没有大到能配得上北京。

这就是她悲剧的根源。

其实这部电影里，其他几个主角也都很类似，小有才华，但才华又不大。孤傲于世，不被人理解。

写到这里，估计很多读者都会联系到你们身边的人，也许你们的县城，或者你们现在的工作单位，也有这样的人。

没错，每个人身边都有这样的人。

但本文想要说的不是他们，而是你，是我，是我们自己！

我们是不是小有才华的人？

大家别误会，我不是说小有才华不好，其实任何一个单位都需要员工有才华：

工程师需要才华，能为单位的工程做贡献；

财务人员需要才华，能为单位财务稳健服务；

技术人员需要才华，能为单位革新和创造东西；

管理人员需要才华，能把单位管理得井井有条。

才华无论大小，只要有，总是好的。

但——

注意，接下来就是本文的核心思想了。

有些领域小有才华是好的，是福气，但有些领域小有才华可能就是一件残酷的事儿。

哪些领域小有才华是福气呢？

答：绝大多数领域，比如上面列举的工程师、财务人员、技术人员、管理人员，以及社会上绝大多数的领域，有才华总比没有才华好。

但一些特殊的领域，如果你是小有才华，而不是大才，那就是残酷的事儿。哪些领域呢？

答：那些小概率才能生存的领域，那些全国乃至全球人参与竞争的领域。

因为想要在这些领域做到成功，必须与绝大多数人竞争，其生存环境很恶劣。它不像你做个财务人员或者工程师，仅仅在你所在的县城就可以活得很滋润，而是要求你必须在整个行业做得很好，才能成功。

这样的领域，要么有大才，要么完全没有才，否则都比较难过。

如果没有才，能够安于平庸，反而能得到宁静，心平气和地生活。

如果是大才，能够把整个行业的资源为我所用，成为大家，别有一番光景。

而小有才华夹在中间，既不能让你在行业内取得成功，却又让你躁动不安，这才是最折磨人的。

很不幸，股市就是这样的领域。

在股票领域，如果你完全不懂，也许你亏不了多少钱，因为你敬畏，你不会贸然出手，你也不会疲于交易。

但怕就怕在你小有才华，读了几本书，了解了一些 K 线和基本面，而又没有达到大才的境界，对股市的根本规律没有掌握，却以为自己很能，这个时候是最可怕的。

我们经常听过这样一句话：凭运气赚的钱，凭本事亏回去。

它要表达的就是小有才华之后的一种残酷。

所以，要走炒股这条路，注定要比其他领域更难。在其他领域小有才华，可以比别人有更高的收入。比如你英语比别人好、你计算机比别人好、你口才比别人好，甚至你颜值比别人高，都是好事。

但在股市里，如果你仅仅是小有才华，你可能比别人亏得多。

因为股市这个领域是全国股民一起竞赛，成功的概率比较低，这样的领域有时候小有才华反而是一种罪。

那我们就不努力了吗？就做一个白痴吗？

非也！

我要表达的是，在股市里，我们不要小有才华，我们要大有才华。我们要比任何人都努力，要付出得比任何人都多，要对股市的思考比任何人都彻底通透，要让自己的才华炉火纯青，碾压别人，要把小知变成大知。

如此，才能成功。

否则，才华反而起副作用。

为了大有才华，我们不是努力，而是更努力，彻底地努力。我见过很多大佬，见过很多有游资，他们的风格和方法各异，但他们有个共同点，那就是：勤奋，努力，甚至在外人看来很辛苦、很拼命。

在股市里，任何方法和技巧，最可怕的是懂而又不能深懂，这种情况最容易亏钱。

而股市之难在于，如果你要深懂，你需要付出的至少是"懂"的十倍以上工作量。也就是说，从小有才华到大有才华，你需要的不是多一点点努力，而是努力十倍以上。

回顾我自己的投资过程，我发现最让我亏钱的不是我什么都不懂的时候，而是我刚刚总结出一套方法的时候或刚刚学会一种策略的时候。

因为一套方法和一种策略背后需要弥补的漏洞、需要补充的条件、需要打磨的细节，往往是方法本身十倍以上的工作量。

这个十倍，不仅仅是消化和完善，更需要时间的沉淀。

如果没有这个十倍，我不会对任何一个方法付出大的仓位，因为我知道：小有所得，可能是最危险的时候。

其实，直到今天我还战战兢兢，我还经常反思和推敲自己的方法和细节，因为我永远不满足于"小有才华"。

我知道，小有才华不如无才华。

各位读者朋友，你们也是。我不怕你们不懂股票，我是怕你们只懂一点，这个时候你们最有干劲，却又离风险最近。

注：本文是我的呕心沥血之作，不仅是写给你们的，也是写给我自己的。我见过太多的股民，也收到过无数封求助信，更跟无数个读者交流过，说真的，我见过无数个小有才华的股民。这也正是我担心的，因为这是最麻烦的。

本文想要表达的不是不让大家有才华，不是不让大家努力学炒股，而是要说，股市是个最难的地方，要学咱就狠狠地学，把方法和细节搞通透，搞彻底。

很多人能读北大清华，能当博士甚至博导，能在自己的行业成为精英，甚至是企业家、作家、科学家，但是搞不好股市。其原因一方面是股市需要特殊的天赋，但还有一方面是他们以为自己是社会精英，才高八斗，就可以直接把优越性迁移到股市中来。我要说的是，股市所需要的才，和你们在其他行业的那个才，它不是一回事。也许在你的行业，小有才华就可能让你成为那个行业的精英。但在股市，小有才华却是最害人的。

这个道理，希望诸君知晓。

如果做股票，就彻底把它做好，做到极致。如果不做，就碰也不要碰它。

如果爱，请深爱；若不爱，请走开！

5. 任正非以及我和你——一位职业投资者读了任正非发言后的所思所想

昨天下班之后，第一件事是把任正非接受采访的文字一字不漏地认真拜读一遍。读罢，感慨万千，整个晚上都沉浸在这种感慨里，直到现在还欲罢不能。

任总的发言格局很大，高屋建瓴，坦诚、自信、朴实无华。无论从哪个角度解读，都显得不如读他原话精彩和过瘾。我建议每个人，特别是每个企业管理人员，都应该读一读，甚至各行各业的人，都认真读读。

我的感慨很多，其中最大的一点就是：

人活在这个世界上，总应该为人类文明做点什么？

我是做投资的，有时候我会反思自己：除了在资本市场赢利，我为这个世界贡献了什么？我对这个世界有贡献吗？

我好像在哪里听黄渤说过一句话：孙红雷如果不演戏，不去当演员，对社会一点贡献都没有。

我们炒股的人，如果只炒股，对社会是不是没有一点贡献？

想到这里我脊背发凉。

我一般不信心灵鸡汤，但瞬间我就想起了中学背过的一段话，觉得这段话的意义比以前任何时候读都重要：

人究竟应该怎样度过一生？保尔·柯察金说："人的一生，应当这样度过：当他回首往事时，不因虚度年华而悔恨，也不因碌碌无为而羞耻；这样在他临死的时候，他就能够说：我已经把我的整个生命和全部精力，都献给了这个世界上最壮丽的事业——为了人类的解放而斗争。"

我们职业炒股的人能怎么说？可以拍着胸脯这样说吗？虽然现在不是为了解放人类，但至少应该为人类的进步付出些什么。

中国古人讲究立德、立言和立功。任正非的讲话中，处处充满对人类文明的思考，对民族未来的思考，对创新的思考，对商业本质的思考，这些东西配合上任正非那朴素和无我（个人股权很小）的"立德"，真是让我辈汗颜！

在任正非这种大气磅礴面前，李嘉诚、柳传志、王健林，乃至马云、史玉柱、刘强东、李彦宏，都好像变得不值一提。

于是，我找到任正非历年的讲话和发言稿，打印成纸质文件，计划每一篇都读一遍。今后这个任正非讲话稿，应该就是我的枕边书了。

关注我微信朋友圈的朋友都知道，我非常喜欢转发关于任正非的东西，无论是他的发言还是关于他的新闻，或者是华为的管理哲学。

听过我讲投资课的朋友也都知道，我最喜欢举关于华为的例子来说明投资的某些道理。我的《香象渡河》中，还有一篇专门探讨理论创新与龙头战法实践的文章。

之所以任正非和华为有任何风吹草动，我都喜欢去关注和转发，还有另外一个更加特殊的因缘。我和各位认识，以及我的投资圈朋友之间互相认识，也托任正非的福。请让我细细讲来。

我刚刚参加工作那会，喜欢去好又多，有一次在广州东山口的好又多书架上（很多超市没有书柜，好又多有专门的书柜，从这一点上，我就很赞赏好又多）看到一本书，叫《华为真相》。

这本书我不看则已，一看就欲罢不能。当时比较寒碜，工资不高，舍不得买这本书，就花了一个星期的时间，利用每个晚上逛超市的时间，偷偷地站在书柜旁边把这本书看完，有几次还遭到了超市管理员的驱赶。

《华为真相》里面的很多文章让我十分震惊，特别是读到任正非的文章《北国之春》和《我的母亲》，竟然有想流泪的冲动。读到华为的管理哲学和企业文化，那叫一个热血澎湃呀！

这才是好书，才是正能量的书！任正非和华为的故事，才是激励人前进的故事。从此，每当我看到有关于任正非和华为的文章和资讯，我都会搜集起来。

读这本书的时候，我产生了一个重大的念头：今后，我也要写一本书！一本能够激励人、启发人、影响人的书。

这就是我后来写《股市极客思考录》的初心。其起心动念可以说与任正非有特殊的因缘，是被他的故事感动的，也可以说是被华为精神感召的。

很多人都有写书的初心，但不一定都能拿起笔。岁月的冲刷，生活的琐事，工作的繁忙，还有人性的惰性，都让写书梦渐行渐远，我也一样。我的初心在心底很多年，都没有动笔写书，以至于后来有点慢慢忘了要写一本书的初心了。

后来，华为和任正非又一次"出现了"。这次，真正地促使我开始动笔写书。

我忘记是在 2013 年还是 2014 年初，我的好朋友，广东省中医院的何医生约我和另外一个朋友吃饭，我迟疑了一下，对方说是他同学，在华为工作。

华为？

我毫不犹豫地答应了。

当时有何医生，我，还有一个杂志社的领导，三个人陪那个华为的朋友。席间，我得知他是负责华为海外业务的，好像南美和以色列的业务由他管。因为我对任正非和华为特别感兴趣，就借着吃饭的时机，问了他大量关于华为的细节，特别是关于任正非本人的情况。他也跟我讲了很多关于华为的事情，记得当时我们喝的是五粮液，借着酒意，几乎聊到半夜。他讲得真切，我听得入迷。

就是那顿饭，让我又近距离地接近华为，这次不是书上的，而是别人亲历的。亲口听来的华为故事和任正非其人，更让我触动。不知怎么的，那天晚上我眼前多次浮现起多年前在好又多站着读《华为真相》的场景，想起最初接触华为故事的那种冲击和感动，当然，也想起要写一本好书的原始冲动。

于是，我再也控制不住自己，回到家第一件事就打开电脑，在 word 文档上为新书写下第一个字。

于是，历时两年，虽然中间历经很多困难，我还是坚持着把书写完。这就是我跟大家结缘的那本书——《股市极客思考录》。

没有这本书，我就无法认识大家，我投资圈的很多朋友也无法互相认识。所以，这本书是一个特殊的因缘。这个因缘，说与任正非有关，一点都不是空穴来风。

仔细想想，全世界50亿人，中国有13亿人，人和人之间的认识有多难，如果不是某种特殊的缘分，有些人穷其一生也无法见面，更别提在一起交流股票，一起探讨投资了。

这个故事藏在我的心底很多年，我从来没有对别人讲过，包括何医生和那个华为的高管，当然，《华为真相》的作者更无从知晓。

现在我不需要蹭谁的热度，也不是故意和任正非扯上什么关系，咱的地位和境界，也和他扯不上任何关系。而且，能读到我这篇文章的都是我的好朋友和读者。我这篇文章也没有任何商业目的，今天之所以把这个故事写下来，是因为昨天我读了任正非的采访稿，沉浸在任总那种伟大人格和思想里，不知道该写些什么，该说些什么，于是就记录下我成长里一段和任正非有"关系"的故事。在激励我成长的人当中，任正非绝对是重要的一个。

真心地对任总说声谢谢！

希望中国有越来越多像任正非这样的人！

6. 旗帜鲜明地反对"延长 A 股交易时间"

近期，有专家和媒体建议，延长 A 股交易时间。理由是，海外的交易时间都比我们长，我们时间太短。

对这种建议，我强烈反对。

理由如下：

（1）提出延长股市交易时间的理由太过荒诞：与国际接轨，国际上的主要国家的交易时间都很长，我们也应该延长。

这个是典型的只看形式不看本质。我们最应该与国际接轨的是保护投资者，惩罚上市公司造假，打击内幕交易。

某些专家对这种最应该接轨的东西视而不见，大谈最表层的交易时间，这是典型的避重就轻。

海外交易时间长，有诸多原因，也有诸多情况。比如，海外任何一个国家的股市投机性和赌性都没有 A 股严重，而且它们是 T+0，没有涨跌幅限制，垃圾公司有严格的退市制度，这种情况下，它们交易时间长，不会助涨投机和黑天鹅。

而 A 股市场是 T+1， 10% 涨跌幅制度，更关键的是赌性严重，投机最猛，如果这个市场延长交易时间，会出现什么，难道专家自己不清楚吗？

关于延长交易时间，还有一个证据。海外国家延长交易时间后，效果显著，原文有一个例证如下：

韩国为了增强与中国等其他亚洲国家股市的联动，先是在 2000 年取消了"午休制"，自 2016 年 8 月 1 日起，又将交易时间由 09：00 ～ 15：00 延长为 09：00 ～ 15：30，将交易时长增加至 6.5 小时。此后，韩国股市的流动性也得到了显著增强。

我只能说得出这个结论太过草率，包括韩国在内的很多国家股市效率和流动性增强的根本原因不是时间延长，而是它们不遗余力地保护投资者，打击内幕交易，让优质公司上来，淘汰垃圾公司，特别是严惩造假和欺诈，扩大金融开放。

而专家居然说是因为延长交易时间，这是典型的错误归因，为了自己的观点强词夺理。

（2）一个政策的出台，不能仅仅是为了与谁接轨，更不是为了形式，而是为了满足本质需要。

请问，A 股的交易时间不能满足交易需要吗？产生拥堵了吗？让投资者觉得时间不够了吗？

非也。

我相信，如果是真正在 A 股交易的人，会觉得 4 个小时很充足。而且，绝大部分人，其实用不了这么多时间。谁在 4 个小时来回交易了？本来就是一个 T+1 的市场，买了就不能再卖了，剩下的很多时间都花在思考和观察上，根本不是在交易。

A 股的本质是什么？无论你承认不承认，就是为了某些融资服务的需要，为了扩大融资。那么请问，这 4 个小时交易时间满足不了这个本质的需要吗？

（3）如果是价值投资者，根本不需要延长交易时间。价值投资者本来就很少交易，更多的时候是在思考和观察。监管层不是倡导价值投资吗，而这个倡导与延长交易时间没有半毛钱的关系。

（4）如果是短线投机客，也不用延长交易时间。我认识的大多数短线选手，都是上午 1 个小时就结束战斗，有的甚至半个小时、十几分钟就交易完了，顶多收盘前再做下尾盘。很多中间时段其实是没有交易的，因为 A 股是 T+1，再长的交易时段也无法来回折腾。

（5）投资最宝贵的是思考、调研和阅读，交易时间越长，越影响上述时间。理性的市场，需要理性的人，如果大多数时间都在交易，都在盯盘，哪里有时间调研和思考，哪里有时间理性。延长交易时间是助长理性呢，还是助长投机？

（6）只要交易时间延长，无论你是否交易，作为一个职业投资者，你都会盯盘。如果把交易时间延长到 8 ～ 9 个小时，我相信，中国人的颈椎病、肩周炎、近视、心脑血管疾病等，会大大增长。

延长交易时间害所有的交易员呀。

（7）最反对的理由是全民时间浪费。中国有多少老百姓炒股呀？各行各业的人很多，包括很多公务员和工程师，甚至包括一些科技研发人员，如果延长股票交易时间，这些人看盘的时间就增多，关心公职、实业和本职工作的人就减少，国家伤不起呀。我们国家几乎全民炒股，跟西方国家部分人炒股不一样，不同的国家不能生搬硬套，不能随便延长交易时间。

（8）总之，我反对的理由如果用一句话来表达，那就是：4 个小时能完成的事情，为什么非要搞到 8 ～ 9 个小时？

另外，我觉得交易时间不但不能延长，反而应该缩短，上午 1 个小时，下午 1 个小时。

得嘞！交易完该干吗干吗，折腾个啥。

7. 向每一位股民强烈推荐一部电影：《攀登者》

今天在电影院看了《攀登者》，看到还没有一半的时候，我就有一种强烈的冲动：一定要把这部电影推荐给所有我认识的炒股的人。

为什么？

并不是因为这部电影的思想性或者艺术性多么高山仰止，这里我们不谈电影的"质量"，我们谈这部电影对投资人的启发。

作为投资人，我已经养成了"职业病"，看什么都喜欢与股市联系起来。我曾经写下一句话：

以江河日月为师，以人间百态为法，远取诸物，近取诸身，深度思考投资。

这句话的意思就是万物的道理都能启发投资。电影《攀登者》里面就传达了这样一个道理，对投资的启发再深刻不过。

什么道理？

天时！

我跟很多人反复谈行情，并把它上升到敬畏天地的高度。也反复讲行情和择时的重要性。但是，我发现：讲归讲，听者照样屡教不改。

很多人依然是全天候操作，希望时时刻刻抓龙头。

是我没有讲明白吗？或者是听者没有听清楚吗？

皆非也！

那是为什么？

没有冲击力。文字的表达，语言的传递，往往难以撼动人性深处的深渊。冰冻三尺，非一日之寒，驱散人性之迷茫，也远非"知"能解决。

那怎么办？

借助于艺术！

我本人喜欢看名人传记和历史书籍，我发现很多人的成长与突破，往往不是受到大道理的点拨，而是受到某个故事、某本书、某个艺术加工的作品的震撼和冲击。比如，马云和潘石屹的人生的关键道路上，与路遥的小说《人生》《平凡的世界》有莫大的关系。

艺术有一种理性分析永远无法企及的心灵冲击力，它静水深流，它潜移默化，它暗流涌动，它深入人心闹革命。

电影作为一种特殊的艺术形式，它起到的作用更加独特，它对人内心的冲击更直接和猛烈。

同样是讲天时、讲周期、讲重视"天"的因素，《攀登者》这部电影所要传达的要害，是很多文字永远无法企及的。

在电影中，反复出现几个词：

"时间窗口""天气""暴风雪""气象"。

如果这几个词以理论和说教的形式出现，我估计很多人都会觉得听烦了，但是在这部电影里，这几个词就等于生命，等于成败。

这部电影在关键情节之处，反复在上述几个词上用力：女1号为了测天气状况而牺牲，男2号十几年来把当地的气候特征总结成文字，倒背如流，大量的细节和张力的剧情，会让你觉得"天时"不再是说教的文字，而是有温度的生命，是大于一切的科学。

看完这部电影，我保证你会对"天时"的理解不一样，保证你的投资段位升一个台阶。

这部电影在艺术上怎么样，我无法评论，因为我不是影评家，但是在投资上，却是一部非常生动的完美教材。

如此好的电影，我怎敢私藏？

在此，我向所有读者推荐这部电影，希望你们能在这部电影里，看到真正的"天"是什么。

第七章

中医与投资随笔

缘起：中医与投资

今年（2020 年）是新冠疫情笼罩的一年，各种隔离、各种检测和各种恐慌，让人们不得不重新思考健康，思考人类与自然，乃至思考生命。

我学过中医，曾经站在中医的角度上思考过健康和人生。疫情期间，因为大家对健康的关注达到极点，于是在炒股之余，我就分享一下我对中医的认知。为了增加大家的兴趣和可读性，我就从我的中医之缘开始讲，在讲投资的专栏写了一系列中医类随笔。没有想到，很多朋友对中医的关注甚至超过对股票的关注。

原因无外乎几个：

其一，疫情期间，大家对健康的重视超过其他所有事物，希望了解中医是怎么看待健康和生命的。

其二，健康与养生。做投资的人都比较辛苦，虽然在外行看来不用按时上下班，没有繁重的体力劳动，但内行人都知道有多苦。盘中高度精神紧张地看盘，盘后大量的复盘，平时思考和总结，常年面对电脑，各有各的问题。大家都希望从中医中找到保健和养生的方法。

其三，中医是医学，也是哲学，更是智慧，还是生活方式，很多朋友也希望从中医领域触类旁通，汲取一些养料，或用于改善生活，或用于启发投资，或用于开启智慧。

中医是中华民族独有的智慧，经过历代医家的丰富和完善，成了一门独特的医学体系。在武汉疫情最严重的时候，中医发挥了特殊的作用。我觉得有必要让我的所有读者了解中医这门医学，知晓中医独特的魅力和智慧，于是就把中医系列随笔摘录在这本写投资的书上。

　　投资，其实不是 K 线和估值的波动，也不是上市公司和投资者个人孤立的活动，它还是融入我们社会、历史和文化的综合行为。在这个行为中，需要的不仅仅是专业的投资知识，也需要综合智慧和体验。正所谓，见自己、见天地、见众生。而这方面，中医无疑可以助一臂之力。中医充满认知自己的智慧，充满着辩证法，充满着一气周流和恬淡虚无，也充满着阴阳平衡和物极必反。

　　人情练达即文章，世事洞明皆学问。

　　希望本章中医随笔，能够让大家更加智慧，也更加豁达。

1. 我的中医之缘（一）：结缘

有几个问题不能讨论，否则，容易没有朋友。

转基因问题；

特殊历史人物功过问题；

中医问题。

因为这几个问题在很多人那里容易非黑即白，一旦别人跟你的观点不一样，朋友都没得当。

今天我就冒着险讨论一下中医问题，希望不会让某些朋友跟我对立。怎么讨论呢？从我的经历说起吧。

有很多人看待问题，不是从事实出发，而是从"价值观"和他所接受的"知识"出发，我一开始也是这样。受过科学教育，我怎么可能认可中医呢？我的知识和"科学素养"的习惯让我觉得中医不科学。

记得我很小的时候，一旦生病，家人就带我去看医生，那个时候不懂得什么是西医什么是中医，只知道医生。现在回想起来，几乎看的都是西医，吃的都是西药。如果再仔细回想，好像也有几次看过中医，因为我印象中，医生那里有草根树皮之类的中草药。不过，我的直觉当中，把用中草药的医生当成土和俗，因为我生活在农村，天天接触草根树木，一点新鲜感都没有，倒是西医的白大褂、听诊器、吊瓶、注射器、白色药片，看起来神秘和新奇。

所以，印象里的童年，我更欣赏西医。

上中学大学后，特别是工作后，如果生病，看的几乎都是西医。我第一份工作在西安，是一个生产人血白蛋白的制药企业，刚入岗，接受产品教育，完全都是西医西药的理论，什么药代动力学、半衰期、药物毒理、化学结构的，看到工厂里的药物生产的流程，也全是现代化的，比如质检、冷冻、灯检、送样，等等。这是科学！虽然我不是学西医的，但是我一踏入社会接受的就是纯西医西药学的洗礼。

后来，因为在药厂工作，就接触了大量的西医，其中包括很多三甲医院的顶级教授专家。我对医学感兴趣，喜欢跟这些专家请教医学问题。记得有次吃饭的时候，跟几个大教授聊到中医问题，我问了一个问题：中医到底有没有道理？科不科学？

有个西医当场就放下筷子，很生气地说：中医完全是胡说八道。清末民初的时候，中国人面黄肌瘦，就是因为中药吃多了。然后，其他几个西医也接着喷中医。

他们是医学学术的顶端，他们的观点，我当然信服。这件事情，更加让我在价值观里排斥中医，曾经很多年，一直对中医成见很深。

直到后来，我自己亲身体验了一些事情，对中医的态度才转变。

有一年夏天，我特别喜欢吃西瓜，几乎一天吃一个。上下班路上，只要有冰冻的西瓜，都得买上几个。广州这边天气热，夏天持续的时间很长，吃西瓜持续的时间也很长。按照西医的说法，西瓜维生素含量高，又健康，不会长脂肪，天然绿色。但吃久了之后，肠胃坏了，开始拉肚子。我当时也不知道什么原因，就去问医生朋友，西医说做个检查吧。检查结果出来，没有任何问题。西医说，不用担心，没事。我又问西医，会不会是西瓜的原因。西医说，西瓜那么健康，怎么会？

后来西医给我开了一点益生菌之类的药物，但是无效。抱着试试看的态度，我去看中医，中医说这是脾胃虚寒，并当即告诉我应该立即减少吃西瓜，特别是冰冻的，也不要喝冰冻啤酒。中医先让我调整生活方式，饮食结构先改变，还要注意不要对着空调吹。

天啦，广州夏天那么热，诸位可没有在广州生活过，不知道广州夏天那个鬼天气，热得要死。我刚来广州那几年，夏天回到家第一件事就是把空调打开，对着猛吹一阵，边吹边吃着西瓜。现在中医突然叫停我这种生活方式。

因为西医没有办法，那个益生菌根本解决不了问题，我只有相信中医了。记得当时中医给我开的处方是"参苓白术散"，略有加减，加上了附子和龙骨牡蛎。

这个中医还热心地推荐我看一本书：黄元御的《四圣心源》。

后来我才知道，此时此刻，就是我中医之缘的开始。

这种缘分之深，是我当时无论如何也想象不到的。正如一句流行语：如滔滔江水，连绵不绝。

中医开的药，对我很有效。这让我更加向往中医。后来，我干脆自学中医。

我在《龙头信仰》的序言里，引用王家卫导演的电影《一代宗师》里宫二的话：

我爹常说，我这种人，唱戏能成名角，出家能成高僧，因我会迷。

我觉得这句话是说我自己，因为我很容易迷上一件事，中医就是让我深深着迷的东西。一旦我自学中医，就陷进去很多年。

《四圣心源》不适合作为中医的入门书，它有很深的专业性，一下子看不下去。第一本真正让我觉得中医高深和神秘的书，也是第一本让我觉得中医有道理的书是刘力红的《思考中医》。

但《思考中医》这本书毛病挺多，它神化了中医，不利于中医的去魅化过程。事实上，这本书仅仅是培养了我对中医无限向往的兴趣，对我真正的懂中医并没有太大帮助。

真正让我痴迷研究中医的是罗大伦关于中医的一系列书籍，特别是罗大伦讲了历史上很多中医的传记故事，让我看得热血沸腾。哪里是中医传记，简直是武侠传记。一个个中医如同大侠，治病救人，太过瘾了。

对一个外行来说，如果没有师承，想学中医简直不可能。我怎么从这种不可能变成可能呢？就是我有我的方法，这个方法，我也用在研究股票上，现在可以跟大家分享一下。

（1）研究"中医史"，从秦汉到近代，所有中医史上的事情，我都去系统地阅读学习。读史是培养兴趣的关键，更重要的是可以对一个领域进行鸟瞰，对发生在中医领域的各大杰出人物、中医大家以及各大流派，进行一个系统了解。我研究股票也是，先对股票领域所有的大家和流派，所有的投资方法，进行系统学习，对股市上的所有的牛股，进行系统复盘。

（2）在百度上，查看所有能找到的中医中药的纪录片。视频能起到书籍起不到的作用，而且出现在纪录片里的人物，都是当今中医界的顶级人物，他们讲中医中药，其境界和趣味性，远非读书能比。很多经典处方，都有纪录片。很多中医方面的典故，纪录片上也有。记住，我说的是纪录片，是正规的中医中药纪录片，不是指电视上的寻医问药那种软广告，这点一定要分清楚。

（3）广交中医朋友。广东省是中医大省，广东人对中医的认可，是全国第一位的，所以这里有很多中医大家。对中医有巨大贡献的邓铁涛就在广州。其实，广州还有很多水平很高的中医，我都想尽办法接近他们，跟他们认识，跟他们聊天，跟他们学中医。不但广州、北京、南京、上海的，其他地区一些水平高的中医，我也想办法去接近去学习。所以，现在很多外地的朋友生病，反而问我去看哪个中医。

当然，这些都是"外围"工作，想学中医，必须读专业书、读专著。我读的专著是什么？

（1）《伤寒论》和《金匮要略》。我看过的中医史家、中医纪录片、中医书籍，大家共同推崇的最集中的就是一个人：张仲景。张仲景被称为"医圣"。现在我们一提起中医大家，往往能说出很多，比如扁鹊、华佗、孙思邈、李时珍、叶天士，等等，但略懂中医的人都知道，这些人加起来的贡献，都不如张仲景。但是，张仲景的《伤寒论》和《金匮要略》看不懂呀，太深奥了。不信，我引用一段：

问曰：病有太阳阳明，有正阳阳明，有少阳阳明，何谓也？

答曰：太阳阳明者，脾约是也；正阳阳明者，胃家实是也；少阳阳明者，发汗、利小便已，胃中躁烦实，大便难是也。

各位，你们谁来告诉我是什么意思？

我当时完全不懂。但所有医家都说了，要学好中医嘛，必须读懂《伤寒论》，怎么办？硬着头皮去研究。我当时是怎么做的呢？看现代人怎么解释，找现代的版本。我把当今几个顶级医家关于伤寒的各自的解释全部买来看，包括：

刘渡舟解读《伤寒论》版本；

陈亦人解读《伤寒论》版本；

岳美中解读《伤寒论》版本；

郝万山解读《伤寒论》版本。

后来还有陈伯坛的、胡希恕的、黄煌的、陈明的，等等。

老天不负有心人，我居然啃下来了。对《伤寒论》的研究，对我学中医的帮助很大。后来我发现，其他所有中医大家推荐的中医书籍，都是从《伤寒论》开枝散叶出去的。张仲景被称为"医圣"，那是当之无愧的。

不懂《伤寒论》，几乎等于不懂中医。现在网上那些关于中医讨论的文章，我几乎都不想看，因为没有几个读过《伤寒论》，读也没有几个下过功夫读的，其观点太肤浅。

（2）读大家、读医案。也就是研究医学大家，以及他们看病的案例、处方，看看医学大家怎么治病的。这方面，我读得最多的是刘渡舟的。我认为，刘渡舟是近代百年之中，国内中医理论和中医水平最高的一个人，只可惜他生在近代，如果在古代，他应该至少能与朱丹溪、李东垣齐名。

除了张仲景，对我影响最大的就是刘渡舟。

除了刘渡舟，我还读张锡纯的《医学衷中参西录》、黄煌的《经方》、胡希恕医案、施今墨医案、罗元凯医案、熊继柏医案、李可医案，等等。

（3）读教科书。就是读中医院校本科生的书，包括医学和中药学。

这样，我扎根研究了中医三四年。但是其中发生了一些事情，就是中医有时候效果不立竿见影，有时候感觉没有名家医案上那么好。是不是现在的中医不如古书上的好？

我对中医又怀疑了。不过，后来发生了几件事情，让我打消了这个顾虑。

十年前，我在成都四川大学本校区参加研究生论文答辩，答辩之前，为了减轻压力，我跟几个同学去九寨沟玩。九寨沟的水太美了，清澈见底，我忍不住就捧起来喝了几口。傍晚，九寨沟又吹起了风，我不由得打了一个寒颤。晚上回到酒店，突然发烧，呕吐，浑身发热，还怕冷。当时害怕极了，因为酒店附近没有医院，生病的时候也在晚上，第三天还得去参加论文答辩，就是去医院挂吊针也要几天才能好，偏偏这个时候生病了。这让我如何是好？

我就琢磨自己学过的中医。虽然我学了很多中医知识，但毕竟不是医生，没有处方权，也没有办法给别人开处方看病，也就是说，我没有中医实践。这次我要给自己实践了。我给自己开了藿香正气的方子，去附近药店买了藿香正气水和藿香正气胶囊，两种一起吃。吃完后，蒙头大睡。奇迹发生了，第二天早上，呕吐拉稀全好，好像没事人似的。第二天早上还能大吃大喝，而且，第二天我还跟着旅游车去了黄龙山顶，那天黄龙山还下着大雪。真是感谢藿香正气！感谢中医！如果是用西医治疗，估计要好几天。中医第一次让我觉得在实战中这么灵验。原来，中医典籍里的记载，不欺我也。

还有一件事情，有一年我回老家，也是冻着了，呕吐恶心，浑身怕冷，我根据九寨沟的经验，给自己开了藿香正气。但是不管用。我错在哪？反思。我从中医典籍里找适合我的方子，忽然一个方子浮现在眼前：小柴胡颗粒。于是我让家人帮我去药店买点小柴胡颗粒。果不其然，只吃了一袋小柴胡颗粒，睡了一觉，醒来时，突然觉得身体没有任何异样，完全好了。

　　这两个故事全是真的，我又不是医生，不需要宣传自己的医术。我也不是卖药的，不需要宣传这两种药。这是实实在在发生在自己身上的事情。中医让我信服。

　　后来还发生了更多让我信服的事情，下次接着聊。

2. 我的中医之缘（二）：长短

我们接着聊中医。

发生在我身边的中医案例还有很多，都是我亲身经历的。

有一年，我的父亲得了一种特殊的病，我来描述一下症状：平时没有任何事情，但有时候，突然感觉恶心，有一股气火辣火辣地往上蹿，撞击胸口和喉咙。气上蹿的时候，非常难受，必须立即蹲在地上或者坐在椅子上，一动不动，等气撞击完。有时候气下不来，我爸爸会吃一口馒头压一压，或者吃点其他东西，否则就一直难受。

这种病最诡异的地方在于它不规律，有时会一天几次，有时候几天都没有一次。所以最害怕外出，因为如果在外面突然发病，只能立即蹲下，哪里都不能去。而且这种病一旦来了，气蹿多久也不确定，有时候一会，有时候很久。

我爸爸看了很多西医，拍了很多片，没有一个西医能看好。最后西医给的结论是：神经官能症。

西医给的建议无非就是休息好，放松，不要干重活之类的话。

后来，我爸爸从老家来广州看我，跟我说了这个症状，瞬间，我的中医底蕴告诉我中医有办法。但我的中医水平不行。于是，我就找了一个我信服的中医，他给开的处方好像是半夏泻心汤。吃了大概一周吧，不行，而且还拉稀。我觉得没有找对人，于是就换了一个中医。这个中医我一会会重点推荐给大家，他是我认识的实战水平最高的中医之一。

我带我爸爸去找他看病，我爸爸还没有把症状说完，这位中医的脸上立即露出自信的笑容，连一分钟都没有思考，立即开了一个处方：乌梅汤。

中医讲究望闻问切，为什么这个中医连问都没有问清楚，脉都还没有把，就"草率"地开出处方呢？其实，我当时也有顾虑，也觉得这个中医草率。

必须插一段话，后来我中医水平高了才知道，外行所谓的望闻问切，是一种规范的学术说法，事实上，很多大家，有时候看一眼就知道是什么病，根本不需要病人说话。望而知之谓之神。我有一个中医朋友，广东省中医院的何宜宾医生，他有很多次看病，就是病人刚刚坐下，他第一眼看到病人，直觉中就浮现出一个处方。这跟我们炒股票一样，并不是所有的股票都需要把基本面、技术面、形态等，都研究一遍，有时候就是一种感觉：龙头就是它。这种感觉是厚积薄发之后的灵性一现。我在《龙头信仰》这本书里写道，这叫"一眼花开"。中医也有这回事。

再回到刚才的现场，更让我觉得"草率"的是，我爸爸还没有吃他开的药，这个中医就很自信地去跟他的几个学生说这是什么病，应该怎么治，云云。

病还没有治好呢，你这就当成成功案例教给学生了，这不是"狂傲"吗？

后来的事实证明，人家真的不是狂傲，而是自信。我爸爸吃了他开的乌梅丸汤剂之后，不到三天，效果非常好。一个星期之后，立竿见影。这个时候刚好老家有事情，爸爸要回老家。临走前，又去复诊一次，这个中医又开了七服乌梅丸汤剂，并嘱咐，汤剂吃完后，再吃半个月的乌梅丸中成药。

按照这个医生的医嘱吃完药后，我爸爸的所谓"神经官能症"彻底好了。

后来我查医学书籍，对那个中医佩服得五体投地。因为这个方子再熟悉不过，为什么我没有想到呢？

厥阴之为病，消渴，气上撞心，心中疼热，饥而不欲食，食则吐蛔。下之利不止。（《伤寒论》厥阴病篇）

我爸爸的病症是典型的伤寒论上的厥阴篇的症状，用厥阴篇的主方"乌梅丸"再对症不过。

在这里，请允许我把这位能够瞬间开出乌梅丸的"神医"的名字告诉天下所有人，他叫黄仕沛！广州的著名中医。

我爸爸看病的同时，我三姐也跟着一起去。看着黄教授的水平那么高，我三姐也想让黄教授给看看。她是什么病呢？牙出血，在上海最好的牙科医院看了很多次都没有看好，口腔里面还容易出现溃疡。更难过的是失眠，整夜整夜地失眠，困扰她很多年。但看完所有的西医，也没有办法。后来医生还是那些话：不要给自己太大压力，生活规律一点，注意休息，云云。

黄教授给我三姐看了，也是很快开出方子，一看方子，我懂呀：黄连阿胶鸡子汤。

先煮黄连、黄芩、白芍，加水，浓煎至3杯，去渣后，加阿胶烊化，再加入鸡子黄（此鸡子黄为生鸡蛋黄），搅拌均匀即可。

这服药比较贵，因为当时阿胶涨价。我三姐吃了一个星期，但奇怪的是，这次黄教授"失手"了，没有效果。我三姐临离开广州前，我硬拉着她又去看了一次黄教授，黄教授还是"固执"地开原来的方子，这次是开了七服药。这次我三姐是把药带回她住的地方吃。

后来，我三姐感觉效果不好，煮药又嫌麻烦，吃了三服药，就没有继续吃了。

一段时间后，我打电话问问三姐怎么样，她说没用，没有治好。我听了心里很失落。当然，我也理解，并非所有的病都能治好，失眠本来就难治疗。

大概一年之后，我又见到三姐，发现她胖了很多。我就问她还失眠吗？

我姐夫抢着回答：现在睡都睡不醒，牙也不出血了。奇怪了，怎么会这样？我三姐说，也不是吃药吃好的，当时吃完药没有效果，后来过几个月没有管它，它自己好的。

我的天呀，这哪里是自己好的，这分明就是药的效果。对于有些慢性病，中医不可能马上让你好，但是慢慢调整，过段时间效果才显现。我三姐失眠和牙出血的症状的改善，分明是黄教授的功劳！

我的读者中，也有很多中医，有的是中医大家，这种情况你们也可以给出专业的回答，是不是存在这种情况。

中医非常神奇，如果不是身边的人亲身体验，我也不会这么相信。后来，我更加信仰中医，更努力地学中医。

之后，我一头扎进中医的世界里。先后研究了刘渡舟的所有书籍、胡希恕的书籍、郝万山的书籍、广东中医药大学李赛美教授主编的《名师经方讲录》、李可和火神派的书籍、黄煌的书籍、张炳厚的书籍，等等。

只是后来太喜欢股票了，才把中医搁置。

我在网络上也看过很多关于中医和西医的讨论，见过无数的中医粉和中医黑，大多数时候，我只看不发言，因为很多道理讲不明白，就像佛教弟子和基督徒辩论一样，很难有答案。

中医当然有毛病，但是那些反中医的却很难说到点子上。我本人不是医生职业，对于医学，我只是玩票的。其实，我骨子里是中医粉，也是西医粉。为什么不可以同时喜欢中医，也喜欢西医呢？我学过很多西医的东西，比如药理学、病理学，等等。我对西医的了解比很多人丰富。我喜欢的不是中医或者西医，而是整个医学。

站在一个客观的立场上，我来谈谈中医的优点和缺点。

先说说中医的优点：

（1）中医在很多西医无能为力的地方，有神奇的效果。比如骨质增生、腰椎间盘突出，西医只能让你手术，但还不能保证手术后一定会好。

中医在这领域有很多其他的效果，特别是正骨中医和针灸。西医喜欢把很多解决不了的病往三个地方装：免疫力缺陷（低下）、神经官能症、植物神经功能紊乱。其实，中医完全不认可。

（2）中医更快、更彻底、更没有后遗症。西医很多病，虽然治好了，但是有很多后遗症。比如"非典"病人，虽然好了，但是骨质疏松，骨头坏死，等等。不仅是"非典"，很多种病，西医都会留下后遗症。而中医治不好则已，一旦治疗好，就很少有后遗症。

与很多人的认知相反的是，中医不慢，只要对症，中医疗效比西医快。我看刘渡舟的医案、李可的医案，那简直是快意恩仇。很多时候我在想，如果刘渡舟还在，今天的很多情况，他都可以大展身手。刘渡舟经常抢救中毒的病人。

还有几个中医也很厉害，比如施今墨、蒲辅周，治病也是霹雳手。

民国的时候汪精卫号召废除中医，但是他的岳母生病，找遍所有的西医，都治不好。当时著名的中医施今墨在，给他岳母开了几服药，谈了一个条件：如果我给你岳母治好了，你别再掺和废除中医行不？

汪精卫同意，施今墨就开了几服药，嘱咐怎么吃之后，便起身就走。汪精卫的老婆拦住问：你下次什么时候来复诊？

施今墨说：复什么诊？一诊可愈，不必复诊。

后来果然，药没有吃完就好了。汪精卫也停止掺和废除中医的事了。

我经常看大家的医案，都是一两服药把人治好，真是让人拍案叫绝。其实，懂得中医原理的人都知道，中医不慢。

如果哪个中医慢，给你治了很久病也治不好，说明水平低，或者没有诊断清楚，药不对症。

（3）中医是一种哲学和生活方式。这是中医跟西医最根本的区别。怎么看待生命？怎么看待病？怎么看待死亡？中医有自己的哲学。今天的西医院里，很多大人物和富豪，年老后，插满了管子，挂着各种营养液。

家属知道病人的感受吗？生命的意义还有多少？

我经常跟一些西医教授讨论这些问题，当然这里不好深谈。

中医对生命的理解，对临终治疗的方案，远远比西医高明。而且，中医讲究治疗生病的人，而不是人生的病。中医的整体观、宇宙观，远非西医能比。

现在的西医，这样说吧，如果你得了病，你觉得西医能治好吗？

非也，西医只是控制而已。

糖尿病、高血压等内科病，一旦你得上，西医会跟你说一句话：药不能停。你的余生都得吃药。

今天西医的治疗方案，其实是被利益和工业绑架，被各大跨国药企以及扶植的专家绑架。

我的很多西医朋友跟我说：治病的最好办法，就是你别得病！

你以为病是医生治好的吗？很多病治不好的。

所以特鲁多的墓志铭上写道：To Cure Sometimes, To Relieve Often, To Comfort Always。

这句话翻译成中文是：有时去治愈，经常去帮助，总是去安慰。

说起来悲观，所以各位读者，好好锻炼身体，当你得了病你就知道，西医会告诉你：你自己比医生更重要。

但是，这种观点在中医那里完全不是，我看的中医典籍、医案，以及中医伦理，其哲学思想是：有的病，中医完全是治好，就是治了让你不再依赖药物，而不是像西医那样。而有的病，以减轻痛苦、培养正气、提高元气为主，不去过度干预生命自己的规律。

去年有部电视剧叫《老中医》，陈宝国主演的，有个病人奄奄一息，找到孟河派名医，结果医生却说：我治不好。意思是，油尽灯枯，让他去吧。

可是，西医不这样，哪怕临死，西医还给病人一大堆治疗方案，耗费巨大的医药费和医疗资源，也无法延长多久病人的寿命。

我有个也许很不正确的观点，我认为：西医是工业的分支，甚至西医是经济学。而中医是哲学的分支，中医是伦理学。

当然，中医还有很多优点，不再一一说，现在再说说中医的缺点：

（1）中医太难学。别看上面的医案很精彩，但是那都是大医家。很多普通的医生，很难达到那种水平。中医不像西医那样好标准化，好培养人才，好传承。而且，学好中医需要的不是智商，而是天赋和使命，特殊才能。这一点很多西医理解不了。我见过很多著名的大中医，都是天赋异禀，且年龄稍大，至少35岁之后，大多数都是50岁以后。

（2）中医非万能。也许有些中医粉太爱中医，总是觉得中医可以治疗好任何病。当然，我不否认这种精神和勇气。但我接触的现实是，中医绝对不是万能的，很多病中医也治疗不好。

中医坦诚这种观点，会少挨很多骂。一些老百姓对中医的期许也是万能的，因为很多中医也这样自我立"人设"，结果引火烧身。

比如说，鲁迅的父亲，没有被中医治好，结果鲁迅骂了一辈子中医。但是，鲁迅的父亲病重到了晚期，西医也治疗不好呀，放在今天也不行。再比如，孙中山晚年，西医搞不定了，找来中医，结果中医也没有治好，很多名人就骂中医，你不是能吗？为什么救不活国父？

中医又不是神，我认为中医救病不救命。命有天数。

上面提到的黄仕沛教授，他很厉害，但是我后来介绍的其他病人，他有的治好了，有的也没有治好。

很多病，确实是医学无法解决的，无论中医还是西医，在这方面，中医和西医何苦互相攻击呢？

（3）中医容易造假。各种养生大师，各种大力丸，无不打着中医甚至祖传中医的旗帜。不过仔细想想，这应该不是中医的缺点，因为骗子根本不是中医，他既不是中医也不是西医，他根本不是医生。中医被人抹黑，实属冤枉。

今天很多人攻击中医,其实就是攻击伪中医,把伪中医当中医来攻击。

（4）中医面临"药亡"的困境。有句过激的话:中医将亡于药。为什么?现在的污染,转基因,添加剂,让很多药材被催熟,人工养殖,甚至添加各种化学物品,早就失去了古朴道地以及成色。柴胡造假,人参造假,龙骨造假,阿胶造假,这让中医怎么活下去?

3.我的中医之缘（三）：传承

接着聊中医。

学中医之前和之后，最大的变化是思想变了，性格变了，看待生命的态度变了，心性也改变了很多。所以，中医给我最大的恩赐是带来了一种哲学和价值观。

记得第一次看《黄帝内经》"上古天真论"的时候，那种震撼至今难忘。其神韵、文采和思想性，以及哲学品位，足以和《周易》《老子》《论语》媲美，也足以和历史上的任何优美散文媲美，所谓韩柳欧苏，也难以望其项背。每当我吟读时，都不忍独享，都想分享给我的好朋友。原文也不长，我一字不落地让大家看看：

昔在黄帝，生而神灵，弱而能言，幼而徇齐，长而敦敏，成而登天。

乃问于天师曰：余闻上古之人，春秋皆度百岁，而动作不衰；今时之人，年半百而动作皆衰，时世异耶？人将失之耶？

岐伯对曰：上古之人，其知道者，法于阴阳，和于术数，食饮有节，起居有常，不妄作劳，故能形与神俱，而尽终其天年，度百岁乃去。

今时之人不然也，以酒为浆，以妄为常，醉以入房，以欲竭其精，以耗散其真，不知持满，不时御神，务快其心，逆于生乐，起居无节，故半百而衰也。

夫上古圣人之教下也，皆谓之虚邪贼风，避之有时，恬淡虚无，真气从之，精神内守，病安从来。

是以志闲而少欲，心安而不惧，形劳而不倦，气从以顺，各从其欲，皆得所愿。

故美其食，任其服，乐其俗，高下不相慕，其民故曰朴。

是以嗜欲不能劳其目，淫邪不能惑其心，愚智贤不肖，不惧于物，故合于道。

所以能年皆度百岁而动作不衰者，以其德全不危也。

帝曰：人年老而无子者，材力尽邪？将天数然也？

岐伯曰：女子七岁，肾气盛，齿更发长。

二七，而天癸至，任脉通，太冲脉盛，月事以时下，故有子。

三七，肾气平均，故真牙生而长极。

四七，筋骨坚，发长极，身体盛壮。

五七，阳明脉衰，面始焦，发始堕。

六七，三阳脉衰于上，面皆焦，发始白。

七七，任脉虚，太冲脉衰少，天癸竭，地道不通，故形坏而无子也。

丈夫八岁，肾气实，发长齿更。

二八，肾气盛，天癸至，精气溢泻，阴阳和，故能有子。

三八，肾气平均，筋骨劲强，故真牙生而长极。

四八，筋骨隆盛，肌肉满壮。

五八，肾气衰，发堕齿槁。

六八，阳气衰竭于上，面焦，发鬓斑白。

七八，肝气衰，筋不能动。

八八，天癸竭，精少，肾脏衰，形体皆极则齿发去。

肾者主水，受五脏六腑之精而藏之，故五脏盛，乃能泻。

今五脏皆衰，筋骨解堕，天癸尽矣，故发鬓白，身体重，行步不正，而无子耳。

帝曰：有其年已老，而有子者，何也？

岐伯曰：此其天寿过度，气脉常通，而肾气有余也。此虽有子，男子不过尽八八，女子不过尽七七，而天地之精气皆竭矣。

帝曰：夫道者年皆百岁，能有子乎？

岐伯曰：夫道者能却老而全形，身年虽寿，能生子也。

黄帝曰：余闻上古有真人者，提挈天地，把握阴阳，呼吸精气，独立守神，肌肉若一，故能寿敝天地，无有终时，此其道生。

中古之时，有至人者，淳德全道，和于阴阳，调于四时，去世离俗，积精全神，游行天地之间，视听八达之外，此盖益其寿命而强者也，亦归于真人。

其次有圣人者，处天地之和，从八风之理，适嗜欲于世俗之间，无恚嗔之心，行不欲离于世，被服章，举不欲观于俗，外不劳形于事，内无思想之患，以恬愉为务，以自得为功，形体不敝，精神不散，亦可以百数。

其次有贤人者，法则天地，象似日月，辨列星辰，逆从阴阳，分别四时，将从上古合同于道，亦可使益寿而有极时。

文章精彩之处，我会忍不住大声朗诵。每当读到它们，我都有一种如沐春风、气血鼓荡之感：太美了！我觉得现在的中小学课本应该选入该文，让学生背诵。

我听梁冬说，他的一个中医朋友，拜另一个中医为师，那个老师给他讲的第一堂课，就是讲上古天真论，就是上面那篇文章，讲了一整天。

中医神奇，既是治病医学，更是养生医学。

提到养生，就不得不说中医的高明之处。西医是生病之后，给你治病。而中医的精髓在于，不让你生病。比如，中西医争论最多的是治疗中风时，西医是否比中医好。可是，如果真正懂得中医的精髓，你就根本得不了中风。因为你的生活方式已经中医化了：法于阴阳，和于术数，饮食有节，起居有常。

如果这样，你哪有那么容易得中风呢？当然，有人可能会说，现代人做不到呀。

为什么你做不到？因为你骨髓里没有中医思维，没有中医烙印。自从我学了中医之后，我几乎从不熬夜。很多次我去上海跟一些投资高手交流，几乎都是九点半之前走。有几个朋友都知道我的生活规律，一到晚上九点多，就主动散席。

如果迫于应酬，搞到半夜，我就会觉得身心都不安宁，好像当天欠天地一点什么似的。

所以，我觉得中医改造了我的生活方式。

有人可能说，你是中医粉，当然说中医的好。

错！

我是医学粉，我既粉中医，也粉西医，我觉得西医也有很多长处。

我的核心价值观是：健康和医学不仅仅是医生的事情，也是我们每个人自己的事情。身体是我们最宝贵的东西，怎么用好身体、怎么修理身体，如果完全交给医生，你不觉得不负责任吗？懂得医学常识，加强医学修养，是我们每个人自己的事情，而不是医生的事情。

所以，中西医我都喜欢，因为它们都是关于如何用好我们身体的学问。

就像做股票，基本分析和技术分析，我都用，只要能让我更好地掌握规律，我才不管它是 K 线还是安全边际。喜欢把中医和西医对立起来的人，是一群视野狭隘的分子。

中医西医各有优缺点，西医的优点很明确，它是循证医学，讲证据和事实，而且西医完成了一个标准化的人才培养程序和诊疗程序，如果没有西医，今天的社会不可想象。

我能戴上眼镜，能戴上口罩，能享受医护人员在外面消毒让我们避免病毒感染，能从小到大注射疫苗避免很多疾病，都是拜西医所赐。

当然，西医毛病也很多，但在这里我还是想先把中医的缺点谈谈。

昨天谈了几点中医的缺点，但感觉没有谈透，特别是最重要的几点没有谈。

一种医学，不仅包含它的治疗体系，也包括它的人才培训体系。中医在人才培养体系方面，弊端非常大。

中医最让我觉得难受的地方就是保守，师父对徒弟保守，把很多绝招和秘密保留起来，不传。

古代，有些江南的医生得到张仲景的《伤寒杂病论》书稿，秘不示人，害怕自己的"九阴真经"被外人学去。

也就是说，在古代，中医很难有学术交流，都是壁垒很深。

什么师父只传一人，传男不传女。师父临死之前把继承人叫到床前，让其发毒誓才肯把很多药方和治疗经验传给他，并一再嘱咐：千万不能外泄。

前年的电视剧《老中医》上也有这一幕，孟河派名医把自己的药方稍微公开几个，遭到全族人的声讨。中医世家之间，如果要学对方的秘方，必须联姻。

这样搞，中医哪里会有进步？

正好这段时间大家在讨论"医学论文"的事情，说到有些院士喜欢先写论文，再去抗疫。

其实有时候我也会想，为什么现在的医学大家喜欢把自己的研究成果完全公开在《柳叶刀》《自然》上？自己的心血保密起来不可以吗？

事实上，中医就是这种思维。如果发现黄芪和附子还有一点独特的作用，如果发现泽泻和人参能够在治疗利尿方面有特效，中医恨不得只让自己的儿子一个人知道，才不说呢！

学术交流是现代科学和西医带给我们的进步。如果不是西医的这种精神，中医到现在还故步自封。

事实上，今天还是有多名老中医很保守。我认识一个好朋友，他去跟一个大家学中医，托各种关系去跟诊，就是跟那个中医一起看病，看看他怎么给别人治疗的。遇到不懂的地方，我那个朋友想问为什么？但是那个名老中医就是支支吾吾，王顾左右，不回答。

我就问我的那个朋友：他儿子是医生吗？

不是。我朋友回答道。

我又问：难道他要把秘方带到棺材里吗？

我朋友说：是的。

你还别笑，有很多老中医就是这种思想。我的一个学生，是山西的，他的爷爷是中医大家，但是他父亲不愿意学医，结果老爷子临死前把所有的经验总结和秘方都包起来，带进棺材里了。

此乃中医大弊端。

何止中医，中国很多传统的东西都是这样的。

我看过一个关于唢呐采风人的采访，他说他去民间拜访老艺人，很多老艺人唢呐吹得很好，但是如果你深问怎么吹，他死都不说，一个字都不吐，生怕你学去。唢呐不像其他乐器，它是一个声片嘴里包，别人不说，你怎么也看不出窍门。

我本人还是武术爱好者，武术也属于传统艺术。我看过《金陵八卦掌谈艺录》上有记载一个故事。说是有个八卦掌高手跟一个少林高僧比武，二人都使出绝活，结果八卦掌高手不敌少林高僧。

说时迟那时快，只见少林高僧一掌打来，八卦掌高手来不及躲闪，心想：完了。

没想到少林高僧手下留情，把掌斜个角度，一掌打在墙上。当时的墙壁是青砖砌的，很结实，但是，整面墙壁还是被震倒。

高僧收住功夫，望着对方，也发出感叹：你也是武学奇才，我若不用尽全力，恐怕还胜不了你。这样吧，咱们有缘，我这身本领你想学不？

哪知八卦掌高手也很狂。他说：师父教我的功夫没有问题，只是我没有练好。

高僧听罢，拂袖而去。

第二天八卦掌高手回过味来，对方的是绝学呀，就跑去找到高僧，说：我昨天错了，请收我为徒吧。

高僧一摆手：咱们没缘。

不传了。

后来高僧再也没有收徒弟，也没有传任何人，把功夫带走了，带到另外一个世界去了。

以前，我总以为这种故事是虚构，其实不是。很多传统的东西就是这样，一些师傅宁愿带到棺材里，也不传。

王家卫的电影《一代宗师》里，也反复演绎着这种故事。

中医属于中国传统文化、传统技艺的一部分，其保守性、自我封闭性实在是一种陋习。

这导致了中医一个极大的弊病：没有迭代，没有升级，没有发展。西医是正向前进，徒弟可能比师父厉害，治疗手段可能明年比今年厉害。而中医呢？师父比弟子厉害，古代比今天厉害，整个中医界，至今最厉害的依然是几千年前的张仲景。

当然，这个问题很深，涉及中医哲学的深层次的东西，但是保守性、不传承、没有迭代，无论如何都是其重要的原因。

说到这里就让我想起炒股。很多人跟我说：这个方法你懂就可以了，为什么要把它写在书上？

大家知道我为什么选择公开吗？因为我的医学素养告诉我，要向西医学习，不能在这点上学习中医。

你公开你的研究成果，同类研究者会回馈给你他的研究成果和心得，你最终得到的要比你公开的多很多。

事实上，自从我写书之后，我遇到的高手、碰撞出的投资智慧，比我一个人研究的时候多上百倍，甚至都不止。

当然，也许我对这个问题理解有误，西医也有保守的成分，但是，至少西医在很大程度上、很大范围里，展开了很多迭代和互动，让整个医学的氛围逐步推陈出新。

但即使中医有这个毛病，我依然爱着它，因为它是宝，它是一种整体认识生命和人生的学问。

爱之深，才恨之切。

古代很多大家，包括《黄帝内经》的作者们，包括张仲景、李时珍，还有很多中医大家，他们也有开放的精神，公开了那么多秘密。

中医界，也不乏弘道、立言的人。希望今天的中医界，这种人越来越多。

4. 我的中医之缘（四）：谈医缘

我们接着聊中医。

我们每个人，都生过病，也都带家人看过病。如果病看好了，当然是医生的功劳，如果病没有看好，你敢说是医生的过错？

当然不敢。

也许是病太重了。

但如果我跟你说是你和那个医生没缘分，你信吗？

给大家讲个真实的故事。我有一个亲戚，长癣，找了很多医生治疗，几乎把附近有名的医院和医生都看过了，也没有治好，极其痛苦。就在想放弃之际，遇到一个普通小镇上诊所的医生，给配了一小瓶药，价格还不到 10 块钱，居然好了，彻底好了。

这是缘分吗？

如果第一次看病找的就是这个医生呢？是不是就不用折腾那么多年？

也许这个医生就在等这个病人，也许这个病人就得遇到那个医生才能好。

我跟很多医生交流过，也有很多医生都承认医缘的存在。再给大家讲几件更诡异的事情，当然是我听来的故事，但是是真的。

医院分为门诊和住院病区，病区里住的都是症状比较严重的病人，特别是老年科室。每天晚上，病区都有值班医生，匪夷所思的事情就发生了，有时候，病区几十个病人明明都健健康康的，但一轮到某个医生值班，就容易有人病情加重，然后离去。而别的医生轮班时，没有一个病人离去。怪哉。

病区常有怪现象，一年中去世病人最多的，往往是科室里某某医生值班的那一晚。而不是某某医生值班的时候，明明病人病得很重，眼看不行了，就是不走，非要过几天，等到某某医生值班的时候，再走。

这是孽缘。

但是我们讲的是善缘，就是说，某种病，四处求医而不得，突然某一天，在一种巧合的情况下，找了某个医生看，突然好了。你能说之前看的医生都不行吗？非也。只是他跟这个医生特别有缘分。

我略微懂得一点周易，这种情况可以从八字四柱中找到一点答案。有些医生，命中带有七杀或天乙贵人，或者天医星，或者有的医生的八字组合天然弥补病人的缺憾，这种医生就容易跟病人有医缘。有的病人火旺土燥，遇到金水很旺的医生病就容易治好，这也是医缘。

当然，西医的医缘没有那么明显，中医的医缘就特别明显。为什么？西医比较标准化，不论什么医生，对某种病都有高度标准化的治疗方案。现在世界卫生组织、医学会，以及某些学科的医学组织都有治疗指南，只要是西医，无论是谁，大概都在某种指南之内治疗。只不过，甲医生可能给你用头孢曲松，乙医生可能给你用头孢他啶，本质上都是用抗生素。

而中医可不是这样。我们学波浪理论经常有一句话，叫千人千浪。其实，中医才是"千人千浪"。同样一个病人，找不同的中医，处方可能完全不一样。看10个医生，也许开的是11个处方。为什么多出一个呢？因为同一个中医，第一次给你看病和第二次给你看病，开的处方就有可能完全不一样。

中医的差异化，辨证施治，既是中医的魅力，也是中医容易被攻击的地方。

攻击中医的人会说，真理只有一个，你们10个中医给出11个处方，肯定有 10 个是错的。

懂中医的人会说，虽然开了 11 个处方，但大致方向和思路都是一样的，就不算错。齐白石画的庐山和张大千画的庐山，它都是庐山。有人多个黄芪，有人多个石斛，有人少一分柴胡，有人添加点泽泻，但是处方的攻击范围差不多，这怎么算错误？这是艺术。

这么说中医没有标准了？有，也没有。

很难用同一个标准去治不同的病人，这在中医学上叫辨证施治，这也是为什么中医医生反对指南的原因。同样是拉肚子，你怎么可以搞个指南，让全国的中医都用这个处方呢？

但受过科学教育的人会说，千人千方，这不是乱套了吗？

西医呀，类似拿着相机照相，无论谁来照，都差不多。中医呢，类似画画，不同的画家，画出来的千差万别。

这里的道道很深，我也不知道该用什么文字才能解释清楚。反正中医呢，不同的人，处方不一样。

不过，话又说回来，如果境界很高的中医大家，面对同一个病人，虽然开出的处方都不一样，但是处方的指向都是一样的。就像都是到北京，有人坐飞机，有人坐高铁，有人坐汽车，有人可能走路，但都是朝向北京。

那么如何衡量对错呢？不在于方子的区别，而在于你是否逐步往北京那个地方去。如果你往深圳的方向，那就错了。

所以，中医既千人千方，又殊途同归。

但关键是，中医太难，不同的中医，由于境界和水平不一样，有人坐飞机很快到达目的地，而有人步行，很久也到不了。还有人呢，干脆走到承德去了，没有找到北京。

于是，医缘就产生了。有的中医，一两服中药就能把病治疗好，而有的中医呢，搞一个月也不一定能把病搞定。

还有一种更为常见的情况，那就是每个中医流派不一样，治疗思路也不同，有人善于温补，比如张景岳；有人善于清热泻火，比如叶天士。如果你的病是需要温补的，但是你找了一个善于清热去火的医生，虽然他也有可能会给你温补，但是补的火候和力度，远远不够生猛，那么你的病可能会拖延很久。

前些年，我们社会上比较流行的是火神派，就是喜欢用附子、肉桂等药，名曰"补命门"或"引火归原"。如果你恰好是寒凉体质，遇到火神派，你的医缘就来了。但如果你本身是火热体质，遇到火神派，岂不是火上浇油？

当然，对于修为很高的火神派医生，他们会辨证施治，不像我说得这么可怕。在这里，我为了让大家理解医缘，故意用这种反差很大的病例。

中医的"医缘"是好还是不好呢？

爱中医者，当然说好。但是攻击中医者，往往说不好。我的观点是，医缘的存在，源于世界的本源。别说是中医了，我们哪个方面不是因缘聚合的产物呢？佛教讲一个"缘"字，所谓缘起性空，说的也是这个意思。

比如，有些人只要买有色金属股票就赚钱，不管什么时候买，一旦买煤炭股就容易亏钱。再比如，我本人只要买中国中车，都是赚钱的。还有一些朋友，他们专门买银行股，说只要买银行股，就赚钱，买其他股，就亏钱。这又怎么解释呢？

"缘"这个东西存在于万事万物，不局限于中医。

中医的"缘"不仅表现在这个地方，还表现在一个人，能不能当中医，往往也是缘分使然。

我们中医的圣人张仲景，他为什么当上中医？因为当时疫情流行，张仲景家族200多人，最后死得只剩下几十人，于是张仲景发奋学医，这才有了后来的"医圣"。

再比如，江苏南通，有一个著名的医生叫朱良春，前几年刚去世。朱良春小的时候得了一种疾病，好像是肺结核，当时被宣称治不好，医生都放弃了。但是朱良春自己到处找医书，自己从古书中找药方来治疗自己，最后奇迹般地把自己治好了，从此，迷上中医，终成一代大医。可以说，如果没有小时候的那场大病，朱良春不可能成为中医。

生病就是朱良春从事中医事业的缘分。

历史上很多中医都是如此。当然，也有西医是因为生病从事西医的，但是中医更明显，更普遍。

中医更容易缘聚缘起。

说起中医的"缘"，不得不说，中医有几次差一点断根了，有几个人帮着中医续上缘。

前几篇文章，我们说到民国的时候，政府要废除中医，施今墨等名中医挽救中医的故事。后来中医得以续缘，多亏施今墨他们。后来国民党也意识到中医的价值，废除中医便不了了之。其实，宋美龄还经常找中医看病，当时一个著名的大中医张简斋，曾经给宋美龄看胃病，一时广为流传。

1949 年新中国成立，很多旧的东西也被当成糟粕扔掉。当时主管卫生部门的都是受过科学教育的西医，很多大医院根本看不到中医，中医走向没落。这个时候，需要一个人站出来，为中医续缘。

这个人是谁呢？邓铁涛！

故事要从徐向前元帅说起。徐帅于 1985 年来广州，有一天生病了，发烧不退。当时的西医几乎用尽了好药，就是不退烧。怎么办？

卫生部门的领导、医院院长、医生，压力都很大。徐帅发烧不退，这还得了？当时，有个人给领导提建议，说广州有个叫邓铁涛的中医，看病水平不错，能不能找他来试试？

此话一出，招来所有的医学专家反对，院长也反对，卫生部门的领导也反对。这么多大教授、大专家，代表了广州最高医学水平的人都没有办法，找个小老头，土郎中，能行吗？要是出事了，谁能负责？

关于这个事情，我看过不少版本的介绍，网络上也有相关文章，我也看过广州中医药大学内部的中医的回忆文章，具体细节略有不同，但是接下来发生的事情却千真万确。

正当大家谁也拿不定主意的时候，徐向前的夫人说了，就找邓铁涛试试吧。当时有几个西医还想反对，徐夫人说，你们不行，难道还不能让别人试试？一时间，西医无语。

于是，邓铁涛来了。

他给徐帅诊脉，看舌苔，问病情，很有把握地开处方。

具体开的是什么处方呢？我看到的文献是不一样的。网上流传的文章是这么说的：

邓铁涛给徐帅驱风寒治疗腹泻，还给点温散药来解表。服药后第二天，热稍退，再改用清热法，结果一天烧就退了。

我还看到一个中医的文章，他说邓铁涛用的是小柴胡汤。

反正，徐帅很快就退烧了。

徐帅和徐夫人很感谢邓铁涛，并对中医的神奇大加赞赏。

此时，邓铁涛当着徐帅的面，很激动地跟徐帅说：请徐帅救救中医，现在的中医后继乏人，因为国家都重视西医，老中医的很多医术，都没有继承人了。等到一批老中医去世后，中医就断根了，必须采取果断措施，挽救中医，发展中医。后来，邓铁涛把自己的想法写成一份文件，交给徐帅，由徐帅转呈给中央。中央很重视这件事，1986年，中医药管理局成立，中医药事业得到了发展。今天我们在各大三甲医院能够看到中医科，每个省都有中医药大学，是有邓老的功劳的。

邓老和徐帅，是给中医续缘的人。

刚才提到邓铁涛给徐帅用的方子是小柴胡汤，其实，这服中药，也是"医缘"很深的中药。

我曾经跟很多中医聊天，我问，全国所有的中医，一年之中开得最多的处方是哪服？得到的答案不一而足，但是如果给五个答案，前五名中一定会有小柴胡汤。

据说，如果一个中医给人看病，实在不知道用什么处方，那就用小柴胡吧，往往不会错到哪里去。

这并不是说小柴胡汤是万金油，而是说小柴胡功能强大。老百姓知道的中药中的万金油是六味地黄丸，其实它的作用未必那么大。小柴胡的作用，可以说连西医都承认。

有一次，我看到一个反中医的西医给自己开药，他开的是小柴胡颗粒。我当即就问：你不是不信中医吗？为什么用中药？

你猜对方怎么说？他说：我们把这个当成西药来的，这个效果好，它不算中药。

他嘿嘿一下，我也嘿嘿一下。

广东省中医院有一个中医，他的爸爸是日本早稻田大学毕业的，属于早期知识分子家庭，很讲科学。他爸爸让他学西医，在临床的过程中，他看到一个结石的病人，被一个中医用小柴胡给治好了，那种震惊让他难以言表，后来他决定放弃西医，从事中医。他说，至今，他最爱用的处方依然是小柴胡汤。

这个医生是因为小柴胡与中医结缘。而邓铁涛是因为小柴胡治好徐帅的病，给中医续缘。小柴胡可谓是一种"有缘分"的药，这也是中医的特殊"医缘"，或者叫"药缘"。

直到今日，我出差时，包里最常备的药就是小柴胡颗粒。

很多人相信中医也是因为小柴胡颗粒，很多重大疾病，能搞定的，也是小柴胡。

这段时间，我写中医的文章，很多人问我，你哪里有那么多时间，又看股票，又学中医？其实，这都是一些陈芝麻烂谷子里的事。多年前我喜欢中医，一迷就是好几年，在那几年中，关于中医的书我几乎无书不读。后来因为太喜欢投资了，就放弃中医。现在，过去了很多年，中国发生了令人痛心的疫情，我又想起一些中医的事情。正好有大量的时间窝在家里，就写写我对医学的认识，特别是对中医的认识。写这些文章的时候，我的很多中医知识都忘得差不多了，几乎全凭记忆来写，里面肯定有硬伤，请各位专业人员多包涵。

医缘这种事情，确实存在。这也告诉我们，如果你或者家人生病了，对于西医不要一条道走到黑，也许另外一个跟你更有缘分的中医，正在等着你。

5. 我的中医之缘（五）：武医

西医治不好的病，喜欢往三个地方塞：

免疫缺陷、植物神经功能紊乱、神经官能症。

中医治不好的病往哪里塞呢？中医有治不好的病吗？

我前几篇关于中医的文章谈过，中医不是万能的。不过，我认识一些铁杆的中医迷，他们认为没有中医治不好的病，如果有，说明没有找对中医，或者说医术还没有到家。

我觉得中医不是万能的，或者说，中医把万能的包袱背在身上，给老百姓以"中医什么病都能治"的期许。中医如果这样立"人设"，反而是害了中医。很多人攻击中医，就是因为看了中医但是没有把病给治好。

问题是，西医也经常有治不好的病呀。

我再告诉大家一个残酷的现实：一些西医的好朋友曾经跟我说过，有的病你不治它也会好，比如感冒，你以为是治好的吗？它是自己好的。有的病你治也治不好。

当然，这个西医朋友是愤青。我们不能为了吹捧中医而贬低西医，也不能为了吹捧西医而贬低中医，二者各有特长。

但不管是西医还是中医，都有自己治不好的病，甚至二者联手，也有很多病治不好，这是现实。

比如失眠；

比如强直性脊椎炎；

比如严重的风湿；

比如神经衰弱；

等等。

西医就很难治好，中医其实也不一定都能治好，这个时候怎么办？

我先给大家讲一个真实的事。几十年前，有一个少年，正血气方刚，在家干农活。干什么农活呢？就是割麦，捆麦捆子。干完活正逢当午，烈日当空，太阳炙烤着大地，热气蒸腾，少年热得汗流浃背。这个少年就跳到井里洗凉水澡。农村有那种土井，就是像泉一样的，底下喷水，非常的凉爽。这个少年就图这个凉爽，一股脑跳进去了。

就在跳进去的一刹那，少年突然感觉有一种刺骨的寒意。等这个少年爬上来的时候，坏了，浑身哆嗦。大热天的，突然怕冷了。回到家里，把冬天的棉被找到，紧紧捂在身上，还不行，依然是冷。后来捂了三层棉被，也不管事。

家人找遍了附近的医生，都不管用。这可如何是好？

说来也巧，正好有一道士经过该村，听说此事，就找到这个少年家，说你的病我能治好，只要你按我说的做。

这个道士摆好一个姿势，让这个少年按照这个姿势站立，一动不动。

少年也没有别的辙，只能信这个道士。于是按照道士教的姿势站着，一开始站是很难受的，但是一想到救命，就咬着牙关站下去。

每天只要能忍住，就站，实在受不了，才歇会，然后，接着站。站了一个星期后，少年的病好了，不怕冷了，也不打哆嗦了。

好了后，少年突然觉得这个道士是世外高人呀，扑通跪倒，要拜道士为师，让道士传授他本领。

此时，少年并不是知道道士是什么身份，也不知道道士让他站的是什么动作，只知道道士是神人。

道士觉得与这个少年有缘，于是答应收他为徒。

这个道士让少年站的是什么姿势呢？就是中国古老形意拳的三体式，这个道士原来是武当山的道士，而且是武当山掌门的师兄弟。恰值"文化大革命"，流落民间。

武当山是内家拳的重要基地。今天的太极拳发源地争议很大，有的说发源于陈家沟；有的说发源于武当山，源头是张三丰。

无论谁对谁错，武当山与内家拳都有不解之缘。内家拳主要包括三家，分别是太极、形意与八卦。

其中，形意拳在内家拳中最为刚猛，属于内家中的内家。武当山的内家拳跟河北的李洛能派的形意拳结合，再融入八卦和太极，创立了自己的太乙五行功。太乙五行功站三体式跟形意的李洛能派略有不同。

那么，这个三体式与治疗少年疾病有什么关系？

关系大着呢。

内家拳强调内功，内功从哪里来？从站桩中来。站桩何能来内功？因为提升人体的元气、元阳。

一个真正练内家拳的人，一掌能把砖墙击倒，这该有多大的内力。

站桩就是蓄积这种内力的。内力一足，体能元阳上来，还怕寒冷吗？

所以，少年的寒冷，其实是被三体式提升元气给驱逐出去了。这同时也符合《黄帝内经》的话：正气内存，邪不可干。

有人说，你不是中医迷吗？难道中医治不好吗？

后来我学了中医，我知道，如果当地有好的中医，也能把这个少年的病治好，麻黄附子细辛汤加艾灸就可以，但农村地区，找不到特别好的中医呀。

我讲这个故事是要说什么呢？医学领域，还存在着另外一种治疗方案：无药疗法，或者叫"非药物治疗"。

本文开始我们说了，中医和西医都有治疗不好的病，吃什么药都不管用。既然没有办法，那"不吃药"算不算办法？

这就是本文的核心，不吃药不但是办法，也许是治疗很多疾病的核心办法。

那么这个不吃药的办法是属于中医呢，还是西医呢？

我曾经在无锡采访过一个中医博士，这个博士中医水平非常高，给人看病的处方300元一张，但他自己也会站桩养生。我就问他：你觉得站桩好还是你的中医好？

这个博士回答：你根本就不应该这么问。

他接着说：我认为凡是植根中华大地，运用中国传统智慧来解决疾病问题的，都是中医。我认为站桩跟艾灸、刮痧一样，是中医的一部分，或者说是传统医学的一部分。

他认为站桩是中医。

那西医认可吗？西医研究不明白这个道理。但是，我有很多西医朋友，我亲眼看见他们给病人看病开药后都会嘱咐一句话：多运动。

特别是心脑血管类的医生，开完药后，反复说，必须多运动。

有时候我会冒出来一个"邪恶"的念头：是运动把病治好的，还是药物把病治好的？

你还别笑，有个著名的主持人，患有严重的失眠、抑郁症，吃了很多年药都不管用，他后来和几个抑郁症患者沿着长征路重走一遍，结果把抑郁症走好了。

当然，我没有得到他本人的证实。但是我本人却有证实。2001年夏天，正值我大学期间，当时正在备考注册会计师。那年夏天，我跟同学住在河南省轻工业学院的宿舍，其间患了严重的神经衰弱和失眠，严重的时候四五点才睡着。吃了很多药，包括中药，都没有治好。

后来我自己发明一个土办法，只要睡不着，我就去操场上跑步，一直把自己跑累为止，只要一累，回去躺在床上就能睡着了。后来失眠就不药而愈。

事隔很多年，河南省轻工业学院的那个操场不知道还在不在。曾经有几次回郑州经过那里，都没有来得及去看看。读者当中，如果有人是河南省轻工业学院的，帮我看看那个操场还在不。

运动，不需要任何药物，可以治疗很多病。我认识一个西医朋友，也认可这一点。有一个五官科的教授，有一年发胖了，骨头不好，有一天去找骨科专家看病。骨科专家跟他说，你这么大年纪了，不要运动太剧烈，注意保护骨头。这位教授也是西医"业内人士"，他看完骨科医生之后，一句话都没有听。然后坚持周一到周五，每天下班打1~2个小时的羽毛球，剧烈运动。这么多年过去了，瘦了很多，骨头也结实了很多。他还跟我说，多运动，很多病都是因为不运动才出来的。

西医认可运动，中医更认可运动。

北京有一个著名的中医，叫张炳厚，他给很多人开完处方后，喜欢嘱咐病人一句话：没事多动动，打打太极拳，晒晒太阳。据说，他本人就喜欢打太极拳。我认识的很多中医，也都喜欢打太极拳。

运动对治疗很多疾病确实用处很大。但问题是，为什么很多世界冠军年龄稍微大一些就身体很差呢？

这就要提及今天我郑重跟大家交流的东西了。运动和运动之间，差距大着呢。竞技运动和养生运动，完全不是一回事。

运动中，最有养生价值的，我认为是中国传统武术开发的运动方式。中国传统武术随着时代的发展，保家卫国、技击价值在下降，但是养生价值在加强。

前文讲到，少年仅仅是站个三体式，就可以把病站好，这在传统武术里不算什么。

传统武术能养生，甚至能治病的例子，还非常多。

给大家讲个名人的故事，台湾有一个大美女，一提起美女，大家可能就想起佟丽娅、刘亦菲之类，但我认为她们跟我接下来要提起的美女相比，逊色的不止一点两点，谁呢？

胡茵梦！

胡茵梦是谁？李敖曾经的女朋友。

胡茵梦之所以能来到人间，与传统武术也有一段不解之缘。

胡母婚后，一直没怀孕。胡父正好认识当时的太极拳师傅乐奂之，于是乐奂之就说他运太极帮着运通气流试试。结果，三次之后，胡母的输卵管就被打通，后来，可以怀孕了。1953 年 4 月 21 日，生下胡茵梦。这段故事还被胡茵梦收录在其书《生命的不可思议》里。

传统武术，对人体的结构，对人的气血穴位，最为讲究。以前的很多武师，同时都懂医和药。《逝去的武林》里讲，师父在传授徒弟功夫时，也同时传授医药。因为古代的武术，跟今天的不一样，那个时候的武林血雨腥风，一出手就是真刀真枪，往死里打，跌打损伤是小事，严重内伤外伤才是大患，懂得医术、自治和懂得武术一样重要。

《薛颠武学录》里，就收录了他的很多药方。

自然门有位大家叫万籁声，不但武术厉害，接骨也是绝活，他被人称为"正骨神医"。"文革"期间，万籁声还留在大陆，那个时候武斗成风，经常有人受伤，万籁声凭借自己的接骨绝活和"还命汤"专门收治医院治不好的病人，技惊四座。

所以，我今天要颠覆大家对传统武术的认识，你以为传统武术是打打杀杀，是金庸古龙小说的恩怨情仇，但我眼里的传统武术首先是养生，培养人之正气、元气。打人是其次，让自己不挨打才是第一位的。怎么让自己不挨打，就是让自己的体能变好。

传统武术天然就是门让身体强壮的艺术。

如果不信，你们问身边任何一个练习传统武术的人，或者百度，或者去图书馆查资料，查查传统武术与养生、与疾病的关系，保证你会重新认识传统武术。

当然，我们不能迷信，普通的疾病还是得找医生看，而且大多数疾病，现在的医学都可以治。

但确实是有些病，西医没辙，中医也不一定有辙。此时，你花再多钱，吃再多药，就是不见病情好转，也许可以试试传统武术里的一些东西。

根据我接触的传统武术，我觉得适度运动＋站桩，是一种非常好的养生方式。

站桩属于传统武术的根基，传统武术区别于其他搏击的一个很大的地方，就是它讲求站桩。

"桩"这个词，源于木桩，引申为地基、地桩，为整个建筑物的根基。而站桩，乃武术的根基。入门先站三年桩，说的就是站桩的重要性。

在站桩界，有一位奇人，此人叫王芗斋。

关于王芗斋，争议多，传奇多，一般有本事的人都是这样。据说，王芗斋拜在形意拳大师郭云深门下，郭云深乃是打遍黄河两岸的形意拳巨擘，曾经在狱中苦练形意拳，有"半步崩拳打天下"的美誉。

王芗斋的功夫跟一些传说的人物相比，有比较铁的证据：证据一是，其徒弟赵道新在1929年杭州国术游艺大会上，斩获第13名。证据二是，日本的武术高手泽井健一，太气拳的创始人，亲口承认自己是王芗斋的徒弟，所学武术皆是王芗斋的衣钵。

王芗斋一开始行走江湖，见过各种套路。后来，发现形意拳逐渐往"形"的方向发展，也就是套路，于是纠偏形意拳，干脆把他的形意拳改名叫"意拳"，强调"意"的作用。再到后来，他觉得套路应该再少些，培养根基应该再突出些，于是高度强调站桩，于是形成后来的大成拳。

王芗斋后来发现，大成拳的母体——站桩，不但是高级武功的基础，同时也是提高人体潜能的法宝，还可以用来治疗一些疾病。新中国成立后，1962年，河北省卫生厅厅长（时任中医研究院院长）段慧轩，亲自邀请王芗斋用他的站桩法，到省中医院给病人治病。

一个打打杀杀的江湖已经逝去，一代武林大师王芗斋在新中国成立后，成了帮人治病、教人站桩养生的人。

这些事情，如果放在以前，我也就是当故事听听，绝对不信，但2018 年的秋天，我亲自见到一个人，才相信这些。

那年 10 月，我在江苏无锡见到一个大姐，年龄 45 岁左右，患有严重性的风湿病。

这种风湿病最严重的时候是什么情况呢？就是很疼，疼得不能动弹。

北方的冬天是非常寒冷的，半夜三更，她盖着的被子偶尔会掉下来一半，但她都不想动弹去拉一拉被子，因为只要一动弹，那种疼痛，比寒冷还难受。

后来她遇到一个传统功夫的高手，教她站浑圆桩。前三个月坚持不下来，站不住。但是，她那种风湿，西医也没有特别好的治疗办法。她一想到风湿严重时那种想死的感觉，就又咬紧牙去站桩。结果，硬是靠着站桩，她把自己的风湿站好了。现在一粒治疗风湿的药都不用吃，全扔了。

如果不是亲自见到，我不会这么震惊，也不会推荐大家站桩。

民间有很多疾病，有的病医学有办法治，有的没有办法。

再说一种疾病，叫强直性脊柱炎。这种疾病更麻烦，就是脊椎的活动大大受限，很多医院都搞不定，特别是严重的强直性脊柱炎。

前段时间看一个中医节目，说以前有个中医叫焦树德的，可以治疗强直性脊柱炎，但焦老走了，医术失传了。

不过，我见过浑圆桩治疗强直性脊柱炎的，效果还非常好。他们通过浑圆桩的练习，完全健康了。我就找到他们，让他们介绍他们的师父给我认识。

后来见到师父，听他讲，很多强直性脊柱炎病人，站浑圆桩不但把强直性脊柱炎治好了，还练就了一定程度上的好武功。

这些人，真是因病与武术结缘。

浑圆桩很神奇，传统武术更神奇。

我因为读者朋友多，各行各业的人几乎都认识，武术圈也认识很多人。我见过很多武术，包括通背、八极拳、八卦掌等等，但我觉得养生价值最高的，应该就是浑圆桩。别的桩，可能某个门派自己承认，但是浑圆桩，形意、太极、八卦几乎都承认，相当于最大公约数。

浑圆桩与疾病的关系，大成拳门派阐述得最多，也最通透。大成拳的创始人王芗斋对浑圆桩的推广贡献最大。

王芗斋不但自己练习浑圆桩，其女儿也练习。王玉芳是王芗斋的女儿，一生也致力于浑圆桩事业。

我本人闲余，也喜欢站浑圆桩。

为了求这个桩，我曾经全国四处拜访，后来拜了全国最好的浑圆桩师父。

我们谈中医，今天又谈了运动、武术，以及站桩。为什么扯这么远，是因为我眼中的医学，不但没有西医和中医的敌对，也没有吃药与不吃药的敌对。当然，我并不是说得了病不吃药，那是愚蠢。

我是说，还存在一种非药物治疗，比如运动，这一点中西和西医都承认。而运动当中，中国传统武术的运动是养生的，而传统武术当中，站桩又是核心。

但站桩也有站桩的麻烦，站桩对人意志要求很高，它不吃药，但它吃时间，你必须能够下功夫。可是今天的你，在浮躁的社会里，是那种能坚持的人吗？

6. 我的中医之缘（六）：药

到底什么是"药"？

最通俗的解释是：治病的那些东西。

但能治病的都是药吗？

西医和中医，对这个问题的回答可不一样。

即使能治病，能解决问题，但是不按照西医的指导和循证医学的临床程序，西医也不承认它是药的。

前段时间不是报道了吗，武汉的医院，有人用西医西药治疗，没有治好，还在住院，而同时有人用中医治疗，吃了中药，治好了出院了。西医看了之后，说了一句话：这不科学！

关键是，科学是由西医来定义的吗？或者说，我们今天的认识，就可以垄断对科学的定义吗？

所以，我坚持我的看法：能治好病的所有东西，都应该叫药。接下来，我就跟大家交流一下我心中的几味药，看完，我保证你绝对会脑洞大开，原来可以这样理解药，也可以这样理解中医。

（1）姜

我小时候最看不起中医的地方就是觉得它太土。

记得有次感冒了，我妈妈非要给我熬姜汤喝。我内心那个排斥呀。

为什么？

我好歹在学校里学过科学，我知道科学的严肃和高尚，我心中能治病的东西应该也是严肃和高尚的。怎么可以用姜来当药呢？这不是愚昧吗？要是让同学知道我用姜汤治感冒，不被他们笑话死才怪呢。

所以，我妈让我喝姜汤治感冒这事，让我讨厌中医很多年。

后来长大了，成熟了，不但亲自用姜汤治好了很多次感冒，还渐渐知道姜汤的很多好处。

当然，我们不能神化任何一服中药，就像不能神化任何一剂西药一样。姜汤可以治疗一些感冒，并不是说它可以治疗好所有类型的感冒。如果下次你感冒用姜汤治不好，不要立即非黑即白，骂姜汤骗人、骂中医骗人。任何药物都有针对性和适应范围。

姜属热性，它对那种受寒的感冒效果非常好。比如夏天在野外突然被大雨淋到了，再比如吹空调突然受寒了，这种感冒，用姜汤非常好。

现在，如果我感冒了，经常会熬一碗姜汤，喝完后盖上被子蒙头大睡，一觉醒来就好了，可以省很多医药费。

中医界有个经方高手，叫黄煌，南京的，他就说自己出国的时候，喜欢带生姜，万一有点感冒，他喜欢口含生姜或者用生姜泡热水喝。

姜汤如果对症，几乎一碗就可以把感冒治好，或者把感冒扼杀在摇篮之中。但如果感冒严重，或者是病毒性感冒，姜汤也可能无可奈何，这个时候需要其他药物来治疗，比如麻黄汤、白虎汤、小柴胡汤，等等。我们既要认识到姜汤的作用，又要知道它的局限。

姜在中医上是一味经常出现的药物，其使用方法有生姜、干姜，还有炮姜。生姜不但可以治疗感冒，还可以止呕、止恶心。把生姜做成干姜和炮姜，可以温中、温补。

很多中药处方里，都有姜的存在，比如：当归生姜羊肉汤、生姜半夏汤、干姜附子汤、小青龙汤、通脉四逆汤，等等。

姜还有一个很大的用处，那就是艾灸的时候，贴在穴位上，隔着穴位来艾灸，既可以防止伤着皮肤，又能起温润传导之功。

姜，看起来不起眼的东西，在中医上可是有大用的。

（2）酒

姜是药，酒也是药。

与姜不同的是，酒不但是药，也是毒。

至于它是毒的一面还是药的一面，完全取决于你怎么用它。

提起酒，很多人就兴奋，我其实很担心在这里大张旗鼓地写酒的好处，害怕很多人因为看到我的文章，更加肆无忌惮地饮酒。

所以，我们先把酒的坏处写写。

酒是毒，并非说酒是毒品，而是说饮酒过量，是很多疾病加重的主因，特别是在中国。我们国家白酒文化很昌盛，宁愿在其他地方矮人一截，也不愿在酒桌上比别人熊一截。酒品就是人品，酒量就是肚量，酒就这样被人格化，被赋予太多交际功能，导致很多人过度饮酒。于是，酒精肝来了，胃病来了，甚至中风来了。

饮酒过量不但能导致各种疾病，还能导致社会性疾病，酒后误事，酒后打架，酒后撒酒疯，酒后家庭暴力，酒后伤风败德……不胜枚举。你说酒是不是毒？

但同时，酒还是药。医生的"医"字的繁体字——"醫"，下面就是器皿装着酒。

怎么区分是毒还是药呢？

很简单：多大量？怎么用？

什么叫多大量？这样说吧：如果你能控制住酒量，酒就很有可能是药，如果酒能控制住你，酒就是毒。

作为药的酒，其作用至少有以下三点：

第一，酒能开胃。

单纯吃饭喝茶，每个人都吃不多，但如果有酒来助兴，每个人都会吃得比平时多。这就是酒开胃的功能。我们知道的开胃的东西有什么？辣椒、醋等各种调料。其实酒的开胃功能是最好的。不信下次你们吃饭试试，有酒和没有酒，大家的饭量和菜量绝对不一样。当然，别喝醉了，如果喝醉了，什么都吃不了了，酒就成了毒了。

第二，酒能活血。

中医常见的词汇很多，其中"活血化瘀"是最常见的之一。现在的人，稍微上了点年龄，稍微胖一点，都要注意血管之类的问题。所谓"三高"，从中医的解释来看，很多都是与不能活血化瘀有关。

人体的血管和我们小区的自来水管是一样的，哪里堵住了，哪里就容易流不通。人体的血管堵住不外乎两个原因：一个是内因，是自己年龄大了，老化了，就像小区的水管用的年限太久了，各种污垢堆积，堵塞是自然的；另外一个是其他原因，比如基因突变，不合理的生活方式，这就类似有个坏人把你家下水道塞住了。无论是哪一种原因，医学上都高度重视。一旦出现血管变窄，血管堵住，血栓凝固，那就是大事。往小处说就是头晕眼花，往大处说就是脑梗中风。此类的病目前占据疾病谱的主流。如果做个统计，这类的病每年花在医保报销上的费用，应该占据总经费的30%以上。所以，为什么治疗心脑血管疾病的药品公司或者医疗器械公司容易出现牛股，原因就在这里。

治疗这类的病，中医和西医都有自己的方案。西方几个最大的制药厂，在这一块都是投入重兵，比如世界医药第一巨头辉瑞，在心脑血管的研发上可谓下了血本。

中医治疗这一块也有独特的优势，我们常用的血栓通、血塞通、丹参滴丸，都是治疗这个领域的疾病的。

清代有个著名的中医叫王清任，他写过一本书叫《医林改错》，书中记载一个叫"血府逐瘀汤"的方子，对于治疗此类病的效果很好。

但不管西医还是中医，遇到此类情况都很棘手。有人可能会问：难道喝酒就不棘手了吗？

当然，我这里说酒能活血，并不是说酒就能治好此类疾病，事实上，严重的血管堵塞、脑梗和中风之后，喝酒不但解决不了病情，反而会加重病情。医生是不让这类病人饮酒的。

但对于疾病，除了治疗，还有一招叫防御。我说的酒能活血化瘀，就是说适量饮酒，可以起到活血的作用，对软化血管，促进血液循环，酒是有一定作用的。当然，是在不贪杯的情况下。

第三，酒能驱寒。

北方的冬天很冷，适量喝酒，可以起到很大的驱寒作用。小时候，我记得我爸爸经常把酒温热了喝，就是取其驱寒之功效。

对于驱寒，现代人几乎没有什么感受，因为暖气和保暖内衣，早已解决了寒冷。

但在古代，大家知道吗，衣服没有那么多，也没有暖气，每到数九寒冬，刺骨的寒气就袭来。这个时候的二两老酒，真的可以起到暖身又暖心的作用。

要不然，北方人的饮酒量为什么总是比南方人的大？

当然，驱寒也不能反着喝，啤酒不但不能驱寒，还会增加湿气，我是非常反对喝啤酒的，有百害而无一益。在驱寒方面，白酒和黄酒是最好的。如果喝反了，会适得其反。

有次我跟很多人在太湖边吃大闸蟹，点的是啤酒，结果第二天就拉肚子。为什么？因为大闸蟹寒凉，啤酒又是寒湿的，怎么可以寒上加寒？吃海鲜应该喝黄酒才对。

酒的核心大类有四：白酒、红酒、黄酒、啤酒。如果让我选，我觉得白酒第一。当然有人会争，说红酒养生价值最好，特别是活血化瘀方面。

这个我不反对，但是我担心的是：你在饭店里能喝到几瓶真的红酒？几乎都是假的。除非你自己从非常可信的人那里去买红酒，否则红酒我是不喝的。每当大家一起吃饭，有人问我喝不喝酒，特别是拿红酒的时候，我就问是自己带的吗？如果不是，再贵，我都不喝。

当然，白酒也存在这个问题，特别是高端白酒。所以，酒店里的茅台，我从来不喝。我在酒店里，只喝低端白酒。说起低端白酒，也是坑人的很多。我曾经好几次在酒店喝到假的小糊涂仙。这么便宜的酒，居然也有假的。难道一定要让我喝二锅头吗？

我的体质非常敏感，只要是喝到假酒，基本上1个小时后头必然疼。记得有次在北京，有个贵州的人大代表带的茅台，我想这个茅台一定是真的，人大代表呢。结果，喝完白酒不到2个小时，头疼得厉害，跟感冒的症状一样。坏了，喝到假茅台了。

其实，想想喝酒这件事，挺不公平的，有人酒量大，有人酒量小，有人爱喝白酒，有人爱喝红酒，有人爱酱香型，有人爱浓香型，但偏偏在一个酒桌上，大家"一视同仁"，喝同一种酒，用同一个标准来衡量，一旦对方不喝，就会说：哥，你不给我面子。

所以，酒虽然是药，但往往以毒的结果收场。实足痛也。

我认识很多中医，他们都喜欢喝酒。有的中医喜欢喝自己泡的酒，也就是中药酒。当然，这个更要控制住量。我有一个同学，在江浙一个客户那里，喝了一种鹿茸泡的酒，结果流了鼻血。

其实，酒要控制好量，要合适地用，确实是药用。我见过一些中医，喜欢把酒当做药引子。就是药熬好后，取出汤，然后在汤里加入些许白酒。这种用法，古书上有很多记载。

这个时候不能叫药酒，只能叫酒来助药，特别是腻的中药，比如熟地用量大的时候，用酒来当药引子，就非常好。

药酒也好，酒做药引子也好，都是发挥酒和药结合的价值。我在很小的时候就知道这种用法，还是童年的时候，就经常看到同村的人一旦逮住一条蛇，就喜欢把它泡在酒里，就说可以治疗风湿、关节痛的疾病。这方面我没有查证，不过我最关心的是，万一蛇跳出来怎么办？

我的担心还真不是多余的，前些年看到一个报道，说一条蛇在药酒里泡了好几年，居然还活着，看得我毛骨悚然。

酒和药本来可以很好地结合，但今天遇到了更大的麻烦，也是更大的"毒"——人心。

中药泡在酒里，本来可以制成一种很好的药物，可以温补，可以活血，本来这是中医的绝活，但后来不法商家非要在这种纯中药的工艺中，加入一些西药成分，或者加入激素，让药酒变了味。这种情况不是中医的错，是人心的错。中医是被利用的。

中医可以治病，但治不了人心。

我们现在去大超市，经常能看到药酒，我一般不建议购买，因为里面成分太复杂了。

这里面水很深，我连名字都不敢提，你们可以百度一下药酒两个字，你懂的……

（3）……

这种药物我不知道该用什么名字，也怕用错名字被大家误解，于是就用六个点来代替。

我还是用故事来说明这个情况吧。

某个歌手，在北京各大酒吧、各大夜场漂泊很多年，就是不出名。后来年龄大了，也有点自暴自弃。还好，他的女朋友一直不离不弃地跟着他，对他的事业和未来，从来没有失去过信心。但是有一天，该歌手发高烧，喉咙哑了，完了，这下事业真的没有了。对于一个歌手而言，喉咙就是一切，喉咙哑了，还怎么成名？这个时候他女朋友也彻底崩溃了，这么多年，不离不弃，哎，后来这女的牙一咬心一横，含着泪离开了。男的无论怎么挽留，都没有用。

这个时候，男的心如刀绞，万念俱灰，看着女朋友离去的背景，拨动吉他，用沙哑的声音喃喃地哼出一首歌：

无所谓，谁会爱上谁，无所谓，谁让谁憔悴……

你猜怎么了，这个曲子情深意切，是生命最后的呐喊，居然火了，这个男歌手一下子出名了。

整个故事的细节可能略有传奇，但故事本身是真的，我为此还向音乐圈的朋友求证过。

不过我要说的重点不在这里，而是有一次我跟一个懂周易的高手在一块聊天聊到这个故事，对方突然来了一句话：

如果他女朋友不离开他，他还出不了名。

我当时愣在那里，因为这句话很不符合人情。但仔细一想，我瞬间明白了。人和人之间，有的是相克，有的是相生，如果合作伙伴或者伴侣找对了，就是药；如果找错了，就是克。

那，你能说人也是一服药吗？

我没有胆量用这个标题，所以我用了六个点，诸君自己来填。

我们经常诧异，为什么有的富豪那么有钱，娶的老婆不咋的？为什么有的美女貌若天仙，怎么嫁个平庸的丑男？

也许，他们背后有你不知道的太多东西。

我见过一个老板，脾气火爆，见谁就骂，一点都控制不住自己的脾气，喝起酒来一点都没有把门的。但是，只要他老婆在，他像变了一个人似的。有一年这个老板来广州参加一个学习班，我们是同学，他在班上脾气暴躁，爱出风头，我们全班都受不了他。但下课后，他老婆来接他，他见到他老婆后突然像另外一个人。

关键是那女的看起来很柔弱，不像能管住他的人。

这怎么解释？

这有一种解释：五行相合。她是他的药。

前些年看一部电视剧，叫《好先生》，有一个镜头是江疏影找到孙红雷，提出要租用他，孙红雷当场就扔一句话：

你有病吧？

江疏影的回答更绝了：

你有药吗？

那一刹那，我就知道他们应该是一对。典型的一个有病，一个有药。

我曾经跟一个中医聊天，话题是：到底什么是中药？

对方跟我说，在中医看来，天地之间，有一缺，必有一物可以补之；有一阴，必有一阳可以平衡之。这就是药。

比如，人体有大寒者，必然需要大热之物。所以，遇到畏寒之人，附子、肉桂就称之为药。

如果不寒之人，附子不但不是药，反而是毒呢。

所以，中医对药的认识不像西医那么机械。在中医界有个说法，人参错用也是毒，砒霜妙用可为药。

中医界有个很有名的大家，叫李可，他是火神派的巨擘，前几年刚去世。有一次，一个中医去拜访他，席间问李老一个问题：

如果这个世界上没有附子，何药可以替代附子来治疗大寒之疾？

你们猜猜李可是怎么回答的？李老说：

如果没有附子，也不会有大寒之疾。

这个回答妙哉，颇有禅意。

这就是万物相生之理。没有一种缺，在宇宙间找不到相对应的一种余。这也是物理世界里暗物质存在的逻辑根源。

人，不也是如此吗？

经常听到一句话：问世间情为何物？只是一物降一物。

其实，这句话尽得中医之妙。中医本来就秉承五行学说，与周易异曲同工。

现在有人喜欢星座，其实中国的五行比星座精准一万倍。五行就是金木水火土，如果加上四柱，再把天干地支纳入里面，就会变成：甲乙丙丁戊己庚辛任癸；子丑寅卯辰巳午未申酉戌亥。

而它们之间的关系，又可以生成很多生克。

两个人之间，如果携带的五行信息相生，他们就互相成就，也就是说一个人是另外一个人的药。如果两个人五行信息相克，他们就不得宁日。

有一个朋友，曾经把他的生日给我看，我排好八字就跟他说：你的父亲可能身体不好，特别是跟你在一起生活的时候。你们俩一见面，不是吵架，就是你爸爸会生病。

对方一拍大腿：你咋知道呢？

因为五行信息是相克的。

所以，各位读者，你们回忆一下自己的人际关系，是不是也有这种情况，跟某个人特别合得来，跟某个人特别合不来。

合不来的表现，就是吵架，或者工作出问题，或者财运出问题，或者身体出问题。

如果这些问题算是"病"的话，那另外一个人确实是"药"！

7. 中医与疫病（一）：云在青天水在瓶

新冠病毒事实上已经开启了人与病毒的战争。

这次战争，其涉及的人口与国家，其对生命、经济和物质造成的损害，其对未来国际格局和各大领域的影响，已经大于第一次世界六战，仅次于第二次世界大战。能否盖过第二次世界大战，尚未可知。

我们事实上正在经历最重要的历史时刻。

这是自第二次世界大战以来，人类经历的最大灾难。

这个事件对多个领域将产生革命性的影响，包括全球化、实体经济、贸易与能源。当然，首先，我认为是人们对医学的态度和公共卫生的变化。而这个过程中，最有可能是最大受益者的，是中医。

因为事实和疗效摆在那里，在西医没有特效药之前，就是中医在支撑。

其实，人类与疫情的抗争一直存在，在没有西医的年代，中国人民一直是靠中医独撑局面。

整部中医的历史，很大一部分就是与疫情抗争的历史。

据有的医史专家考证，清朝之前，中国大地上平均每 6.5 年就有一次大型的流行病。每个朝代的医官很大一部分责任就是控制这个疫情。因为封建社会的疫情很容易引起流民，进而产生农民起义。

宋朝的皇帝赵光义就是中医的铁杆支持者，宋朝官方还倡导修撰了《太平惠民和剂局方》，赫赫有名的藿香正气和逍遥散，就出自其中。

我们今天把传染性疾病叫 ××× 病毒，比如 H5N1 病毒，比如新冠病毒，在中医里，这些被统称为疫病，或者瘟疫。中国在几千年前就记载了人对疫情的认知和抗疫方略。

《黄帝内经》算是中医的经典源头之一，它上面对疫情的记载非常精准。

五疫之至，皆相染易，无问大小，病状相似。

上述这句话就出自《黄帝内经》，它说得很清楚：疫情一来，具有强大的传染性，无论大小，症状相似。我们今天说，症急救其表，疫情就是因为和急症相似，所以救表就变得很重要。源头在于《黄帝内经》的观点。

总体应对思路是怎么样的呢？《黄帝内经》又说：

不相染者，正气存内，邪气可干，避其毒气，天牝从来，复得其往，气出于脑，即不邪干……五气护身之毕，以想头上如北斗之煌煌，然后可入于疫室。

核心思想就是：正气内存，积精累气。

当然，这个思想在后来被发扬，其中第一个发扬者就是张仲景。张仲景被称为医圣。

请注意，中国有各种各样的圣人，关羽是武圣，杜甫是诗圣，王羲之是书圣，吴道子是画圣，苏东坡是词圣，张仲景是医圣。其中，张仲景这个圣跟其他圣都不一样。

其他领域的圣属于德艺双馨，在那个领域的水平达到巅峰，但无法"垄断"那个领域，而张仲景作为医圣，他不但医学水平达到巅峰，而且几乎"垄断"了中医。可以这样说，从古至今的中医，自仲景以来，其行医过程中，几乎没有一个没用过张仲景的方子的。其他领域很难出现这种情况，不按照王羲之写法的书法家很多，不按照杜甫诗歌节律的诗人也很多，武术不同于关羽的更多，但不尊法张仲景的中医，几乎没有。即使反对张仲景的，也经常用张仲景的方子。

所以张仲景在中医领域的地位，类似于释迦牟尼。

这么一个医圣，是怎么从事中医的呢？

因为疫情！

张仲景的家族当时正遇疫情，一个家族中 200 多人，三分之二死于疫情，其中 70% 死于伤寒。目睹此情此景，张仲景内心是一种怎样的痛苦。

但是他没有仅仅顾着发泄，而是寻找战胜疫情的方法。

中华民族的伟大之处在于，无论遇到什么事，都不向大自然屈服，大禹治水如此，后羿射日如此，愚公移山如此，张仲景研究对抗疫情的方法也是如此。

励精图治，张仲景研究出一套医学体系，取名"伤寒论"，当然该体系治疗范围超过了传染病，还包括很多杂病，但张仲景最初的起心动念就是因为传染病。

《伤寒论》一出，中医光芒四射。之前的中医，特别是《黄帝内经》偏于道，使用起来需要功底和方法，而《伤寒论》的问世，一下子把方法论和具体的操作展现在人们面前。

有人歌颂孔子：天不生仲尼，万古如长夜。

其实中医领域，如果天不生仲景，也是万古如长夜。

《伤寒论》问世以后，很多医家得之如宝，甚至有的江南医生秘不示人，因为这是绝招。

我本人初学伤寒论的时候，感觉拳拳到肉，刀刀见血。没有一句废话，全部都是什么病、什么原因、什么症状、用什么药、多大用量。然后呢？然后就没有然后了。

干净！

干脆！

张仲景确立的治疗疫情的医学体系影响中国几千年，直到今天，直到武汉的抗疫，用到的核心方子，仍然是张仲景的。

当然，抗击传染病在后世也有补充和发展，巨大的贡献要等到明清时代了。

首先是吴又可。

前些年，有部电影叫《大明劫》，大家如果有空可以去看看，这部电影说的就是吴又可，是冯远征主演的。

如果说张仲景既研究传染病又研究杂病，那么吴又可可以说最大的贡献就是专门研究传染病。任何一门医学，如果机械地继承就容易出问题。张仲景因为名气太大，很多人对《伤寒论》的方子不敢活用，仿佛改一个字就不是伤寒。

就像今天的龙头战法，有些机械派认为只有连板的、秀强股份那样的股才是龙头，你买个不连板的，类似宁德时代、浙江龙盛那样的股票，他都说你不是龙头战法。

所有领域都不能机械，医学尤其如此。吴又可所处的年代治疗传染病也面临这种情况。

历史记载：1642 年，大明崇祯十五年，全国瘟疫横行，十户九死 。南北直隶、山东、浙江等地大疫，五六月间益盛，"一巷百余家，无一家幸免，一门数十口，无一口幸存者"。医生们都用伤寒法治疗，毫无效果。

吴又可就想，能不能跳出张仲景的伤寒论来看疫情。由此，他开启了"外求法"，就像今天研究病毒一样，吴又可研究引起疫情的致病源，他把它叫"疬气"，他创立一个新的方子来治疗"疬气"，这个方子叫达原饮，原方用药如下：

槟榔、厚朴、草果、知母、芍药、黄芩、甘草。

吴又可又把他的医学认识写成一本书《瘟疫论》，在瘟疫论中，他这样解释他的方子：

槟榔能消能磨，除伏邪，为疏利之药，又除岭南瘴气；厚朴破戾气所结；草果辛烈气雄，除伏邪盘踞，三昧协力，直达其巢穴，使邪气溃败，

速离膜原，是以为达原也。热伤津液，加知母以滋阴；热伤营气，加白
芍以和血；黄芩清燥热之余；甘草为和中之用。以后四品，乃调和之剂，
如渴与饮，非拔病之药也。

这个方子之妙，不亚于张仲景的小柴胡汤。目前我国治疗新冠病毒，
不同地区开不同的方子。北京的专家、浙江的专家和广东的专家，给出
的治疗方案大多数出自伤寒论里的方子，但我看到某些报道中，广州的
一些医院和福建的一些治疗新冠病毒的方子，则是《瘟疫论》的方子，
若明若暗地有达原饮的影子，足见这个方子的生命力。

吴又可之后，又出了一个大家，也姓吴，叫吴鞠通。他是清朝山阳
医派创始人，是乾隆年间人士。

他有一点跟张仲景很像，就是经历家人变故，发奋学医。恰好他有
机会参与清朝《四库全书》中医学部分的抄写和校对，接触了很多医学
书籍。特别是他看了吴又可的《瘟疫论》，对他治疗传染病的想法有了
很大的刺激。

吴鞠通后来把他的研究全部写入《温病条辨》之中。《温病条辨》
是自《伤寒论》之后，几乎是唯一能与古人媲美之书，足见吴鞠通的贡献。

吴鞠通最大的贡献是发明了三焦辨证医学体系。在中医界，《黄帝
内经》叫内经派，张仲景开启的叫六经辨证派，后面叶天士开启了卫气
营血派，再后来还有脏腑辨证派，能够立宗称派的，都不可小觑。吴鞠
通就是开启了三焦辨证。

什么叫三焦？

三焦就是将人体"横向"地分为上、中、下三焦。

上焦以心肺为主，中焦以脾胃为主，下焦包括肝、肾、大小肠及膀胱。

三焦辨证对传染病传染过程，分析得很清楚：温病由口鼻而入，鼻
气通于肺，口气通于胃，肺病逆传则为心包，上焦病不治，则传中焦，
胃与脾也；中焦病不治，则传下焦。始上焦，终下焦。

同时也确立了治疗原则：

治上焦如羽，非轻不举；

治中焦如衡，非降不安；

治下焦如沤，非重不沉。

目前流行的新冠病毒，主要症状就是在上焦，也就是肺部。上焦、中焦和下焦的思维，我后来还应用到龙头战法的思维体系。就是一个龙头的顶部、腰部和底部。治上焦如羽的思想，让我明白龙头高位仓位如羽，就是高位一定要轻仓。

书归正文，《温病条辨》为后世做出了巨大贡献，银翘散、桑菊饮、犀角地黄汤等就是这本书中留下的方子。

与吴鞠通同时代还有一个鼎鼎大名的医学大家，虽然他不是以治疗传染病为主，但是他对传染病的认知，对瘟病的贡献，特别是他的医学实战水平，超过了当时所有的医家，这个人就是：叶天士！

叶天士人如其名，天赋异禀，神悟绝人，国士无双。他是瘟病领域的集大成者，理论水平和实战水平都是天下绝伦。

叶天士非常善于治疗当时的传染病，也善于治疗痧痘等症，是中国最早发现猩红热的人。

叶天士提出卫气营血理论，是卫气营血辨证的开创者。他首先提出"温邪上受，首先犯肺，逆传包心"。你品，你细品，这是不是跟今天的新型冠状病毒一样？

叶天士把他的成果写成《温热论》，对后世影响很大。

我刚学中医那会，跟很多中医交流，大家提起叶天士，无不佩服。叶天士在中医的江湖里，有个说法，就是他的实战水平高，类似于我们今天所说的实战派。

实战水平高到什么程度呢？能够起死回生，经常从棺材里救人。他的名气太大，以至于不是在看病，就是在去看病的路上。他的很多医学著作都是在行医过程中口述，由他的学生来整理。

好，上述都是古代医家，无论他们多么厉害，我们也没有办法见证，更没有亲历者。

下面，历史进入新中国，与瘟疫的斗争同样留下各种佳话，不过这种佳话就有实锤的文字来见证，更有亲历者目前还健在。

第一位治疗疫病的大家就是蒲辅周。

蒲辅周是民间顶级中医高手，后来进北京，曾用白虎汤给毛主席治疗过发热，也曾用五苓散加人参给周总理治过病。

今天的中医界狂人很多，但提起蒲辅周没有人敢狂。因为蒲老的水平可谓泰山北斗。

蒲辅周治疗疫病最著名的例子就是治疗乙脑。

我小的时候，就经常听说乙脑，最害怕的字眼好像也是乙脑。新中国成立后，乙脑曾经在河北一带流行。当时的西医哪里有这么发达，中医必须临危受命。蒲辅周临危受命，组建医学小组。

我看过一些资料，蒲辅周治疗乙脑用的方子好像是：

白虎汤、杏仁滑石汤、三仁汤。

当时用的大锅熬制中药，有点像电视剧里大锅熬制米粥的场景，俗称"中药漫灌"。

其实这次新冠肺炎疫情的控制，也采取了类似的方法，一人给一袋熬制好的中药，搞中药漫灌，学的就是蒲辅周。

为什么这次新冠肺炎疫情能这么快地控制？就与一个人有关系，这个人就是：薛伯寿。

薛老是蒲辅周的徒弟，跟着蒲辅周见证过他治疗疫病。这次新冠肺炎疫情，前线的很多中医一直跟薛伯寿紧密联系，薛老在后面指挥。可以说这次武汉前线中医的治疗，是中医界几个大佬集体的智慧。

新中国成立后另外一个治疗疫病大家是刘渡舟。刘渡舟刘老，我不止一次地提起他，他的中医造诣登峰造极。有一本叫《医宗金鉴》的书，非常厚，刘渡舟能从头到尾，一字不漏地背下来，非常了不起。

刘渡舟是治伤寒大家，各种病都很拿手。不过，刘渡舟给我留下的最深刻的印象是治疗各种中毒。

以前我们国家化工厂的技术比较落后，经常有中毒事件，每当这些中毒事件发生的时候，很多人都想起刘渡舟。

说起来也奇怪，那么多人民医院，那么多西医，大家最先想到的居然是刘渡舟。

刘渡舟的一个传人叫郝万山，目前还健在，据他回忆，他跟刘渡舟去看病，遇到中毒事件，刘渡舟能瞬间背出一两句《伤寒论》上的原话，十分精辟地总结病人的症状，然后该用陷胸汤用陷胸汤，该用白虎汤用白虎汤，效果非常神奇。

《伤寒论》的原话，一般人听不明白。有几次刘渡舟引用其中的原话教郝万山，然后让郝万山开处方，病人吃了就好了。当地的老百姓听不懂刘渡舟的话，只见刘渡舟念念有词，还以为刘渡舟用咒语治病呢，一时引为佳话。

所以，当新冠肺炎疫情开始的时候，我第一个想起来的就是刘渡舟。我不止一次地跟朋友说：如果刘渡舟还在……

不过，虽然刘渡舟不在了，但中医并没有凋零，这次武汉疫情中，居然冒出了好几个中医高手。他们在治疗新冠肺炎疫病过程中，身先士卒，用方精准，让人叹服。他们到底谁？他们到底用的是什么方子？

我们下回再说。

8. 中医与疫病（二）：云中谁寄锦书来

　　幸好有中医！湖北疫情才控制得这么快。

　　本次疫情，中国可谓闪卷考试，没有准备、没有别国经验可供参考，完全是"摸着石头过河"。

　　在这个过程中，中医起到了特别的作用。

　　我记得新冠疫情之初，笼罩在中国人头上的除了新冠病毒之外，还有一个东西，那是一句话：没有特效药。

　　"没有特效药"这句话带来的恐慌甚至大于新冠病毒本身，它仿佛是上帝的宣判。

　　但这是西医的说法，中医不认！

　　为了搞清楚中医在治疗新冠病毒方面的真正情况和效果，我亲自给很多人打过电话，包括直接给新冠病毒治疗的医生，我特别在乎西医的观点，因为他们基本上都是反对中医的，他们的认可，更代表我的统计不是偏差的。当然，我也在乎中医的观点。

　　我了解到的情况是这样的。西医一开始排斥中医的治疗方案，很多病人也不喜欢喝中药，特别是受过"科学教育"的年轻患者，不喝中药。

　　这咋整？

　　中医也不能勉强人呀，如果病人拒绝喝中药，西医拒绝配合（西医占中国医疗系统比重绝大多数），中药根本没有办法强制推行。更别提后来 91.91% 的病人都喝中药，这绝对不是强制或者靠权力所能解决的。

　　那靠什么？

靠疗效！

在西医没有特效药之前，中医只能用疗效慢慢取信于西医同仁，取信于患者。

问题是，你得给中医施展技艺的机会。之前西医界绝大多数人是歧视、反对中医的，中医介入治疗是受到西医抵制的。中医首先要解决的是西医的阻挠问题。

关于这方面，我听到不同的应对之策，也就是在遇到西医反对和患者拒绝配合时，不同的中医施展了不同的化解之策。

其中有一个案例值得我去重点写一写。

北京援助湖北的医疗队中，有一批中医专家，好像是北京中医药大学系统附属医院的，他们来到湖北提出跟西医比赛，也就是说，西医用西医的，他们全部用中医的，看看谁治好的病人多，谁治疗得快，谁的副作用少。

武汉的一个西医反映说，当时北京的那批中医特别自信，敢于写保证书。

比赛的结果大出西医意料，没有想到中医的效果这么好。

不过这个比赛没有进行多少天，因为这事被领导知道，领导当即阻止比赛这件事情。领导给出的意见是：中西医结合。

不过，当事人完整转述给我的话是，比赛那几天，中医比西医效果好。

后来的事情就是各个地方都宣传，中西医结合，不要中西医对立。

不过，中西医结合程度也不一样。比如武汉江夏方舱医院，几乎全部是中医治疗，虽然也对外宣传中西医结合，但结合的部分仅限于量体温、检测、抽血这些东西，主要治疗就是中药。

而纯西医的医院和科室，几乎也都喝中药。

后来给出的权威数据是，湖北 91.91% 的病人都喝中药。

这次中西医结合，应该说是中医彻底地融入治疗方案。

那么，中医为什么有这种效果，或者说中医为什么这么自信？我认为有两个原因：

（1）治疗"非典"过程中，锻炼了中医

"非典"最麻烦的两个地方，一个是广东，一个是北京。而北京和广东是中医资源最集中的地方。

我们今天的人回忆"非典"，印象中好像全部都是西医的功劳，孰不知中医在这个过程中表现得更出色。

邓铁涛率领的中医队伍，对2003年"非典"病人的救治，其结果是：零死亡、零感染、零后遗症。

须知，当时邓铁涛坐镇的广州中医药大学第一附属医院和广东省中医院，都是三甲医院，三甲医院有严格的数据和档案系统，这三个"零"可是有证可查的。

有一个人可以作为铁证，那就是张忠德，其治疗过程，我们看段文字。这段文字是一段视频的文字版：

【字幕】2003年3月广东省中医院

【解说】2003年3月1日，在紧张工作了一天后，广东省中医院急救科主任张忠德在临下班时，又迎来了一个重症患者。

【广东省中医院急救科主任医师 张忠德】有一个老人家来了，70多岁的，他来到这里就呼吸衰竭，马上就要抢救，我们几个人就给他插管上呼吸机了，结果这个病人没抢救过来，死了。死了以后第三天、第四天我们参与抢救这个病人的医生、护士、麻醉师、护工全部发烧了。

【解说】后来张忠德医生才得知，那位老人是"非典"患者，而自己在那次急救中被感染了。

【广东省中医院急救科主任医师 张忠德】我第二天就去了ICU，3月2日就去了ICU，我记得很清晰。

【解说】高烧！腹泻！呼吸困难！呼吸科的林琳医生看见张医生的状况心里也非常焦急。

【广东省中医院呼吸科主任医师 林琳】很快就进入了呼吸衰竭的状态。

【解说】情况越来越紧急，张医生被插管上呼吸机。

【广东省中医院急救科主任医师 张忠德】我呼吸不了，就像给别人掐到脖子一样的。当时那护工看到我们几天吃不下东西，就喂我们吃一汤勺那个汤，我就喝完这一汤勺汤要喘几分钟才能够停顿下来。动一动，翻一个身都不行，心跳得很厉害。

【解说】这样的情形，连有着丰富经验的林琳医生，也是前所未见。

【主持人】林琳主任就当时的情况请教了她的老师，著名的中医大家邓铁涛老先生和南京的名医周仲英教授，两位教授非常有经验，周教授鼓励林琳不要着急，根据张忠德的症状，以不变应万变，大胆用药；邓教授认为，这次"非典"在中医看来就是一种温病，这种温病属于寒邪内侵，应该用生阳发散之法，不要用抗生素，抗生素是苦寒之物，对这种病使用效果不会好，现在从临床效果来看，不要用中药作为辅助治疗，而是必须主要用中药来缓解症状。可是，用传统医药对付这个现代医学都无法打败的对手，能成功吗？

【解说】目光从呼吸机上转移开，林琳医生赶紧跟进中药治疗，分析张医生当时的情况，她认为需要大补中气，然后清热去湿，宣肺平喘。

【广东省中医院呼吸科主任医师 林琳】比较多的药物，一个就是北杞、党参这类的药物，另外的话，清热解毒的话，当时还用一些大黄，来清除体内的热毒，然后一些石膏、藿香、薏米、杏仁、蔻仁、葶苈子这些止喘的药物。那么还有一些活血的药物，就是改善这个肺部的循环，促进炎症吸收。

【解说】一连四天，张医生仍然在痛苦中煎熬，到了第五天，情况突然有了变化。

【广东省中医院急救科主任医师 张忠德】好像有人压着你的胸一样几天呼吸不了，突然间很宽松，那个胸能够打开来，那个气体能够进去了，那种生的欲望，生的希望，没经历过的人是理解不了的。

【主持人】张忠德医生是广东省中医院的一名急救科的医生，他因此不幸感染上了"非典",但是他又因此幸运地最早得到了中医药的及时救治。

上述文字细腻地记载了邓铁涛指导林琳给张忠德治疗的过程，包括用药和患者感受。

为什么这么详细地说张忠德，主要有两个目的：

① 很多"非典"病人虽然被西医治疗好了，但有很多后遗症，特别是股骨头坏死。这个不方便多说，想了解的可以自己去百度。不过，经过中医治疗的，就没有这么多后遗症。张忠德就是被中医治疗好的，不但没有后遗症，今天还能承担非常繁重的工作。怎么来证明？现在，他正在武汉救治病人呢，其工作强度超过很多年轻人，这就是最佳的证明。如果骨头有问题他能做到吗？他现在的职务是广东省中医院副院长，每天都奋战在临床一线。他以自己的例子说明，中医治疗好的"非典"病人，无副作用。

② 张忠德到武汉了，他跑到武汉最前线来帮助武汉抗疫。这说明什么？当然说明身体好，"非典"的后遗症完全没有。不过，最主要的还是他的爱心和特殊性，他在这次援助湖北的医疗队伍中起到一个其他人无法起到的作用，那就是现场说法，以自己为例子。

很多西医不是不信中医吗？张忠德说，你看看我，得过"非典"，我是被中医治好的。

很多患者不是人心惶惶，不信中医吗？张忠德说，你看看我，就是中医治好的，你们要有信心，中医能治好"非典"，也能治好你。

张忠德出现在医院，往病人面前一站，就是一服很好的中药！

张忠德参加过"非典"救治，得过"非典"，又被中医治疗好，他对中医参与"非典"有非常完整的认识，对中医治疗传染病，有最一线的研究和切身体会。这些都是最宝贵的财富。

其他中医，包括北京的中医，很多也参加过"非典"救治，他们对传染病的认知，是有经验的。

（2）中医这次准备得很早

让我感动的是，本次很多中医大家都是第一时间抵达武汉：

仝小林，1月24日抵达武汉；

张忠德，1月24日抵达武汉；

张伯礼，1月27日抵达武汉。

如果仅仅看上面的时间，都是冰冷冷的数字，但是如果我再给你一个时间，你就知道这几天的重要性。

1月24日是中国除夕。

也就是说他们都是赶在大年三十到武汉的。那个时候你我在哪里？在家里过年呢。

武汉封城是哪一天？

1月23日。

他们1月24日赶到，几乎是第一时间抵达现场。张伯礼虽然晚几天，但他已经72岁高龄了，当时还有胆方面的病。

之所以重点提这三位，是因为他们三位在本次抗疫过程中起到特殊的作用。

仝小林，院士；

张伯礼，院士；

张忠德，广东省中医院副院长，曾经的"非典"病人，又被中医治疗好的"非典"康复者。

不过，还有一位，虽然没有来，但是在后方出谋划策，这个人我们上次说过，今天再提一下，那就是：薛伯寿。

为什么提薛伯寿，因为他是治疗传染病的高手，中医界顶级人物蒲辅周的亲传弟子。我有学生找他看过病，据说他对病人非常好。

这四位：仝小林、张伯礼、张忠德、薛伯寿，在本次抗疫中，很早就研究观察武汉病人的情况。

据张伯礼说，最开始，他虽然没有去现场，但他们跟武汉一线的医生一直保持联系。不但武汉，当时其他地方的发热病人，张伯礼他们也一直在观察。

特别是张伯礼与仝小林，他们弟子满天下，今天的通信又很方便。一个微信，就可以把舌苔什么样，脉象怎么样，病症什么样，描述得清清楚楚。

钟南山还没有去湖北，就在思考武汉的发热病人应该怎么治疗。

这几个大家不约而同地都把思考的焦点放在《伤寒论》上，也即向医圣张仲景取法。

这里稍微介绍一下，虽然中医界推崇张仲景，但南北稍微有别。一个通俗的说法是，南方的医生偏向于温病派，北方的医生偏向于伤寒。

仝小林在北京，张伯礼在天津，薛伯寿在北京，他们取法《伤寒论》是正常的。

在反复的交流和切磋中，他们早就把治疗方案酝酿成熟。这也是为什么，北京的中医一到武汉，就敢于写保证书，敢于跟西医打擂台。

话说中医南北派高手到武汉后，迅速达成一个共识：中药漫灌。

什么叫中药漫灌？

我们看过古代电视剧，一口大锅熬制中药，只要过来的人都让喝一碗。就是这个意思。只不过，今天有机器熬中药，不需要大锅了。

机器熬制好中药，然后分袋装好，一袋一袋地发给病人。

有人会说，中医不是讲求辨证论治吗，怎么让喝一样的药？

中医还有一个理论，叫急症治其表。新冠病毒引起的疾病，其病因、病症几乎都是一样的，最初的治疗可以采用统一方案，不需要特别辨证。只有重症和个别病例才需要辨证。

这也是历代中医大家治疗传染病惯用的做法。

这种情况就叫中药漫灌。

其效果如何呢？

① 退烧。很多病人吃了退烧了，这个是最明显的效果。

② 解决其他症状。主要是恶心，不想吃饭，乏力。很多病人吃了中药没有几天，这些症状就消失了。

③ 彻底治好。很多中医收治的病人，治疗好转阴，出院了。

④ 阻止轻症转为重症。当时武汉有很多发热的，别说检查了，有的挂号都挂不上。这些人，一律给中药漫灌。有的人吃了中药就没事了，这是一件非常了不起的事情。现在的意大利、西班牙，就缺这个。张伯礼主管的江夏方舱医院，没有一个病人转为重症。

⑤ 安慰作用。估计一提起安慰，很多人可能会觉得没有意义。其实完全不是。如果你了解现代医学就知道，安慰不仅仅是中医，西医也很在乎安慰。

西医界流传很广的一句话是：

To cure sometimes,to relieve often,to comfort always.

翻译过来就是：

有时去治愈，常常去关怀，总是去安慰。

我曾经跟很多西医聊天，有些西医的一些观点让我吃惊。比如，有个西医跟我说，你以为感冒是药治好的吗？你不治它也会好。还有一些医学界的大家曾经说过，中国有很多误诊错诊，当然有的病变成重症，但有很多的人病居然也好了。为什么？

其中肯定有安慰作用。

"我吃了药"有时候比"我吃的是什么药"还重要。

在有些科室，心理安慰的作用甚至是排在第一位的，比如心理方面的疾病。

当然，我们不是说安慰就有无限的作用，而是说，在西医宣布没有特效药的时候，你怎么办？病人躺在医院，你不给他吃药？

或者当病床有限、医生有限、医疗资源有限、医院里挂一个号需要七八个小时的时候，病人发着烧在医院排队，你说该怎么办？

这个时候来几个穿防护服的医生给他们一袋中药，让他们先喝，让病人觉得"我吃了药"，这比什么都重要。

别说是新冠病毒，就是其他病，大家凡是得过病的都知道，"我吃了药"这种心理暗示真的有非常重要的意义。

更何况，很多人喝了中药退烧了，感觉舒服了，他马上就向其他人宣传这个药好，这个时候中药漫灌起到的作用就是力挽狂澜。

此时此刻你就知道，"幸好我们还有中医"是多么值得自豪的事情！

有人可能会问，既然这么神奇，那一袋一袋的中药汤剂里面，装的到底是什么？

别急，我们下回分解。

9. 中医与疫病（三）：清肺排毒汤

最初听说新冠病毒病人症状的时候，我就想：如果我是现场中医，该开什么方？

就对症开方而言，我第一时间想到的是这几个方子：

小柴胡汤；

麻杏石甘汤；

白虎汤；

小青龙、大青龙；

陷胸汤；

达原饮。

没有特别的理由，直觉而已。

后来公开的最有效、使用最广的方子是清肺排毒汤。什么是清肺排毒汤呢，就是四个方剂组合在一起，它们分别是：

麻杏石甘汤；

五苓散；

射干麻黄汤；

小柴胡汤。

这四个方子里，有两个方子跟我第一直觉想到的方子一样：麻杏石甘汤、小柴胡汤。

清肺排毒汤也并非四个方子简单粗暴地加起来，而是有一定的配伍，具体处方如下：

麻黄、炙甘草、杏仁、生石膏(先煎)、桂枝、泽泻、猪苓、白术、茯苓、柴胡、黄芩、姜半夏、生姜、紫菀、冬花、射干、细辛、山药、枳实、陈皮、藿香。

这个方子是谁想出来的呢？或者说谁的贡献最大呢？大家务必记住一个名字：葛又文！

葛又文是谁？

很可惜，我找遍互联网，也并没有找到一张他的照片，只知道他是中国中医研究院特聘研究员。

如果我的读者中有谁认识他的，或者能找到他，希望能够引荐下，这是一个有特殊贡献的人。

这个方子是怎么出炉的呢？

1 月 20 日，国家中医药管理局副局长王志勇给很多专家打电话，其中一个电话打到葛又文这里，让他研究一下应该用什么方子对付新冠病毒疫情。

葛又文就查找各种资料，同时结合武汉地区的气候特点，综合五运六气、子午流注，他把新冠肺炎定位为：寒湿疫。

因为湖北那个地方，属于江汉平原湖泊众多流域，阴雨连绵，湿气袭人。这个气候与这个病，应该综合起来考虑治疗。

辨证为寒湿疫之后，他就把目光投向医圣张仲景，因为张仲景的《伤寒论》是个宝藏，张仲景本人也是治疗疫病的顶级高手。

葛又文综合分析本次疫情特点，从诸多治疗寒湿疫的经典医籍里的处方中，最终决定将麻杏石甘汤、射干麻黄汤、小柴胡汤、五苓散四个方剂重新组合，化为一个全新的方剂。这就是我们看到的清肺排毒汤。

乱世用重典，急症重高效。

葛又文这个组方最主要的特点就是：

组方多，打击面大；

力求快速，高效。

方子做好之后，葛又文把药方发给一些同行，特别是让武汉的医生给病人试试，一试用，发热、咳嗽、乏力等症状明显改善。他还不放心，古代有神农尝百草，他决定自己也尝尝这服药。于是，他决定亲身试药。他自己连续吃了 15 服药，然后不断摸脉，察看舌苔，体会感受，身体无任何不良反应。恰好他 5 岁的大儿子咳嗽，他就把这方子减量给孩子用，结果咳嗽好了。

效果有了，信心有了。

1 月 26 日，他把方子交给国家中医药管理局王志勇副局长。当时应该很多人自己心中也拟定了治病良方，葛又文只是其中一个。国家中医药管理局要对这些高手开的方子进行一个综合评判。我现在无法查到参与评选的有哪些专家，但我知道其中有一个特殊的人，他就是北京中医药大学副校长王伟教授。王教授最看好葛又文的这个方子，觉得是神之一手。

后来这个方子又经过几个专家综合评定，包括蒲辅周的传人、当代国医大师、中国中医科学院广安门医院主任医师薛伯寿，特别是在武汉救治病人一线的仝小林、张伯礼，等等，他们都认为葛又文的方子比较好。

或者这样说吧，葛又文的方子与其他几个中医大家的想法不谋而合。

于是，国家中医药管理局就把这个方子在多个省进行临床试验和观察，选定的省份有：山西、河北、黑龙江、陕西。

临床试验观察的效果如何呢？我们看《人民日报》的数据：

1 月 27 日，河北省中医院呼吸一科主任耿立梅诊治一位确诊高烧重症患者，发烧到 39.5 摄氏度。28 日晚加服清肺排毒汤治疗，服用 1 服药后，29 日下午体温、白细胞恢复正常。

山西省副省长吴伟亲自指挥，将清肺排毒汤统一煎好，专门派车送到地市的各个定点医院。纳入观察的 133 个确诊患者，102 人使用，目前确诊患者零病亡。

截至 2 月 4 日，该方在 4 个省 36 个城市 37 所医院的 214 名确诊患者身上使用，治疗新冠肺炎总有效率在 90% 以上。临床验证结果与先期处方设计预判完全一致。更为难得的是，一半以上的患者服用一剂药后症状就得到改善。

总体而言就是八个字：

立竿见影、效如桴鼓！

2020 年 2 月 6 日 18:50，国家卫生健康委办公厅和国家中医药管理局办公室联合发文，推荐治疗新冠肺炎中使用清肺排毒汤。

到今天，清肺排毒汤已经用了两三个月了，综合定调是什么呢？

使用清肺排毒汤治疗 1262 例，已经有 1253 例治愈出院（占 99.28%）；1262 例病例里没有一例轻症转为重型、普通型转为危重型的病例；其中 57 例是重型患者，治疗效果也不错；救治一个重症患者平均费用大概在 15 万元，而清肺排毒汤是 200 元；山西 103 例使用者，发热症状三天之内全部消失，核酸的转阴率为 100%，用时平均 10 天；使用清肺排毒汤的 187 例，仅有 10 例转为确诊病例（占 5.35%）；没有使用清肺排毒汤的 361 例，高达 123 例转为确诊病例（占 34.17%）；初步预测有 790 多个潜在的靶点，可抑制内毒素的产生，避免或延缓炎症风暴。

一句话：清肺排毒汤就是特效药！

当然这个方子的推行并不是一帆风顺，起初很多西医不信，很多患者也不吃。有的省份的西医专家觉得是上面宣传的方子，将信将疑，碍于面子就给病人吃了一点，没想到有个病人只吃一服就退烧了。

还有的病人拒绝吃，但是看到其他病床的病人吃了后退烧了，就勉强吃，结果很快退烧，立即由中医黑变成中医粉。

清肺排毒汤何以有如此效果，今天我就尝试来分析一下。

首先申明，我没有从事中医十几年了的经历，只能凭借我的"老本"

来分析一下这个方子，如果有专业性错误，请大家见谅。另外，我的解读尽量站在外行的角度上，也就是说，让一个完全不懂中医的人也能看懂这个方子。

中医中药比较有智慧，它的方子讲究配伍，配伍的核心原则就是：君臣佐使。也就是说，一服中药里面，一定有一个核心，这个核心就是君药，这有点类似于我们的龙头股。

君药是一个方子的主攻方向，是基调，是解决主要矛盾用的。在中药中，很多方子的名字就是用君药。比如，小柴胡汤的君药是柴胡，乌梅汤的君药是乌梅，附子汤的君药是附子，藿香正气水的君药是藿香。

那么清肺排毒汤的君药是谁呢？

是麻黄！

麻黄是干吗的呢？

有记载：具有发汗散寒，宣肺平喘，利水消肿的功效，用于风寒感冒，胸闷喘咳，风水浮肿。

《神农本草经》也说："主中风，伤寒头痛，温疟。发表出汗，驱邪热气，止咳逆上气，除寒热。"

这样说比较学术，对于外行来说，可能云里雾里。我尝试用外行的话来说说它。

（1）散

我不知道各位有没有尝过麻黄，或者有没有喝过含有麻黄的中药汤剂，我是吃过的。我喝过麻黄汤，也喝过麻黄附子细辛汤。我喝了含有麻黄的汤药之后，没有多久就会感觉皮肤毛孔往外散东西，汗也会出来。用中医的说法，就是内邪通过毛孔散出。

得了新冠肺炎的病人很多体内有积液，中医叫寒湿，怎样把它们清除？哪怕你不是医生你也明白，把它们搞出来主要有三个办法：

大小便；

皮肤毛孔；

吐出来。

我告诉大家，清肺排毒汤用了上面三个方法中的两个，通过小便排出用五苓散，通过皮肤毛孔排出去就是用麻黄，其实麻黄也可以利小便。

这个东西大家要活学活用，比如我有次去北京出差，跟一个书法家朋友聊到很晚。晚上就住在新疆大厦，当天的空调很冷，吹过头了，感冒了，第二天非常难受。我给自己辨证，应该用麻黄汤，当时手头没有药物，怎么办？我就问新疆大厦的大堂经理，附近有没有川菜，经理说出门右拐就是。

于是我就找到一家重庆饭店，我点了一盘辣子鸡，点好后我跟老板说：能不能让你们后厨多给我放一点辣椒，少放鸡。

老板看着我有点发愣，我估计他是第一次遇到我这样的客人，别人都是想多放点鸡，我却要多辣椒。

辣子鸡上来后，我几乎专门吃辣椒，旁边不明真相的服务员看到我的吃相都窃窃私语，估计是以为我吃不起鸡。

我边吃还边说：老板，怎么辣椒不够辣？

当时吃得我满头是汗，身上也是汗，一顿饭还没有吃完，感冒就好了。

诸位，我吃辣椒的目的就是想用它代替麻黄汤，想把体内的寒邪发散出去。大家从这件事儿中，应该能够明白麻黄到底是干啥的了吧？

再给大家讲个活用麻黄汤的例子。有一次我去上海出差，当天飞机晚点，一路上飞机也颠簸。下飞机后我就呕吐难受，但是上海的几个游资已经在松江等我，我只能硬着头皮去应酬。等我到松江后，他们已经在万达广场把饭都订好了，还带有红酒。一看这个架势，我估计不喝是不行了。但是感冒了很难受，真的喝不了。

我必须想一个快速让感冒好的法子。

其实，也不能说是多重的感冒，就是在飞机上颠簸加上吹冷气，我知道只要能发汗就可以。怎么办？

这次不能吃辣椒了，因为朋友订的饭店没有川菜。怎么办？

突然，我看到服务员上来一碟秋葵，旁边配有芥末，我瞬间有了方法，于是叫住服务员：

能不能多给我一点芥末？

旁边的朋友看我一眼，似乎明白了什么，问一句话：你不会吃芥末吧？

我说：对！

我用少许的秋葵蘸了很多的芥末，连吃几口，把眼泪都给呛出来了，浑身打几个哆嗦，大概20多分钟过后，我感觉身体彻底轻松，感冒好了！

各位，这里的芥末，我也是取其发汗、散寒之用。

辣椒、芥末，这种我们生活中最常见的东西，几乎人人吃过，我用这种最常见的东西来比喻麻黄的某种功用和效果，我相信大家再也忘记不了麻黄是干吗的了。

清肺排毒汤用麻黄做君药，其第一个方面的用意，应该就是这种把体内的寒、湿、邪刺激出来。

（2）平喘止咳

这四个字很容易理解，外行也能看懂，不需要特别的注解。

新冠肺炎病人典型的症状就是咳嗽、喘、肺部憋闷。记住，这些症状最对应的药物就是麻黄。麻黄是宣肺的圣药。

（3）兴奋

什么叫兴奋，就是吃完药后，突然有精神了。这个跟吃了芥末一样。

西医方面有人把麻黄的化学分子式给提炼出来，他们认为麻黄含有麻黄碱和伪麻黄碱。

这个东西对兴奋神经很有帮助。

各位如果去美国要小心，不要轻易带一些含麻黄碱的药物，因为一不小心会被美国当局监管。因为麻黄碱是合成苯丙胺类毒品，也就是制作冰毒最主要的原料。这就是说麻黄碱有兴奋作用。而麻黄正好含有麻黄碱。这种物质针对发热、呼吸道渗出，有一定的中枢兴奋的作用。

有人会问，新冠肺炎病人，你让他兴奋干吗？

各位有所不知，新冠肺炎病人在病重期间，加上舆论带来的恐慌，他们情绪会很低落，有的甚至很悲观，心理压力很大，这个时候给兴奋的东西，会刺激多巴胺释放，刺激肾上腺释放，让病人的骨骼肌活跃，也让呼吸不至于太衰弱。

其核心就是增强病人内心的意志和求生欲望。

关于这一点，我给大家举个例子。

有一次我去九寨沟和黄龙，虽然那里海拔不高，但是还是有人产生高原反应。导游看到有人想睡觉，立即就说：千万不要睡，一睡就醒不来了。当然，可能是玩笑，但是确实不能睡。越是困的时候，越要兴奋一点。

也许这个例子不太恰当，但是我是想说，增强兴奋非常重要，特别是对一些情绪很低落的病人。

（4）综合：麻黄就是呼吸机

新冠肺炎的核心部位就是肺部，主要表现就是咳嗽、喘、痰多，肺部积液，呼吸困难，情绪低落。特别是呼吸困难，非常麻烦。人体两肺就像风扇的两片大叶子，如果它们转动不了，上焦的东西就运转，也无法排出，会引起很多问题。

西医对这种情况怎么处理？上呼吸机。

特朗普，纽约州州长，他们前段时间一直提到呼吸机，就是遇到这种情况。呼吸机的本质就是帮助肺部运转。

特朗普不明白，呼吸机这种功能，中医先贤们早就从大自然的草草木木中找到类似物。当然，严重的症状需要呼吸机，但是病症不重的时候，麻黄就可以当成小型的呼吸机来帮助人体。

麻黄这个东西，它能止咳、平喘、宣肺，还能散出寒湿，利尿，既开表闭，又开肺闭，确实是一个好东西。

正是麻黄这些优点，让它当之无愧地充当了清肺排毒汤的君药。

君者，定海神针也；君者，君临天下也。

当然，除了君药，还有臣药，还有佐使。清肺排毒汤中，麻黄作为君药很精彩。其实，臣药、佐药和使药，也同样很精彩。

10. 中医与疫情（四）：清肺排毒汤

清肺排毒汤的全方：

麻黄、炙甘草、杏仁、生石膏、桂枝、泽泻、猪苓、白术、茯苓、柴胡、黄芩、姜半夏、生姜、紫菀、冬花、射干、细辛、山药、枳实、陈皮、藿香

这个方子里面的药很多，我在中医与疫情（三）中，曾详细地分享过我对其君药麻黄的认知和理解。

该文发表后，很多中医高手在后面对麻黄做了补充，非常好，我先把补充意见分享给大家。

浙江杭州的一个中医的留言：这个方子解读得很不错，专业知识正确，特别通俗易懂；麻黄还有一点经验，对于肺炎渗出积液算是很有特效的，预防肺纤维化。

一个叫米米的读者的留言：麻黄，又名龙沙——龙则可升可降，可大可小；沙则能聚能散，故有大小青龙之称。麻黄中空象离卦，为火位之药，火之味苦。太阳寒水为病，以咸泻之，以苦补之。麻黄味苦补水，性温散寒，所以助太阳之火以御寒也。此次对治新冠肺炎，还真少不了麻黄。

在此谢谢两位真正的业内人士。

因为麻黄是清肺排毒汤里的君药，所以花在它上面的笔墨就多一些。下面，关于这个方子的其他方面，我也来解读下。

（1）组方的争议

很多中医科班的朋友看到清肺排毒汤后曾有意见：

这哪里有张仲景医方的影子？

特别是经方派的朋友，更是对该方有看法：

这完全是围追堵截嘛，没有一点配伍妙道的感觉。

传统的经方派，特别是医圣张仲景本人，对方子的配伍特别讲究。记得我读《伤寒论》那会，看到一个个医圣的方子，简直像看到一个个艺术品，非常精炼！

张仲景的方子有以下特点：

① 药数少。往往就几味药，很少有大方。

② 轻重鲜明，"两极分化"。一服药里，计量大者大到夸张，计量小者，点到为止。给人一种有的放矢、轻重鲜明之感。

③ 不重复，不多余，不遗漏。一服药里，如果一味药能解决问题，绝不增加其他"帮手"，决不搞围追堵截和广泛撒网。同时，该有的药，一味不少。常常给人"增之一分则多，减之一分则少"的感觉。

④ 配伍精妙，药和药之间，轻重缓急的搭配、靶向和归经，非常传神。

总之，张仲景的方子的整体风格是：

干净、

漂亮、

生猛。

这种风格也是后代很多医家的毕生追求。

反观清肺排毒汤，居然达 21 味药之多。且药与药之间，大多平铺直叙，核心药物的用量也是大致一样，不是 9 克就是 6 克，无偏向无主攻，给人整体的感觉就是"乌合之众""打群架"。

关于这一点，我也和很多业内的中医交流过意见，大家的观点跟我类似，那就是组方确确实实不漂亮。

但它的效果又经过实践验证，这有点让人纳闷。

我丢下中医书籍已经十余年，对这种现象也无法给予石破天惊的回答。只能按照我十年前学的中医知识常识回答这个问题。

① 丑功夫，俊把式。有些东西说不清楚。一服药最大的魅力在于有效性，而不是组方的漂亮、符合理论。葛又文当时研究出清肺排毒汤是经过在自己身上验证，又在自己孩子身上验证，效果确定后才敢把该方献出去的。

我们常说，理论是灰色的，生命之树长青。

人家这个药方经历过全国那么多新冠肺炎病例的检验有效，我们何苦再去削足适履呢？

② 我想起孙思邈。在中医史上，张仲景被称为医圣，孙思邈被称为药王，说明医学上张仲景无与伦比，而药学方面，孙思邈堪称一绝。

孙思邈生活在唐代，他看过张仲景的《伤寒论》，肯定也精通张仲景的药方配伍。但孙思邈又善于学习和收集他法，比如道家的医学方剂、民间的医学方剂。

我曾经看过一份文献，大意是说，孙思邈收集到很多好的方子，效果非常奇特，但是药味特别多，一个方子几十味药是家常便饭，有的甚至由上百味药组成。如果按照君臣佐使的原则，或者按照张仲景的组方原则，这些方子都严重"违规"，甚至是"胡闹"。但这些方子效果都很好，有些是孙思邈亲自验证的。

对于这些方子为什么是这样组成，药王也无法给出解释。为了尊重原貌，孙思邈没有对这些方子进行丝毫删减，原封不动地记载下来，传于后世。这就是我们今天看到《千金要方》里的一些奇奇怪怪的方子的缘由。

后世有些医家，也别出心裁地搞出大方复制法，其思路跟药王收集在《千金要方》的方子类似，就是以药味多、药复杂为主要特征。这跟我们今天的主角清肺排毒汤类似。

所以我就想，葛又文是不是受到这一医学流派的影响，搞了一个"大"方子。

这有点类似我们做股票，有人喜欢集中持股，就拿几个核心龙头股，看起来干净、漂亮。

但也有人的投资组合里是一堆股票，甚至上百只股票组合，也能取得好成绩。

我们不能根据自己的喜好要求别人，关键是效果好就行。

当然，葛又文拟定的清肺排毒汤才 21 味药，不算特别多。

（2）独特的药物：柴胡、细辛、藿香及其他

清肺排毒汤里，麻黄是君药，所以我上一篇文章花费大量篇幅写麻黄。除了麻黄，这个方子还有 20 味药。如果每个要都介绍下，估计还得20 篇这样篇幅的文章，还是算了吧。我就把我认为比较重要的几味药介绍给大家认识。

首先，柴胡。

柴胡是干什么用的呢？

①退烧；

②疏泄、解郁；

③升阳。

柴胡的核心是作用于少阳，大多解决与肝胆有关的问题。所有治疗肝胆方面的方子，几乎都要用到柴胡。

先说退烧。柴胡解决的发烧和其他高烧还不一样，它一般解决两种情况的发烧：一种是西医难以搞定的那种莫名的发烧，比如我曾经写过邓铁涛给徐向前元帅治疗发烧，用的就是小柴胡，其中的柴胡就是君药。当时西医怎么治疗，徐帅的烧就是不退，邓铁涛巧用柴胡，可谓药到病除。

另外一种发烧就是寒热往来，就是病人明明感觉发烧，但是有时候又是冷的，又需要盖着厚厚的被子。或者一会发烧一会发冷。还有一种更奇怪的发烧，就是身子上面发烧，下面发冷。更奇怪的还有左半边发热，右半边发冷。治疗这种情况就是柴胡的特长。

本次新冠病毒的很多病人，我看电视上的采访，很多都是寒热往来。有的既怕热又怕冷，用柴胡正好。清肺排毒汤里把柴胡放在重要位置，非常恰当。

再说解郁：解郁也叫疏肝解郁。中医认为，生闷气、不得志、斗气容易伤肝，肝气不疏通又更加郁闷，久而久之容易肝气郁结，得各种疾病，最常见的有失眠，女性乳腺增生、乳房肿块，等等。任何病人，只要得慢性病和重大疾病，也都有郁闷紧张的一面，所以一些国医大师喜欢在常见的方子里加上柴胡或者郁金，就是解郁的。清肺排毒汤里放柴胡，也有这方面的妙用。我们最常见的一个方子逍遥丸，就是重用柴胡。

最后是升阳。肝本主升和泄，疏通良好，自然升阳。

柴胡的这些独特作用，让柴胡成为一味非常重要的中药。其中最常见的就是小柴胡汤，该方剂几乎是中药领域使用频率最高的一个方子。

柴胡也是我这一生吃得最多的中药。只要我的感冒症状出现恶心、头闷闷地疼，同时伴随想吐、怕冷和眼睛等五官部位不舒服，我吃小柴胡颗粒必好。屡试不爽。

其次，细辛。

细辛是一味在今天不常使用，但古代常使用的药。

这并非是因为细辛不重要，而是因为今天很多医院怕打官司，很多医生怕惹麻烦。

细辛曾经有"细辛不过钱"之说。意思是说，细辛用多了，可能会出人命。

事实上，这是误解，是中医典籍的以讹传讹。

我在网上看到一篇关于细辛的文章，写得比我好，原文分享给大家。

细辛曾经在宋代摊上大事了：有一个犯人自杀了，发现旁边放的一些药，经鉴定认为是细辛粉，所以后世从此就流传了"细辛不过钱，过钱命相连"这一说法。

宋代陈承《本草别说》一书记载："细辛，若单用末，不可过半钱匕，多用即气闷塞不通者死。"中医药界目前还在延续着此说法，逐渐成为中医临床用药的一条清规，一是医生不敢用，二是药店也不让你用。那么细辛真的有这么可怕吗？

陈修园曾经为细辛翻案。

陈修园《神农本草经读》中记载：细辛其色赤黑，禀少阴泉下之水阴，而上交于太阳之药也。宋元祐陈承谓细辛单用末，不可过一钱，多则气闭不通而死。近医多以此语忌用，而不知辛香之药岂能闭气？上品无毒之药，何不可多用？方书之言，类此者不少。学者不善详察而遵信之，伊黄之门，终身不能入矣！

细辛在医圣张仲景那里，更是上品。

《伤寒论》和《金匮要略》中应用细辛的方剂有 20 个之多，例如小青龙汤、麻黄附子细辛汤、当归四逆汤等，其用量多为三两，且并未言其禁忌，按照汉代的剂量考证，一两约 15 克，经方用量细辛可达 45 克之多，可见细辛入汤剂用量不应拘泥在一钱（3 克）之内。大量的事实说明，在现实条件下，"细辛不过钱"之说已不再适用，它既不符合临床实际，又束缚了医生的手脚。"细辛不过钱，过钱命相连"这条戒律也应该改改了。

虽然细辛已经被人翻案，但是现在很多中医院对细辛依然心有余悸。所以很多中医给病人开细辛，一般不会太多。

我看清肺排毒汤细辛用 6 克，感觉还是可以的。

细辛是干什么用的呢？

① 散寒。

② 温阳，祛风，祛寒湿。

细辛这味药，它驱寒，散寒，祛寒湿，跟其他药物不一样，比如附子、麻黄，它们有时候不如细辛。

细辛有两个特点：

① 彻底；

② 掘地三尺。

什么意思，就是说细辛能直捣体内的寒湿，深入其他药物无法到达的地方。我把这一点叫掘地三尺地散寒，或者叫搜刮式驱除体内寒气和潮湿。

细辛本来就生长在寒湿的环境，它能在那么糟糕的环境下成长，就是因为它们天生就能对抗寒湿。

我曾经介绍过麻黄附子细辛汤，里面的细辛就是负责搜刮式驱除寒气的。

清肺排毒汤把细辛加入进来，对长江流域特别是武汉地区的病人来说，考虑其寒湿和肺部积液，还是非常精准的。

再次，藿香。

藿香的核心是：用于湿阻脾胃、脘腹胀满、湿温初起、呕吐、泄泻、暑湿、发热恶寒、恶寒发热、胸脘满闷等症状。

总结起来就是化湿、止呕，作用于脾胃。新冠病毒，特别是武汉地区的，一开始就是从湿从寒，五运六气学说也印证了这一点，而藿香又是治疗湿气的好东西，选择藿香，我一点也不觉得奇怪。

当然，这种组方是时方派的思路。

特别需要提出来的是，藿香是赫赫有名的藿香正气水的君药。我对这个藿香正气非常有感情，每次出差，我包里最常备的就是藿香正气滴丸。

葛又文在清肺排毒汤里加入藿香，而藿香又与清肺排毒汤的几个母方——麻杏石甘汤、射干麻黄汤、小柴胡汤、五苓散毫无关系，所以有足够的理由认为，葛又文肯定对藿香正气本身的效果非常叹服，才把藿香正气的君药藿香加到清肺排毒汤里面的。

也许，他也经常用藿香正气。

需要让大家知道的是，藿香正气的组方不是出自张仲景，而是宋朝官方修撰的《太平惠民和剂局方》里的方子。不过，虽然是官方修撰，但药方的原始发明人，很可能是民间的某个高手。

本来中医很多都是民间的智慧。

好，清肺排毒汤还有很多味药可以给大家解读，但限于篇幅，就到此打住吧。

中医源远流长，中医的智慧再写100篇文章也写不完。我本来是写投资和股票的，但是因为今年疫情严重，让我们都感受到了健康的价值无限。今年这一年里最好的股票也是与医学和健康有关的，所以本人除了写疫情股之外，也写了自己早年学过的中医。

我写这些中医文章的最大目的，是以我对中医的热情、了解，激起一些有志之士能够更深入地学习和掌握中医，服务于生活在中国这片热土的世世代代的人们。

勿使前辈之遗珍绝于我辈，勿使国术之精神止于我身。

我辈才浅，无法担起中医之重任；我本俗人，喜于财经而疏于济世。希望我的中医系列文章能被有德有才之青年才俊看到，进而能投身中医事业，让中医之绝学薪火相传。

若如此，也算是我对中医贡献的一点绵薄之力。

注：因为我十余年没有研究中医了，今天写的中医文章都是吃老本，可能存在很多硬伤，希望中医业内人士多批评指正。

我知道，读我文章的人很多是投资者，但是我希望大家稍微关注一下投资以外的事情，特别是我国的传统文化中的精华部分。

中医也许在很多人那里不够科学，但它却实实在在地充满疗效。这其中有很多至今无法说清楚的地方。我写的中医系列文章，努力把我知道的一些道理说出来，特别是我亲身体验的一些东西写出来，希望能够帮助大家正确地看待中医。

谨以我的中医系列文章，献给为中医事业做出贡献的先贤和今人！